杨石先纪念文集

南开故事丛书·第一辑

南开大学办公室 编

南開大學出版社

图书在版编目(CIP)数据

杨石先纪念文集 / 南开大学办公室编. —天津：南开大学出版社，1999.12(2016.6 重印)

ISBN 978-7-310-01282-8

Ⅰ.①杨… Ⅱ.①南… Ⅲ.①杨石先－纪念文集 Ⅳ.①K825.4

中国版本图书馆 CIP 数据核字(1999)第 63329 号

南开大学出版社出版发行

出版人：孙克强

地址：天津市南开区卫津路 94 号　　邮政编码：300071

营销部电话：(022)23508339　23500755

营销部传真：(022)23508542　　邮购部电话：(022)23502200

*

天津市蓟县宏图印务有限公司印刷

全国各地新华书店经销

*

1999 年 12 月第 1 版　　2016 年 6 月第 2 次印刷

230×155 毫米　16 开本　17.375 印张　8 插页　248 千字

定价：45.00 元

如遇图书印装质量问题，请与本社营销部联系调换，电话：(022)23507125

杨石先(1897—1985)

1923 年南开大学张伯苓校长(左三)与杨石先(右二)等合影

20 世纪 20 年代的南开大学化学实验室(前排右一为杨石先)

1931年5月杨石先(右一)于美国耶鲁大学研究院获颁博士学位

1937年10月杨石先(左三)与黄钰生(右四)、陈序经(右二)、方显庭(右三)、丁佶(左一)、张友熙(左四)等南开同仁在长沙临时大学

1938年10月杨石先(左三)与陈序经(左一)、李卓敏(右一)、方显庭(左二)等在昆明西南联合大学

1949 年 9 月杨石先（后排左二）与教育界代表参加中国人民政治协商会议

1958 年杨石先(前排左二)与前苏联科学院院士卡巴契尼克（前排左一)在南开大学

1959 年 5 月在北京参加制订中苏两国科学院合作协议时两国科学院院长和专家们合影(右二为杨石先,右四为郭沫若)

1962 年杨石先(右一)与南开大学元素有机化学研究所副所长陈天池研究工作

1961 年杨石先(左一)指导研究生

1961 年杨石先(左二)在实验室

1970 年杨石先(右一)在蓟县农田中观察“784-1”农药对玉米生长的影响

1974 年 7 月杨石先(左一)与来访的任之恭（左二）及黄钰生(右二)、王赣愚(右一)合影

1978 年 12 月在北京参加并主持胰岛素全合成总评会议(前排左五为杨石先)

1978 年夏杨石先(右一)与诺贝尔物理学奖获得者杨振宁合影

1978 年 12 月在广州参加国家科委化学学科组成立会议(前排左八为杨石先)

1980 年杨石先（右二）与中国化学会常务理事柳大纲(中)、袁翰青(右一)、王序(左二)、张青莲(左一)合影

1979 年杨石先在寓所与元素有机化学研究所的研究人员讨论科研工作

1997 年 5 月杨石先像在南开大学敬业广场落成

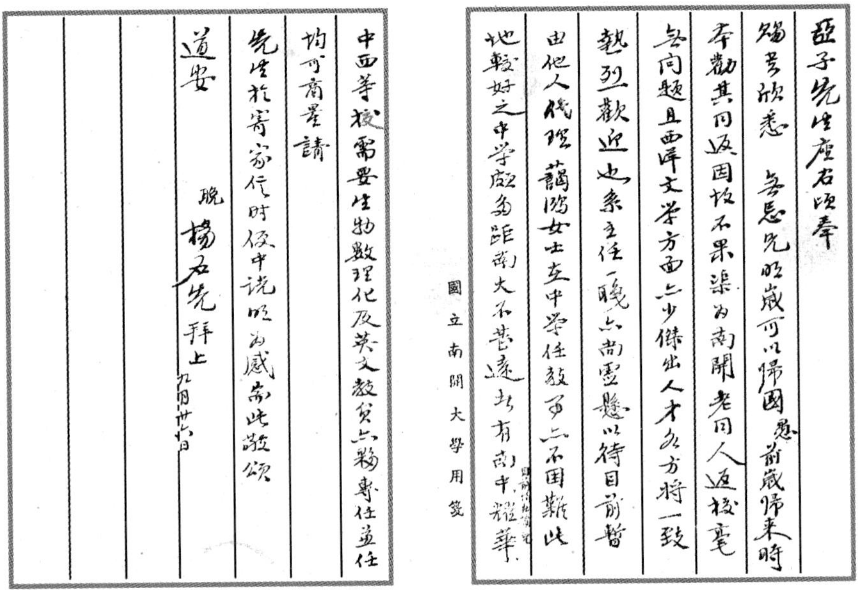

杨石先致柳亚子函

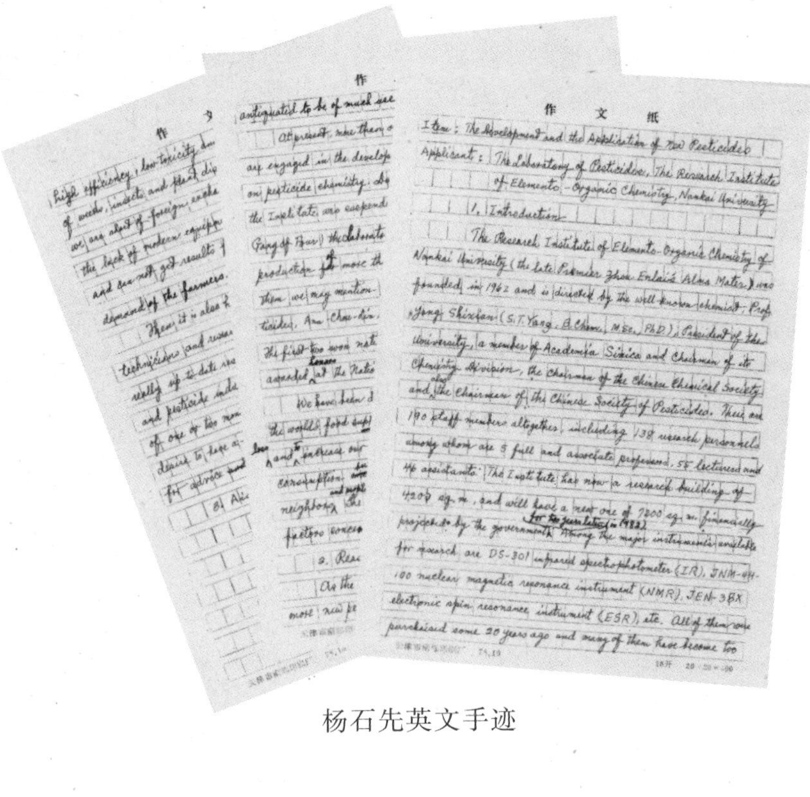

杨石先英文手迹

出版说明

巍巍学府，百年南开。

南开大学是一所有着深厚的历史积淀的大学，也是一所有着丰厚的文化底蕴的大学，更是一所有着动人故事的大学。

从诞生伊始，南开大学经历了“五四”肇兴、筚路蓝缕、弦诵西南、浴火重生、创新发展等艰辛而辉煌的历程。一百年来，南开大学始终将教育与国家的命运、教育与民族的前途、教育与社会的发展紧密相联。为了实现中华民族的伟大复兴，一代又一代的南开人秉承“允公允能，日新月异”的校训，发扬“爱国、敬业、创新、乐群”的光荣传统，团结努力，不懈奋斗。在一百年的沧桑历程中，南开大学涌现出许许多多杰出的人物、动人的事迹和耐人寻味的故事，这些故事被一代代南开人书写、传承和弘扬，在过去发生，在未来继续，永远不会终结。

为了迎接南开大学百年校庆，我们在积累下来的出版资源的基础上，决定编辑出版“南开故事丛书”，其目的在于保存历史文献，传承南开精神，为南开校友和广大读者奉献一部鲜活的南开记录。

本书是著名教育家、科学家、南开大学老校长杨石先教授纪念文章的汇编。全书辑录了纪念杨石先诞辰一百周年的讲话文章以及先生亲人、故交、同事、学生的追忆文章，另附有杨石先自传、年谱及论著要目。我们谨以本书缅怀杨石先校长一生光辉的学术业绩、高尚的道德人品以及提携人才、培育桃李的卓越贡献，彰显一代名师高山仰止的精神风范。

该书原收入“纪念南开大学建校八十周年丛书”，由我社于 1999 年 12 月出版，此次编入“南开故事丛书”第一辑。

南开大学出版社

2016 年 4 月

杨老道德文章永世楷模(代序)

滕维藻

在南开大学校庆八十周年前夕,编辑出版《杨石先纪念文集》是一件很有意义的事情。杨老是我国著名的老一辈教育家和科学家。他教泽广布,在学术上多有建树,是我国化学界的泰斗,教育界的一代宗师。

张伯苓先生高瞻远瞩,创办南开,艰辛备尝。联大而后,石先先生和钰生先生代表南开,济困扶危,撑持危局,实属不易。复员归来,初识先生。忝列教席,先生优礼有加,奖掖后进,不遗余力。当时学校规模不大,先生深感师资力量亟待加强,乃亲赴美国礼聘人才,登门拜访,煞费苦心,尤其化学、化工人才济济,阵容甚盛。工科三系师资亦较整齐。对人文社会科学师资,亦多方面设法罗致。当时杨老对南开最大的贡献,当数师资力量的加强。

杨老归国后,正逢张伯苓校长委托何廉先生托理校政,但不久何先生即去美国,改由杨老代理。天津面临解放前夕,学校由地下党支持的安全委员会维持局面。杨老从大局考虑,尽量与安全委员会合作,以期保护学校校产及师生安全。杨老当时处境比较困难,他不便以官方身分即校委会负责人面貌出面交涉,又不便以民间身份即安全委员会面貌出面,只能委曲求全,一切以护校及师生安全为第一目标。杨老那时住在我们家里(即原甘肃路南开大学东院),我们家里挤住了很多人,为了尽量避免打搅,杨老早出晚归,我们觉得很是不安。杨老和其他老教授如邱宗岳、冯文潜、黄钰生等面对国民政府的南迁(广州)计划岿然不动,起了很大的稳定作用。在思源堂楼下教授会上讨论是否南迁时,由于这些老教授们的正义行动，南开教授们虽然口袋里装着当时坐镇北京的国民政府教育部长陈雪屏送给他们全家南下的机票，但除个别家在南方的教授以外，没有人响应南迁，使国民党当局迁校的阴谋归于破产。

据了解内情的同志谈，王金鼎同志新中国成立之初来南开大学主持党的工作，与杨老努力争取有关。

新中国成立之初，百废待兴，运动不断。杨老眼见学校难得稳定，心甚忧之。当时王金鼎同志代表天津市委文教部负责高校院系调整，了解各校情况，杨老觉得金鼎同志贯彻党的知识分子政策稳当、坚定，接受有关同志建议，向黄松龄部长当面请准派金鼎同志来南开大学工作，担任党总支书记（后改为党委书记）、政治辅导处主任、历史系教授兼副教务长。金鼎同志来后，学校政治氛围渐浓，他经常亲自或请市委领导为师生做政治报告，开展系统理论学习，组织进步教师加入共产主义同情者小组。他在东村的住宅，访问的人络绎不绝。其后不久，高教部又派老同志刘披云来南开大学，党政领导均有所加强，杨老得以摆脱日常校务，用更多的时间从事学术领导工作。

20世纪50年代，杨老奔波于京津道上，备极繁忙。一方面他忙于中国科学院学部工作和中国化学化工学会工作，由于他德高望重，一心为公，团结同志，士林钦仰；一方面他忙于国际国内学术交流，率团赴前苏联考察，受周恩来总理委托，筹建我校元素有机化学研究所，后来又接受国家任务，在我校筹建物理二系（原子核物理）和放射化学专业。这两个单位后来由国家统筹安排，集中到兰州发展。杨老以大局为重，毅然割爱，欢送教师西去，这和他往日积极延揽人才相对照，更显高风亮节，令人钦佩。

在“文化大革命”初期，杨老因周总理的关怀保护，日子还算过得去。但后来形势日益险恶，杨老亦不能幸免。“工宣队”和“军宣队”发动一些无知青年，强行组织群众，在校内电影广场对杨老进行所谓批判。杨老对“四人帮”的爪牙完全采取蔑视的态度，昂首望天，在一些人“杨石先低头”的号叫声中，大义凛然，毫不动摇，充分体现了坚持原则、蔑视宵小的大无畏精神，迫使“工宣队”和“军宣队”不得不草率收兵，杨老取得精神上完全的胜利，群众心底里对杨老也更加钦佩。

霹雳一声春雷响，“四人帮”垮台了。“工人阶级改造大学”“无产阶级登上上层建筑的舞台”的闹剧宣告结束。随着小平同志的复出和对科技、教育的高度重视，“四人帮”的“两个估计”受到批判，重视知识、重视知识分子蔚成风气，高校招生考试也恢复了。杨老欢欣鼓舞，去京参加了科学家座谈会，回校传达了小平同志的讲话。杨老精神上更年轻了，但是他毕竟已经高龄了，他需要休息。1976 年的地震使他身体疲惫，夫人的去世也给他以很大打击，久病不愈增加了人们对他健康的担心，组织上考虑并满足了他退下来休息的要求。

杨老是出色的化学家，杨老是著名的教育家。他著作等身，他桃李满园，他是宽厚的长者，也是无产阶级的战士。从联大以来，他艰辛备尝，撑持南开数十年，世人知中国者皆知有南开，知南开者皆知有杨老。杨老是南开的化身，杨老的道德文章永为楷模，杨老永远是我们学习的模范。

杨老作为著名的教育家和科学家的崇高品质，在这本纪念文集里有着充分的体现。大家从不同角度，缅怀了他一生光辉的业绩，推崇他的学术人品，讴歌他几十年来为党和人民的事业呕心沥血、鞠躬尽瘁，献出了毕生的精力。大家赞颂他的一生，是全心全意为人民服务的一生，是勤勤恳恳、兢兢业业地为我国社会主义的教育和科学事业奋斗的一生。他的事迹将在南开师生员工中、在祖国科教事业的史册上永放光辉。杨老永远活在我们心中。

目　录

001　杨老道德文章永世楷模(代序)…………………… 滕维藻

纪念杨石先诞辰一百周年

003　在杨石先百年诞辰纪念会上的讲话…………………… 雷洁琼
005　在杨石先百年诞辰纪念会上宣读的贺词……………… 臧伯平
007　在杨石先百年诞辰纪念会上的讲话…………………… 李建国
009　在杨石先百年诞辰纪念会上的讲话…………………… 石元春
011　在杨石先百年诞辰纪念会上的讲话…………………… 侯自新
015　在杨石先百年诞辰纪念会上的发言…………………… 李金亮
017　在杨石先百年诞辰纪念会上的讲话…………………… 杨耆荪

一代宗师风范永存

021　杨石先光辉的一生……………………………………… 王文俊
038　追思杨老 学习杨老 …………………………………… 吴大任
040　缅怀好友杨石先校长…………………………………… 柳无忌
042　毕生科研为兴国 呕心沥血育英才 …………………… 陈舜礼
046　怀念杨石先先生………………………………………… 李卓敏
047　我所敬重的师长………………………………………… 唐敖庆
049　追忆杨石先先生………………………………………… 钱华年
051　南山桃李颂……………………………………………… 张青莲
052　杨石先师为我指明进学之路…………………………… 蒋明谦
054　缅怀杨石先先生 ……………………………〔美〕亨利·G.戴
059　对先师杨石先的怀念…………………………… 何炳林　陈茹玉
077　缅怀恩师 自强不息 …………………………………… 申泮文

087 纪念杨石先老师百岁诞辰…………………………………… 王积涛
090 杨老的教诲永记心头……………………………………… 李正名
093 学界楷模风范永存………………………… 胡国定 邓汉英
095 悼石先师……………………………………………………… 伉铁儁
096 深切怀念杨石先先生……………………………………… 杨敬年
099 忘年之交 其淡如水……………………………………… 邢公畹
103 我所敬仰的一代宗师杨石先先生………………………… 王玉哲
106 缅怀著名化学家、教育家杨石先先生 …………………… 刘祈年
108 毕生做学问 寒暑育英才…… 南开大学元素有机化学研究所
118 装三根火柴的火柴盒
——怀念化学教师杨石先教授 …………………………… 吴大观
120 永远的怀念…………………………………………………… 陈汝馀
122 爱国·勤奋·正直………………………………………… 娄 平
124 一代宗师……………………………………………………… 范恩滂
130 一代名师 丰绩永存……………………………………… 王大璲
133 风范永存……………………………………………………… 魏宏运
136 深切缅怀杨石先校长……………………………………… 石玉民
138 南开精神永存 杨老音容常在 …………………………… 李万华
142 高山仰止 景行行止
——回忆杨石先校长对我的教诲 ………………………… 孙君坦
151 忆杨石先校长二三事……………………………………… 王柏灵
154 镌刻在心 音容永存 ……………………………………… 王端菁
157 绍曾先生百龄追思………………………………………… 梁吉生
161 怀念杨老……………………………………………………… 姜丁铭
166 谁言寸草心,报得三春晖 ………………………………… 陈庆华
170 学者楷模……………………………………………………… 蔡一江
172 学海明灯照我行…………………………………………… 叶挺镐
178 名师指路……………………………………………………… 胡孚琛
181 永远不忘恩师的教诲……………………………………… 黄山石
183 杨老在我的心中…………………………………………… 滕天奎

185　耋年赞歌……………………………………………………王学孝
196　苍松赞………………………………………………………觉　非
203　回忆教诲　倍感任重……………………………………林惠昭
206　追忆父亲……………………………………………………杨耆荪
210　回忆父亲……………………………………………………杨耆荀
219　忆舅舅杨石先………………………………………………李守中

附　录

223　我的自传……………………………………………………杨石先
230　杨石先生平记事
262　杨石先科学论著目录

纪念杨石先诞辰一百周年

在杨石先百年诞辰纪念会上的讲话

雷洁琼*

今天杨石先同志百年诞辰纪念会隆重举行。杨石先同志是我国著名的教育家、科学家，他为我国的科教事业建立了不朽的业绩，同时杨石先同志也是我会杰出的领导干部，他为我们民进工作做出了重大贡献。我谨代表中国民主促进会对杨石先同志表示深切的怀念，并向杨石先同志的家属以及南开大学的广大师生员工致以亲切的问候！

杨石先同志是我国化学界的泰斗，也是我国教育界的一代宗师，他将自己的毕生精力献给了我国的科教事业。早在1923年杨石先同志就开始执教于南开大学，从事化学的教学科研工作60余年。在教学上，他治学严谨、务实求新，为我国培育了数以千计的教育工作和科学技术人才。现在活跃在我国化学以及农、医领域内的许多知名专家、学者曾沐其教泽，其中十余人被选为中国科学院学部院士。在科学研究方面，他开创了我国农药化学和磷有机化学的研究工作，成为我国这方面研究的先驱，为我国农药化学和磷有机化学的发展奠定了基础，做出了重大贡献。

杨石先同志一生热爱祖国，追求进步，始终不渝。他在青年时代曾三次出国留学，学习美国的先进技术和教育方法。在中华民族危难的岁月里，他在自己的岗位上为祖国的复兴而无畏地战斗，将全部精力投入教育救国的工作中去。新中国成立后，杨石先同志作为教育界的代表出席了第一次全国人民政治协商会议，商讨建国大计。杨石先同志曾当选第一至第五届全国人大代表及第五、第六届全国政协常委，为社会主义建设事业贡献了自己的智力。

---

* 时为全国人大常委会副委员长、民进中央主席。

杨石先同志坚决拥护中国共产党的领导，积极参加统一战线和民主党派的工作。1953 年他加入中国民主促进会，并先后担任民进天津市第一、二届主任委员、民进第四届中央委员、第六届中央常委和第七届中央委员会顾问。作为天津民进的主要领导人，杨石先同志为巩固和发展爱国统一战线，为坚持和完善中国共产党领导的多党合作和政治协商制度，为团结带领天津民进广大成员发挥参政议政、民主监督作用，做了大量的工作，为天津民进广大成员接受党的领导做出了表率。杨石先同志坚持“立会为公”，十分注重会内的思想建设和组织建设，为民进在天津的发展做出了积极的贡献。我们为我会有杨石先同志这样杰出的知识分子而感到骄傲和自豪！

今天我们隆重纪念杨石先同志诞辰一百周年，缅怀杨石先同志的光辉业绩，要认真学习他将毕生精力奉献给祖国、奉献给人民的爱国主义精神，学习他一步一个脚印，踏实勤奋，在自己的工作岗位上创造出不平凡的业绩的作风，学习他正直无私、以国家的需要为己任的态度，学习他学而不厌、诲人不倦、春风育人的高尚品德。我们每一位中华儿女，都要像杨石先同志那样，把自己的一生奉献给我们伟大的祖国，为建设有中国特色的社会主义做出我们应有的贡献。

在杨石先百年诞辰纪念会上宣读的贺词

臧伯平*

南开大学：

值此隆重举行杨石先同志诞辰一百年纪念大会之际，谨表示热烈的祝贺。

杨石先同志是我国著名的科学家、教育家，为我国科学和教育事业的进步，为南开大学的建设和发展做出了重大贡献，生前受到过毛泽东、周恩来等老一辈无产阶级革命家的亲切接见。

杨石先同志在高等教育战线工作六十多年，桃李满天下。新中国成立后，长期担任南开大学领导职务，他坚持社会主义办学方向，认真贯彻党的教育方针，尊重科学，尊重知识，尊重人才，重视教师队伍建设和提高教育质量，强调培养学生宽厚扎实的基础知识，为使南开大学为国家培养、造就大批优秀人才奉献了自己毕生的心血。杨石先同志提倡高等学校应担负教学和科研双重任务，很早提出了“发展科学，繁荣经济”的主张。他长期工作在科研、教学第一线，密切关注世界科技的最新发展，培养了许多优秀科技人才，取得一批重要科研成果。20世纪60年代，他受周恩来总理和聂荣臻同志重托，亲自创建了我国高校第一个化学研究机构——南开元素有机化学研究所。在长期的科研和教学工作中，他注意理论联系实际，并为高校科技工作直接为国民经济建设服务进行了有益的探索，积累了成功的经验。杨石先同志学风正派，学术造诣精深，不愧为我国元素有机化学和农药化学的重要开拓者和奠基人。

今天，我们纪念杨石先同志，缅怀他的业绩，就是要学习他终生献

* 原教育部副部长，为国家教委代表。

身科学、献身教育、爱国育才，为我国教育和科学事业无私奉献的精神，学习他的高尚情操、崇高品德和优良作风。我们要继续发扬老一辈科学家、教育家的光荣传统，在邓小平建设有中国特色社会主义理论指导下，不断深化教育改革，为使我国的教育事业成功地走向21世纪而奋斗。

在杨石先百年诞辰纪念会上的讲话

李建国*

今天，我们在这里隆重举行纪念杨石先教授诞辰 100 周年大会，缅怀他的光辉业绩，学习他的科学精神和道德风范，激励今人和后人发愤努力，科教兴国，很有意义。在此，请允许我代表市委、市人大常委会、市政府、市政协，同时代表市委书记高德占、市长张立昌对杨石先教授表示深切的怀念，并向杨石先教授的亲属表示亲切的慰问。全国人大常委会副委员长、民进中央主席，我们敬爱的老大姐雷洁琼同志，专程来津，莅临今天的纪念大会，并发表了重要讲话。我代表市委、市政府向雷大姐，向出席大会的中央各部门领导和各位来宾表示热烈的欢迎。

杨石先教授是我国著名的教育家、科学家，毕生致力于教育教学、科学研究和培育高层次专门人才的事业。青年时代，他抱着科教救国的理想，几度赴国外学习和研究现代科学知识，是现代化学在中国的早期传播人之一。新中国成立后，他长期担任南开大学和我国、我市科研学术机构的领导工作，历任南开大学副校长、校长、名誉校长，并担任全国科协副主席、中国科学院数理化学部化学组组长、中国化学会理事长、天津市科协主席等职。他是第一至第五届全国人大代表，第一届全国政协代表，第五、六届全国政协常委，天津市第二届政协委员会名誉主席，民进天津市委第一、二届主任委员。杨石先教授从教 60 余年，培养了一批又一批德才兼备、学有专长、出类拔萃的弟子，诚可谓教泽布域中，桃李满天下。他多次参加我国重大科教规划的编制工作。20 世纪 60 年代初，受周总理和聂荣臻同志重托，他创建了我国高校第一个化学研究机构——南开大学元素有机化学研究所，成为我国农药化学

---

* 时为天津市委副书记。

和元素有机化学的奠基人和开拓者，化学科学研究的卓越组织者。杨石先教授在20世纪中国教育和科学的发展历程中做出了不可磨灭的功绩，以极高的学术威望和杰出的科学贡献蜚声海内外。他多次受到毛泽东、周恩来、邓小平等同志的亲切接见，党和国家领导人给予他充分肯定和高度评价。

杨石先教授一生绝大部分时间是在天津度过的，天津是他的第二故乡。他十分关心天津的科技教育事业，积极为天津引进优秀人才。他的许多科研成果被转化为现实生产力，对促进天津市的经济建设特别是农业发展起到了重要作用。天津人民将永远怀念他。杨石先教授为南开大学的建设和发展呕心沥血，其卓著功绩将永载南大史册。

杨石先教授热爱党，热爱祖国，坚信社会主义。他一生追求真理，光明磊落，襟怀坦荡，谦虚谨慎，品学敦厚，作风民主，甘为人梯，表现出共产党人优秀的品德和高尚的思想境界。他的精神风范赢得了广大师生和各界人士的衷心爱戴，堪称一代师表，德厚流光，高山仰止。

南开大学是一所具有悠久历史和光荣传统的著名高等学府，是我国高层次人才培养和科学研究的重要基地之一。南开大学在张伯苓、杨石先等历任校领导和全校师生员工的共同努力下，教学科研相长，综合实力增强，培养了一大批优秀的高级专门人才，哺育了一批杰出的革命志士和社会活动家，取得了许多高水平的科研成果，为国家、为天津市的改革开放、经济建设和社会全面进步做出了重要贡献。

天津要加快发展，要实现跨世纪宏伟目标，关键在人才，基础在教育。在实现两个根本性转变、实施科教兴市战略的进程中，高等院校担负着重大的任务。我们要进一步贯彻《中国教育改革和发展纲要》，按照江泽民总书记去年在4所交通大学负责人座谈会上的重要谈话精神，深化高等教育改革，全面提高办学质量和效益，更好地发展天津的高等教育事业。南开大学人才济济，贤达荟萃，优势巨大，是天津胜利迈入21世纪的一支重要力量。我们要认真落实江泽民同志对南开大学发展的重要指示，继续做好与国家教委共建南开大学的工作，努力把南开大学办成一流的社会主义大学。我想，这也是今天我们对杨石先教授的最好纪念。

在杨石先百年诞辰纪念会上的讲话

石元春*

今年是我国著名科学家、教育家杨石先诞辰100周年。今天，我们在这里集会，隆重纪念杨石先先生诞辰100周年。我谨代表中国科学技术协会，和大家一起缅怀这位为我国科学技术事业和教育事业做出过重大贡献的先驱。

杨石先先生诞生于19、20世纪之交，曾两次赴美留学，回国后长期在南开大学执教。在长达60多年的教学、科研生涯中，他呕心沥血，辛勤浇灌祖国的科学幼苗，为我国培育了几代优秀科技人才，而且历来鼓励他的助手和学生们要敢于超越前辈，一再强调发扬"人梯"精神；他一贯重视实验教学，把良好的实验技术视为科研人员必要的素质，对学生的实验操作要求非常严格；他还十分重视对学生的品德教育，做到了循循善诱、诲人不倦，鼓励学生们不仅在业务上成才，而且要做品德高尚、为国争光的人。杨石先先生是我国农药化学和元素有机化学的奠基人、化学科学研究的卓越组织者。1956年2月，他参加了我国"十二年科学技术远景规划"（即《1956－1967年科学技术发展远景规划》）的编制工作，向国家领导人做了题为《化学科学与国民经济的关系》的报告，并在周恩来总理的亲自关怀下，接受了农药研制任务。1962年，他又一次接受周总理的委托，筹建了我国高等学校第一个专门研究机构——南开大学元素有机化学研究所，开展了有机氟、有机硅、有机硼、金属有机化学等新领域的研究工作，研制出多种除草剂、杀菌剂和杀虫剂，在农药化学方面做出了重要贡献。他治学严谨，几十年如一日，既重视应用研究，也重视基础研究，亲自主持评审重大科研成果，体现了

---

* 时为中国科学技术协会副主席。

一位老科学家为发展科学技术事业而奋斗不息的精神。

杨石先先生不仅担任繁重的教学和科研工作，满腔热诚地参与全国人大、全国政协的活动，承担南开大学、河北省政协、河北省科委、中国科学院河北省分院的领导工作，而且对我国科技团体的发展也倾注了大量心血。他是中国科协第一届全国委员会委员、第二届全国委员会副主席，长期担任天津市科协主席，是中国化学会第十七届至二十届理事会的理事长，为团结广大科技工作者投身于科学技术的提高与普及、促进我国科学技术事业的发展和人才的成长做出了杰出的贡献。

同志们，朋友们，中国科协是我国科技工作者的群众组织，是中国共产党领导下的人民团体，是党和政府联系科技工作者的桥梁和纽带，是国家发展科技事业的重要社会力量。弘扬“尊重知识、尊重人才”的风尚，表彰、奖励和宣传优秀科技工作者，是根据科协宗旨开展的一项基本工作任务。近年来，中国科协会同有关部门、单位，先后对我国著名科学家丁颖、李四光、竺可桢、侯德榜的百年诞辰开展了纪念活动。今天我们纪念杨老诞辰 100 周年，就是要发扬杨石先先生热爱祖国、献身科学与教育事业、提携年轻一代的崇高精神，加强科技界和教育界的社会主义精神文明建设，更加紧密地团结在以江泽民同志为核心的党中央周围，高举邓小平建设有中国特色社会主义理论的伟大旗帜，为实施科教兴国和可持续发展战略、实行经济体制和经济增长方式的根本性转变，为实现“九五”计划和 2010 年远景目标而努力奋斗，以实际行动迎接我国恢复对香港行使主权和党的十五大的胜利召开。

在杨石先百年诞辰纪念会上的讲话

侯自新*

今天我们在这里隆重举行纪念杨石先教授诞辰一百周年大会，共同追忆杨石先光辉的一生，缅怀他的业绩，学习他的崇高思想和高尚品德。

杨石先是我国著名教育家、科学家，科坛巨匠，学者楷模，在六十多年的科教生涯中，他为中国科教事业和南开大学的建设与发展殚精竭虑，做出了突出贡献，建立了巨大功勋，深受全国科教界和南开大学师生员工的爱戴和敬重。

杨石先从青年时代起就立志振兴祖国，1918 年由清华学校毕业后赴美留学。1923 年，杨石先满怀报国激情回国任南开大学教授。当时，南开大学还是所成立不久的私立学校，经费短缺，师生很少，学校还处在百业待举的草创阶段。杨石先到校后，与邱宗岳教授等一起通力合作建设化学系，筹设实验室，开设新课程，确定有机化学为化学系的重点发展方向。他是现代化学在中国的早期的播种人之一。

“七·七”事变后，日本大举侵略平津，杨石先不顾个人安危，积极参与紧急转移学校贵重物资的组织指挥工作，直到日军野蛮轰炸学校，才冒着生命危险离开校园。南开大学被毁后，与北京大学、清华大学三校合并迁往长沙，杨石先受命于国家危难之际，参加长沙临时大学的筹建；不久，又被作为学校代表派往云南，为西南联大勘察安排校址。

西南联大时期，杨石先被推选为联大理学院化学系和师范学院理化系主任，1943 年任联大教务长。他做为学校主要领导成员之一，在十分困难的情况下，弘扬三校优良的办学传统，卓有成效地组织教学工

* 时为南开大学校长。

作，培养了一代国内外知名学者和众多祖国需要的优秀人才，为西南联大的抗战后方八年坚持与巩固做出了重大贡献，为在抗日战争的艰难岁月延续和保存我国高等教育事业立下了历史性功勋。

抗战胜利前夕，杨石先被派赴美国考察教育，并且聘请了化学、物理、生物等学科的一批优秀人才来南开任教，为学校师资队伍建设和复校后的发展创造了条件。1947 年，正在印第安纳大学做访问学者兼研究员的杨石先博士，谢绝朋友和美国同事的一再挽留，毅然放弃优越的研究条件和生活待遇，回到祖国。回国后，他出任南开大学教务长，并一度代行校长职务，团结广大进步师生，开展护校斗争，坚决抵制反动当局南迁学校，终将南开大学完整无损地交给人民。

新中国成立后，百废待兴，杨石先被任命为南开大学校务委员会主席，他以极大的热情领导学校的重建和改造，为南开大学的新生和发展做出了卓越贡献，成为新时代南开大学的主要奠基人。1949 年 9 月，杨石先作为教育界的代表出席第一届中国人民政治协商会议，10 月 1 日又登上天安门城楼参加开国大典，受到毛泽东主席亲切接见。1952 年他出任南开大学副校长，1959 年任校长，1960 年光荣地加入中国共产党。从此，这位年逾花甲的老人，更加焕发了青春活力。

这一时期，他积极贯彻党的教育方针，根据当时国家经济建设需要，调整学科专业设置，吸收工农子弟上大学，努力探索新的教育教学管理体制，在我国高等教育的曲折发展中，为南开大学跻身国家重点大学倾注了大量心血。

杨石先始终把培养高质量人才，作为高等学校的根本任务，他说："大学培养的学生，其质量决定着学校工作的成败。"他强调学生必须具备宽厚扎实的基础知识和严格的基本技能训练。他认为教师队伍建设是办好大学的关键，非常重视人才的培养和选拔。他一方面尽力争取国内专家学者来校执教，另一方面以他的威望和影响想方设法争取国外的中国学者和留学生回国工作。由于他的真挚努力，不少学者从海内外来到南开(其中包括他的一些学生)，从而使南开大学化学系和文理科在教学和科研上取得很大成就，培养出一大批高质量的优秀人才，走在全国高等学校的前列。他一向坚持认为，高等学校应负担教学、科研双重任务，早在20世纪50年代他就指出，高等学校“应发挥科学潜力积极开展研究工作”，明确提出了“发展学术、繁荣经济”的思想。杨石先既重视基础研究，也非常关心新兴科学技术的发展，强调科学研究应为国民经济和社会主义建设服务。20世纪五六十年代，他作为国务院科学规划委员会委员、化学专家兼综合小组组长，先后参加我国科学远景规划和农业发展制定工作，主持了人工合成胰岛素的全国总评工作。20世纪60年代初，他根据国家需要，开辟我国化学学科的新领域，站在学科前沿，率先开展农药研究，并受周总理委托，在南开大学创建我国高等学校中第一个化学研究机构——元素有机化学研究所，亲自兼任所长。在不太长的时间内，他率领科研人员先后研制成功杀虫剂、杀菌剂、除草剂等十余种农药，填补了我国农药化学的空白，为我国农业发展贡献了力量，奠定了我国有机农药化学研究的基础，成为我国元素有机化学和农药化学的开拓者和奠基人。

十年浩劫中，杨石先受到冲击。面对“四人帮”及其爪牙的倒行逆施，他殷殷以党的事业为念，坚持真理，蔑视强梁，表现了一位爱国知识分子的高风亮节和一个共产党员的坚定党性。

粉碎“四人帮”以后，祖国昂然进入一个新的历史时期。1978年，他参加了邓小平同志召集的著名教育家、科学家座谈会，受到极大鼓舞。他积极响应小平同志“把教育、科研搞上去”的号召，满怀信心地着手医治“文化大革命”给元素所造成的创伤。1979年，他被重新任命为南开大学校长，年逾八旬的杨石先老骥伏枥，担负起拨乱反正、治理整顿学校的重任。在校党委的领导下，他亲自抓教师队伍建设，重新恢复和规范教学管理，狠抓课程建设，从而使南开大学及时地完成工作重心的转移，为改革开放新时期南开大学扩大规模、提高办学质量和效益打下坚实的基础。

杨石先既是我国老一辈的教育家，也是中国科技界杰出的组织者、领导人之一，在我国教育界、科技界享有崇高威望。他历任中国科学院学部委员、数理化学部化学组组长、中国化学会理事长、中国科协副主席、全国人大代表、全国政协常委，以及天津市政协第二届委员会名誉主席等职务；1980年让贤辞去校长职务后，又被中央任命为南开大学名誉校长。杨石先的一生是无私奉献的一生，是全心全意为人民服务的一生。他对祖国教育科学事业和南开大学的建设与发展做出的丰功伟绩，将永远彪炳史册。

杨石先光辉的一生和高尚品德，是广大科教工作者和知识分子学习的榜样。今天我们纪念他，宣传、学习、继承他留给我们的宝贵精神财富是十分有意义的。

我们要学习杨石先的教育思想，全面贯彻党的教育方针，进一步深化教育改革，切实落实江泽民总书记关于教育工作“两个重要转变”的指示，加强学科建设，加强跨世纪学科带头人培养，把全面提高教育质量和办学效益放在突出位置，为国家培养更多的适应现代化建设需要的专门人才。

我们要发扬杨石先献身科学的精神，贯彻“科教兴国”“科教兴市”的战略方针，面向国民经济建设主战场，深化科技体制改革，调整科研布局，全面提高科研整体实力和学术水平，为国家和天津市经济发展和社会进步做出更大贡献。

我们要学习杨石先的无限忠于祖国和人民的爱国主义精神和严谨治学、公正无私、亲贤爱才、甘为人梯、不尚浮华、勤勉奉献的高尚品德，坚持不懈地用邓小平建设有中国特色社会主义理论武装广大师生员工，切实把我校建设成为培养社会主义事业建设者和接班人的重要阵地、传播和创造社会主义精神文明的重要基地，为使南开大学成为接近或达到世界一流大学学术水平的社会主义综合大学而努力奋斗！

在杨石先百年诞辰纪念会上的发言

李金亮*

今天，在杨石先教授诞辰一百周年之际，我代表南开大学万余名学生在这个纪念会上表达对他的崇敬和怀念之情。

先生是我国著名的化学家和教育家，为我国科学和教育事业的发展做出了卓越的贡献。他开创了我国有机农药化学的研究工作，开拓了我国元素有机化学的研究领域。在教育方面，先生更是成绩斐然。自 1923 年执教，传道授业，贡献毕生，教书育人，栽种桃李，培养了大批的优秀人才。先生的教学思想至今仍发挥着巨大作用。

先生十分重视基础理论教学和培养学生的实验技能。他指出，提高教学质量的首要一环是提高基础课的教学质量，只有比较系统、广博而又牢固地掌握了基础知识，受到严格的基本训练，才能在毕业后比较顺利地独立工作和进行自修。先生虽然担任繁忙的校务和社会工作，却一直坚持给学生讲基础课，指导研究生开展科研工作。由于他的努力倡导和躬亲示范，重视学生的基本训练已成为南开大学几十年来师承的传统。至今我校化学系的实验课仍占有与理论课同等重要的地位便是极好的例子。我校培养出来的学生也因基础理论扎实、动手能力强而受到用人单位的欢迎，在经济建设的岗位上发挥着各自的才干。

他的言传身教更是有口皆碑，他的嘉言懿行惠及一代又一代学子。他正派无私，办事公道，事事以身作则，把满腔热血倾注到培养青年上，把全部力量和智慧贡献给祖国。先生曾以“青松在东园，众草没其姿。凝霜殄异类，卓然见高枝”的题词送给西南联大的学生。这不仅表达了先生刚正不阿的高洁品行，也是他在鼓励学生要像松柏那样不畏霜雪，

---

* 时为南开大学学生，为学生代表。

成为国家栋梁。先生曾多次受邀到国外工作，然而优越的工作条件也未能动摇先生爱国、报国之心。先生伟大的人格魅力将永放光芒，影响着我们，激励我们努力学习，报效祖国。

时光流逝，先生离开已有十二年了。然而先生的业绩长存，先生的精神永在。我们虽然无缘亲聆先生的教诲，却也时常听各位老师满怀深情地讲述他的往事，先生的音容笑貌，名师风范也依稀可以想见。当此新旧世纪交替之时，振兴我南开、富强我中华的重任，落在我们年轻一代的肩上。任重而道远，我们将以先生为榜样，刻苦攻读，勤奋工作，用我们年轻的臂膀，在21世纪的东方，托起一条腾飞的巨龙！而先生那无私奉献、以国家需要为己任的爱国精神，诲人不倦、奖掖后学的高风亮节和人格风范将如同火炬一样照亮我们前进的道路，并一代代传递下去。

海河滔滔，渤海泱泱，先生之功，日月同光，先生之德，万世流芳！

在杨石先百年诞辰纪念会上的讲话

杨耆荪*

首先，我代表杨石先的全体家属对全国政协、国家教委、国家科委、中国科学院、全国科协、民进中央和天津市委、市政府及各界知名人士对家父百年诞辰的贺信和题词表示衷心的感谢，并对南开大学校领导和全体师生捐款建立家父塑像表示深深的谢意。

我们的父亲为建设南开、给国家培养更多的栋梁之材，竭尽了毕生的精力，今天得到大家的赞扬使我们深受感动。为了继承父志，也为了感谢大家，我个人分五年捐出人民币 20 万元，堂弟杨颐葛捐助美金 1000 元，以充实“杨石先奖学金”。希望能抛砖引玉，争取更多的单位和个人踊跃捐款，鼓励优秀学生奋发图强，为国争光。

---

* 为杨石先长女。

一代宗师风范永存

杨石先光辉的一生

王文俊

一

杨石先是我国著名教育家、化学家，曾用名杨绍曾，远祖为蒙古族人，姓浣颜不花，1897 年 1 月 8 日生于杭州一个没落封建官僚家庭，祖籍安徽怀宁。

杨石先从小聪明、文静，被认为有念书的天资。所以祖父给他这个家孙取名绍曾，意思是继承曾祖父的事业。其曾祖在清朝做过四川学台、国子监学官、翰林院学士。后来杨石先认识到这个名字的封建含义，当他在南开大学任教时，又从报纸上发现有和他同名同姓者，故以号石先为名。

杨石先五岁进家塾，先是识字，背《千字文》，继而背《四书》，背不熟，就要遭到训斥、罚跪。家塾教育在杨石先幼小心灵中，留下了暗影。

杨石先祖母能文善诗，而且略通医术，讲究养生之道，活到 104 岁高龄。祖母性情温和，而又处事干练。她每天教儿媳和小孩子们念书习字、背诵诗词。由于祖母态度和蔼、亲切，不施加压力，杨石先学起来觉得很有趣，比在家塾里的教益大。

杨石先的家，在杭州城里的横河桥边。这是一座古老的宅第。

据说，明朝时，这座房子的主人因与“东林党”人有瓜葛，全家遭到杀害。此后，这房子便被荒置，成了“凶宅”。杨石先祖父任浙江候补知府时，由北京迁居杭州，因一时没找到合适的房子，硬是买下了这处宅院，一住就是三十多年。结果，“鬼”没敢闹，他反倒升了官，做了嘉兴知府。这个传说，给杨石先留下了不迷信鬼邪的深刻记忆。

杨石先从小喜爱花草。童年时，每逢清明时节他都跟随母亲到龙井为外祖父母扫墓。往返途中，他总要多少次地跳下轿来，采集路边的花草，如果不是母亲不断地催促，他会忘情于大自然。回到家以后，他的第一件事，就是忙着把轿里的花草拿出来，让大人帮他栽到院子里。杭州有个风俗，每当旧历年节，家家户户都用兰花供祖。所以年节临近，许多乡下人就挑着满筐花草进城来卖。家里每年要买不少的鲜花，什么水仙、梅花、兰花，一盆盆、一簇簇。他最喜欢兰花。祭祖之后，他舍不得扔掉，总是要大人帮他栽种起来，而且每天都忘不了看看它们，给它们浇浇水。家里人都说他是个“养花迷”。

杨石先喜欢花草，而他弟弟调皮，爱玩棍棒。有意思的是，在他们那么小的时候，父亲根据他们不同性情、爱好，十分“轻率”地为他们预言了未来。父亲说：“将来让绍曾学农，弟弟好动，长大学工”。想不到，这话真的为他们后来终身从事的事业确立了目标。

他 6 岁时，离开杭州，到了济南。当时，他父亲在山东任职，决定把家眷接来，以便加强对两个儿子的教育和培养。11 岁时，他又随家迁津，考入了天津民立第二小学高小二年级。在这里，他第一次接触化学。每次化学课老师都为同学们做演示实验，从玻璃仪器的安装，到氢气、氯气、硫酸之类的制备等等，一年里做了四五十个。到高小三年级，他又观看了几十个声、电、光、磁方面的物理实验。这些实验为他展现了一个崭新而又神秘的世界。他多么渴望能够洞悉其中的奥秘啊！

二

1910 年，杨石先的蒙学时期结束了。他先报考了天津南开学校，而后又去报考了刚刚成立的清华留美预备学校。这所学校是美国利用“庚款”的一部分兴建的。它既不收学费，又免缴膳宿费，而且将来还可以出国深造，这就给追求未来的青少年以某种指望。

清华留美预备学校的招生除按各省摊缴“庚款”的多少选送学生外，另在北京直接招考三百名。考试那天，贡院学部考棚拥塞着数千人。入学的竞争是非常激烈的。杨石先对他的考绩既不沮丧也不乐观。回津后，他接到了南开学校的录取通知。数月后，清华留美预备学校也录取了他。这使他喜出望外。

一辆驴车把他从一条土石官道送进了清华园。这是一处清朝皇室的赐园。园内林木荫翳,建筑古朴,听不到喧闹的市声,恐怕当时没有一个学校具备比清华更适宜的学习环境了。除去1911年因辛亥革命爆发,学校遣散学生,宣布停课半年外,他总共在这里度过了难以忘怀的8个年头,接受了完整的中学教育及初级的高等教育。

清华留美预备学校设中等、高等两科,各修业四年,课程都是为学生将来留学美国而特设的。方法是提倡自学自习,借以使学生熟悉美国的教育习尚。对中等科学习的课程,杨石先都有较好的基础,但课程都用英语讲授,这对他却是完全陌生的。为了学好英语,他和几个要好的同学订了个"君子协定",约定日常会话完全用英语,违者罚1个铜板。每到星期日,他们常常带着罚得的十几个铜板,跑到校外去买炒花生米,一饱口福。这个别出心裁的主意督促了他们的学习。后来,由于他们学习上不断进步,能享受这种乐趣的机会越来越少了。清华的学习是繁重的。杨石先还必须用比别人更多的时间去攻读英语。他常常抱着字典吃力地看英文书籍。经过一年多的努力,他差不多克服了外语上的障碍。随着英文水平的不断提高,他常常几天读完一本书。8年里,学校图书馆不少英文文艺书籍的借书卡上,都留下了他的名字。但这种枯燥刻板的生活和过度的劳累,却悄悄地然而严重地损害了他的健康。他经常咳嗽,一患感冒就很不容易治好,体质渐渐地虚弱下来。

辛亥革命后,周诒春先生做了清华校长。他非常关心内地来的学生。这些学生多来自家塾,缺乏良好的卫生习惯,对体育活动更无兴趣。周校长常常深入学生中间,或把一些学生叫到他的办公室,除了检查学业外,还要闻闻他们口中有无异味,问问是否经常洗澡,大便通不通,参加不参加体育活动。这些从未远离家门的学生觉得他是一位非常值得尊敬的长辈,大家都很亲近他。

一次,杨石先病倒了。周校长带他去见美国神父校医鲍尔伯。校医为他检查后,又送他到协和医院透视。杨石先不由得紧张起来,当他走出暗室时,听到神父说"孩子,感谢主保佑",他才松了一口气。

这件事引起了周校长的关注。他开始发觉学生们的体质存在着问题。为此，他与学生们“约法三章”，采取了强制体育锻炼的办法。他让每个学生必须早晨出操；午后4点关闭教室，所有学生必须参加体育活动；晚9点一律就寝。他对学生们说：“体育是完整教育所不可缺少的”。杨石先长久以来养成了不好动的习惯，常常逃避上述约束。一次周校长到操场巡视时，发现他躲在僻静处看书，便严厉地质问：“你为什么违反校规？”他紧张得无言以对。周校长转而关切地说：“这样会把身体搞垮的。”又问：“你将来想干什么？”杨石先说：“当个科学家，用科学技术救国。”校长微微一笑：“你的志向虽然很好，但恐怕难以实现。”“为什么？”“因为你不爱运动，身体得不到锻炼。像你这体格，将来如何耐得劳瘁，学成也无法任事，谈何救国！”

周校长的告诫给了杨石先很大的震动，从此便强制自己参加体育锻炼。起初不过勉为其难，慢慢地领略到它的益处，后来竟至乐而不倦了。爬山是他最喜爱的一项运动，国内名山爬过很多。假期，他常和同学相约去登山旅行。他曾经登泰山观日出，爬黄山赏云海……

清华留美预备学校的生活是丰富多彩的。教师与学生接触很多，他们常常邀请学生到家中作客。杨石先多次被邀请，这给他以宾至如归的亲切感觉，但也有使他感到窘迫的时候。有一天，他在校园里遇见了那位曾给他看病的神父校医鲍尔伯。神父说：“感谢上帝，你的身体越来越健壮了。我想继续帮助你，你不会拒绝吧？”他笑着回答：“怎么能呢？”鲍尔伯神甫显得很亲切的样子：“孩子，你很聪明，也很诚实，你日后要想有所作为，首先要解脱你精神上的负担，做一个上帝的忠实信徒。”他迟疑地注视着神父说：“先生，我从来没想过这件事。”神父想说什么又停住了，然后把一张帖子递给他，失望地说：“我给你时间仔细考虑。”尽管没想出得当的对策，晚上他还是奉约叩响了神父的家门。神父激动地叫道：“你果真来了，我觉得你是信任我的。”杨石先局促不安地坐下来，一边听着神父的讲道，一边望着那挂在壁上的耶稣蒙难十字架，竭力寻找它和他的理想之间究竟有什么联系。这时，他觉得这位神父竟是一个他所不了解的陌生人。神父恳求的目光使他心里不免有些慌乱，他赶忙岔开了话题。神父忙说：“我向主代你祈祷，让他开开你的心窍吧！”说着便向十字架跪了下去。杨石先窘得要命。他实在耐不住了,便对神父说:“先生,我要读书,我不想把自己的生活由课堂转到教堂。”于是他便如释重负地离开了鲍尔伯神父的家。

对于宗教,当时杨石先在理性上并无认识。但他小时从他父亲那曾听到过有关山东、天津等地闹“教案”的事情,这使他从小就对当时的宗教存有疑虑。特别是他感到当时的宗教和他的理想之间并无共同之处。如果入教就要每天不停读经,并且还要经常跑到城里的教堂,参加那些烦琐的仪式,他并不愿为此而浪费光阴。

杨石先从小立志要成为一个科学家,做一个对国家有用的人。但生活对他并不格外宽厚,他曾遇到了外语的障碍、病痛的困扰和神父的诱迫,如果不是为了追求一种崇高的理想,单是这些就足以使他垂头丧气了。但他凭着拯救祖国的赤子之心,经过 8 年的寒窗苦读,终于以优异成绩完成在清华的学业。1918 年夏,他告别了祖国赴美留学。

三

美国康奈尔大学是一座学术优良的学校。杨石先进入该校最负盛名的农科学习。康奈尔大学很重视大学部的教学水准,一些初等课程常由著名教授讲授。但是后来,学校有名的农学教授大都被派往欧洲,帮助恢复那里遭到第一次世界大战破坏的农业。杨石先并未因此感到十分沮丧,他决意另辟蹊径。他看到,化学在人类生活中的地位越来越重要;他受到的植物学教育又使他发现,农业的进步也是和应用化学的成就分不开的。于是,第二年他决定改修化学。

他身在异邦,常常为祖国的衰弱而忧虑。念及祖国的前途,越发使他刻苦学习。他经常是带着简单的午餐走进课堂、图书馆或实验室,将近午夜才离去。他的各门功课总是班里的前三名。1921 年,他取得应用化学学士学位后,进了研究院。1923 年,当他只差一年读完博士学位时,忽接家书,得知父亲失业,在北京安徽会馆靠挂牌子卖字度日,全家生计无着。由于家境变迁,他只好接受导师的建议,用完成的部分论文通过了硕士学位考试,启程回国。

回国途中,他在船上与清华同学李济相遇。李在哈佛大学取得博士学位后已受聘于南开大学,后来成为著名的人类学及殷墟考古学专家，1980 年逝世于台湾。李问："有没有接洽任何机构？""已有人推荐去浙江大学。"李介绍说："南开大学张伯苓校长办学出色，他那里正缺化学教授。"当时的南开大学经费支绌，教员缺乏，首届毕业生仅有 12 人，远不是一个学府胜境。但是，杨石先经过一番考虑，还是选择了待遇虽微薄但受政府势力影响较小的私立南开大学，作为他潜心追求"教育救国"道路的起步之地。

不久，杨石先在北京家中完婚。他的夫人刘崇瑜是其清华同学刘崇铉的妹妹，毕业于华南女子师范学院。她能诗善画，柳体字写得很漂亮。除抗战期间，她在家馆教过英文和国文外，一直在家料理家务。有了这个贤内助，才使杨石先得以集中精力于他的事业。

在南开，杨石先和邱宗岳教授通力合作，担负着全校化学课的教学工作，深得校方信任和学生爱戴。1929 年，他得到学校资助，再次赴美深造。张伯苓校长对他说："你是南开享受教师学术休假制的第一个人，出国期间的工资照发。"他在耶鲁大学任研究员，进行杂环化合物合成的研究工作，因成绩出色被推选为美国"科学研究学会"荣誉会员。1931 年，他在获得化学博士学位后，取道欧洲，访问了许多著名学府。在德国，他谢绝了诺贝尔化学奖获得者威朗教授的挽留，于"九一八"事变前二日，经西伯利亚回国，继续在南开大学执教。

在教学中，杨石先要求学生严格却不苛求，待人平易但绝不容忍学习懈怠。他非常关心学生，尽量缩短师生间的距离，使学生能够对学习的内容有深入的了解。一位美籍华裔学者回忆他 20 世纪 30 年代的大学生活时曾写道："南开大学不仅是一个教育组织，而且是一个大家庭。师生间的距离可以说没有。杨石先老师的化学课对我说来，并不是本系课程，但是他对每个学生单独的关切，过了几十年的长远时间，还是历历在目。"杨石先与学生间的这种融洽关系充分体现了后来为人称道的南开的一种优良校风。

20 世纪 30 年代的南开大学已略具规模。但是如何使化学系成为国内学术优良的系科之一呢？他认为：南开化学系的基础尚感薄弱，如果各学科平行发展就无法和一些著名大学相比，应搞出自己的特点来，争取在几年时间里使之为人刮目相看。他经过缜密的分析、比较，提出以有机化学为重点的发展方向，并得到系主任邱宗岳教授的支持。其后，他们陆续从国内外聘请了多位专长有机化学的教授来任教，这就使南开大学化学系后来形成自己的优势和特色奠定了最初的基础。

化学是实验的科学。杨石先不仅非常重视基础理论的教学，而且很早就注意到对学生实验操作能力的培养。因为他在美国留学时，兼管过实验室工作，曾亲眼看到有些中国留学生疏于实验操作，以致常常用饭费赔偿损坏的仪器，结果不得不忍痛改换专业。他常常以此告诫学生，只在读书方面下功夫而忽视实验能力的训练是不行的，因为任何理论和假设都必须通过实验来验证，真正的知识是从实验中获得的。为此，他亲自从国外购买仪器，不断完善实验设备，并经常到实验室指导学生做实验。40 年后，他针对教学和研究工作中不重视实验的时弊，又多次重申上述主张。由于他的努力倡导和躬亲示范，重视学生的基本科学训练已成为南开几十年来师承的传统，并在国内化学教育领域中有着很大影响。

四

1937 年卢沟桥事变后，战火蔓延天津。当时日寇经常到学校窜扰，情势十分危急。时值暑假期间，校内仅有少数师生。张伯苓校长当时正在庐山开会，杨石先和黄钰生秘书长便组织师生做撤退准备，把大部分图书和少量贵重仪器装箱运往英租界。7 月 29、30 两日，日寇飞机、大炮对南开大学进行野蛮轰炸。他们不顾个人安危，冒着硝烟炮火，指挥师生乘小木船往学校附近的苇塘、稻地里疏散。轰炸之后，木斋图书馆、秀山堂及部分教职员宿舍均遭兵燹之祸；他家也被日军洗劫。当他撤离学校时，除身上一套单衣和一架照相机外，其他财物几乎荡然无存。

1937 年 8 月 28 日，北大、清华、南开在南京筹组长沙临时大学。他与南开经济研究所方显庭教授闻讯辗转南下。在火车上，由于他执意不改寻常装束，化装成商人模样的方显庭一路上像老头子般喃喃抱怨，结果反倒遭到了日军盘查。到了秦皇岛，他们搭上一艘挪威籍运煤船南航厦门，再经陆路到长沙，立即投入临大筹组工作。后由于南京失守，日寇沿江西上，长沙遭到轰炸，三校继而迁滇，更名西南联合大学。1938年2月，300名联大师生在黄钰生先生率领下由湘步行入滇，开始了中外教育史上罕见的长途迁徙。杨石先则与北大经济学教授秦瓒、清华建筑学教授王明之，分别代表三校并理文工三科，先行入滇安排有关建校事宜。他们乘一辆吉普车，另带两卡车物资，在西南崇山峻岭间的简陋公路上颠簸了十几天。一次，他们的车在悬崖边一轮悬空，险遭不幸。4月，黄钰生在一位东北军师长的协助下，率队胜利抵达昆明。杨石先等前往拓东路会馆迎接步行团。当时闻一多已蓄起近尺胡须，曾昭抡浑身长满了虱子，黄钰生声言欲刻"行年四十，步行三千"的图章以志。后来，当杨石先回想起这段艰难的经历，不无感慨地说："联大师生怀着救国救民的理想走到一起，在颠沛流离中出色办学，成绩得来不易。国家振兴，仍需此种精神。"

西南联大时期，杨石先被推选为理学院化学系和师范学院理化系主任，1943年任教务长。当时，因为张伯苓校长长驻重庆，专心致力于南开中学的建设，所以杨石先和黄钰生便共同代理南开大学在西南联大的事务。在学者名流荟萃的西南联大，他之所以为人推崇，既是由于他的学识，同时也是由于他的思想品格和作风。他办事公道，以身作则。当时理学院在昆明城北门外，工学院在西南迤西会馆，两院间没有交通工具，许多教授不愿去工学院上课，杨石先推甘就苦，亲自去上课，大家见系主任带了头，谁也不再推诿了。

杨石先器重人才，奖掖后进，对每一个好学的学生都非常爱惜，总是以极大的热情为他们指导求知的门径。

化学家蒋明谦教授谈过这样一段经历：1941年他考取公费留美生后，曾分别给三位导师写信，但只得到杨先生的回信，而且是十多页的长信。信中对如何选择学校、导师、课程，乃至行装、旅程、礼节等都给予详尽的指导。他说，杨先生教我先到规模较小的大学，这里接触导师机会多，便于熟悉美国大学的教育习尚，打好深造的基础。然后必须到一个规模宏大的学校学习，那里著名教授多，学术水平高，可以开阔眼界。如长期停留在比较小的大学，眼界受到局限，难于了解学术发展趋势及当代科学发展的主流。蒋明谦教授谈起这段往事总是怀着感激的心情。他说："杨先生学识渊博，对欧美著名化学家比较熟悉，能对他们的学术水平有恰当的评价。我按照他的指导，先后到马里兰大学药学院和伊利诺伊大学化学系学习。在伊利诺伊，我对基团负性发生了兴趣，导致我后来提出诱导效应指数。杨先生的指导和帮助，给我铺平了通向专业的道路，使我能够在学术思想上有一定的见解。我愿将杨先生诲人不倦的精神世代相传下去。"

杨石先不仅关心学生和青年教师在业务和品德上的成长，也非常关心他们的生活，对那些经济拮据的青年，经常给予热诚的帮助。无机化学家申泮文一度就是靠着他的资助才渡过了停学的危机。一个夜晚，申泮文含着眼泪找到杨石先家里："杨先生，我家不在沦陷区，没有我的助学金，可是家里又没钱供给我。我念不下去了。"杨石先沉思了一下问："你每月需要多少钱?""每月有十元就够了。"于是杨石先提笔给他开了张便条，告诉他："每月到南开办事处从我的月薪里支取吧!"然而，在当时物价飞涨的艰难岁月里，他自己不得不靠典卖衣物补贴家用。他对青年教师也是这样关怀备至。量子化学家唐敖庆就曾受到杨石先的照拂和成全。他在一篇文章里披露："1943 年，我的爱人从家乡到昆明与我结婚。当时我们的生活很困难。杨老师知道后，先是介绍我当家庭教师，后来又介绍我到中学兼课。通过这些额外收入，免除了我一家的饥馁。"可见，当时他之所以深孚众望确系品德高尚，堪作楷模的结果。

1982 年，杨石先以望九之年重访故地。在昆明，那么多已近退休年龄的联大校友簇拥在他的身边，兴奋地回忆说："记得注册那一天，杨先生一一指点我们如何选好课。后来，为了增加学生贷金，杨先生还亲自到重庆与伪财政部交涉。当时屡屡承先生为我们打算一切。"置身于西南联大旧址——昆明师范学院(现为云南师范大学)校园，使杨石先感到惊异的是，他已无法寻找留在记忆中的昔日生活的痕迹。联大是抗日战争时期的产物，一切都带有战时色彩，校舍分散、简陋、破旧。现在映入眼帘的，却是高大的图书馆、教学楼和秀丽的校园。当他来到一椽茅舍前，他许久打量着这唯一保留下来的以泥坯为墙、稻草为顶的联大教室，风趣地说："记得当时还有一种铁皮顶的教室。夏天泥地上长草,雨天铁皮顶奏乐,讲课要大声喊叫才行。”不论是谁,站在这历史遗迹前,总会要问:联大在这样条件下,为何能培养出那么多优秀人才?杨石先告诉大家:“因为师生们都关心着祖国的前途命运。在整个联大期间,看不到对祖国明天丧失信心的情景。当时条件很差,但恶劣环境磨砺了大家的意志。同学们怀着中兴之志刻苦读书,许多人的论文是在茶馆里完成的。所以开茶馆当时在昆明已成盛业。”他举例说:“就以化学系为例,我们想尽一切办法改善实验条件,有时冒着土匪打劫的危险到云南内地去买药。另外尽量多开一些高级的课程。联大学生毕业后到国外去,基础理论非常扎实,一旦掌握了先进的实验手段,便会在科学上获得成功。联大的许多教师,不论才学、品德都为人敬重,不愧是学生效法的榜样。”在行将告别故地之际,他伫立在西南联大纪念碑前,无限感慨地说:“联大经历过怎样一个历史时期啊!科学人才和革命志士的同时涌现,给联大的历史带来了殊荣。这种优良学风和革命传统,在新的历史时期依然可以激励一代新人!”

1945 年,抗战胜利前夕,杨石先赴美考察教育,在印第安纳大学做访问教授兼研究员,从事一种中国植物抗疟要素的化学性能的研究工作,由于他的出色工作被推选为美国“化学学会”荣誉会员。1947 年,当他准备回国之际,该校化学系主任兼研究院院长挽留他说:“你们国家正在打仗,华北就要成为战场。您可以把家眷接来,在这里从事研究工作。我们非常需要像您这样有才干的人。”杨石先毫不迟疑地说:“我们国家更需要人,我要把我的知识奉献给祖国。”他毅然放弃了优越的研究条件和生活待遇,踏上了归途。回国后,他始任南开大学教务长,后任代理校长职务。当时,正值国民党反动派发动内战时期,政治日趋黑暗,教育景况惨淡,在津复校时期的南开大学正处于艰难竭蹶之中,这使他痛感到“教育救国”的夙愿难以实现了。

1948 年冬,天津近郊响起了临近解放的隆隆炮声,一些人相继南去,而杨石先谢绝了几次的劝行,期待着新生活的开始。

五

春天回到了祖国大地。1949 年 1 月天津解放。9 月,杨石先作为教育界的代表出席了第一届全国人民政治协商会议。10 月 1 日他参加了开国大典。在天安门城楼,周恩来总理把他介绍给毛主席。握着毛主席的手,他的心被一种难以言喻的感情所激荡。处在新中国诞生的伟大时刻,聆听着毛主席发出的"中国人民从此站起来了"的庄严宣告,他心潮澎湃,情不自禁地眼中滚动着热泪。这个在旧中国生活了大半辈子的知识分子,经历了从清朝末年到蒋介石反动统治的弊政,亲眼目睹了积弱不振的中国的苦境。在旧社会,他痛感到国家的危亡、民族的耻辱,曾怀着书生的梦幻,三次远渡重洋,刻苦求学,以寻找救国的出路而不可得。新中国的诞生,将会使他梦寐以求的理想变成现实,他可以用自己的知识报效国家了。

新中国成立后,杨石先担任了南开大学校委会主席,1957 年任校长职务。在党的教育下,特别是在周总理的亲切关怀下,他不断取得思想上的进步。1951 年 9 月,他听取了周总理在接见京津部分知识分子时所做的长达 6 小时的报告。他被周总理严于解剖自己的纯洁党性和光明磊落的共产党人胸怀所感动,增强了改造旧思想的自觉性。1954 年 9 月,应杨石先的请求,周总理在中南海西花厅单独接见了他。这样的机会使杨石先得以表示许久以来对周总理的崇高敬意,并更多地聆听他的教益。交谈不拘形式,他们从南开今昔谈起,犹如故友重逢。这种亲切的气氛,使杨石先觉得以琐事相扰的不安心情顿时平静了下来。他向周总理汇报了工作。当他讲到一直为兼职过多而困扰,请求帮助解决的时候,总理爽朗地笑了,仔细地询问他都担任了什么职务,重点放在哪里,工作负担怎么样?杨石先一一回答,然后说:"我不是搞行政的,又不是共产党员。大学是培养人的重要地方,总得派个懂得党的方针政策的人来接替工作。"总理亲切地向他解释说:"建国不久,许多事情要做,一时没有人可以派。有才干的人为什么不能多做些事?当然二十几个兼职太过分了。"然后,总理具体地指导他安排各项工作,说道:"你教了三十多年书,你就没有得力的学生、助手?可以叫他们去教。学校的行政管理可以找个有威信、能办事的老教师和一个懂政策的老党员来帮助你,叫他们做校长助理。头半年自己抓得紧些,叫他们经常汇报;半年后,能称职的,你就推荐他做副校长,大部分事你就不必经常过问了。这样你的行政工作负担不就减轻了吗?”总理又说:“你担任的许多职务是人民推荐的,我不能来个命令解除。你可以继续做一段时间,找出接替人选,推荐给群众,说明自己有困难,群众会接受的。”总理接着指出:“你是科学院学部委员、化学组组长,应把精力集中在科研工作上。我们国家科研队伍很小,力量很薄弱,应尽可能地加强这方面工作。”然后总理语气深沉地问他:“过去你曾有过‘教育救国’‘科学救国’的想法。你教了几十年书,搞了多年科研,国内搞不了,多次到国外去搞,救了国没有?国民党反动派只是把你们当作装门面的点缀品,根本谈不上发挥你们的作用。现在呢?时代不同了,中国共产党将为知识分子提供‘用武’的广阔天地”。听了总理的话,他感到豁然开朗,心情舒畅。后来,他遵照周总理的指点一一去做,在吴大任副校长协助下,学校行政工作果然处理得比较妥善,科研工作也能够顺利进行。党的关怀和期望,激励他不断取得政治上、思想上的进步。1960 年 3 月 21 日,他终于光荣地加入了中国共产党。

杨石先主持学校工作期间,他自觉接受党的领导,积极支持党在教育方面的许多改革,不论做任何工作总是倾注着自己的全部感情。他服从真理,却不盲从谬误。他是用科学家的严谨态度从事学校领导工作的。新中国成立初期,各大学外语课均以俄语取代英语。他当时就指出,这是一种非常狭隘的做法,将来必定会由于语种的偏狭造成我国科学发展上的极大缺陷。同时,对于一个时期里,高等教育忽视质量,盲目追求数量的做法,他表示过极大的忧虑。他说:“大学培养的学生,其质量高低决定着学校工作的成败。没有质量的数量是虚假的。”他非常赞赏老南开重视教学质量管理、坚持高标准培养目标的好传统。为了继承这个传统,纠正当时忽视教学质量的倾向,他积极支持制订了《南开学则》。

杨石先一向坚持认为高等学校应担负教学和科研的双重任务。1954 年他就指出“高等学校是国内具有最雄厚的科学研究后备力量的机关”“应发挥科学潜力积极开展研究工作”。他经常强调,同时注重教学和科研是南开大学的优良传统。他说:“南开大学很早就认识到科研的重要性。在新中国成立前尽管它是一个规模不大的私立学校,却有一个经济研究所，一个应用化学研究所，开国内大学从事科研之先河。”

词时，他坚信并遵循周总理的正确指示，把自己的主要精力放在科学研究方面。通过长期观察，他发现国际上农药研究有从无机农药、植物性农药向有机农药过渡的趋势，于是他首先在我国倡导并实践有机农药化学研究的方向，开始合成一系列新植物激素。1956 年，他从磷酸酯类结构的改变会带来生理作用的变化这个特点出发，又着手研究当时国内尚属空白的有机磷化学。同年，他参加了周总理亲自主持的我国第一个科学技术发展规划的制订工作。为适应我国农业发展的需要，他受周总理的委托，毅然放弃了从事几十年的药物化学研究，接受了农药研制的光荣任务。1958 年，毛主席到南开大学视察了他和师生办起的“敌百虫”“马拉硫磷”两个农药车间，对他们的工作给予了很好的评价。这一年，他当选为中国化学会理事长。1962 年，在参加我国第二次科学技术发展规划和全国农业规划会议后，他又一次受周总理委托，创建了我国高等学校第一个化学研究机构——南开大学元素有机化学研究所。继有机磷化学研究后，又开展了有机氟、有机硅、有机硼、金属有机化学等新领域的研究工作，填补了我国化学学科中的一个又一个空白。杨石先以他渊博的有机化学、无机化学、药物化学和园艺学等方面的学识，带领着科研人员，经过数以百计的实验，研制出磷 32、磷 47、灭锈一号和除草剂一号四种农药，并且获得了国家科研奖。

新中国成立后的 17 年里，杨石先为党的教育科学事业呕心沥血。在他的领导下，经过全校师生员工的努力，南开大学无论在规模上，还是在教学和科研水平上，都得到了空前的发展和提高，从而成为我国教育和科学研究体系中的骨干力量之一。

六

“文化大革命”犹如一场突如其来的冰雹打在一片绿油油的庄稼上，这场灾难几乎毁灭了南开大学。

“文化大革命”初期，当罪恶的矛头危及杨石先的时候，周总理立即指示说：“南开大学杨石先等同志是搞科学研究的，要关心、保护他们。”根据总理的指示，校长办公室问他有什么东西要保管，他说：“旧字画不要管它，请把我长期积累的几万张科研卡片保存好。”在那场浩劫中，尽管搞科研已成为一种罪名，但他仍以研究工作为念。动荡、纷扰不安的生活并没能使他的科学思索停顿。到了1968年冬，形势愈发险恶，“国民党残渣余孽”“南大特务集团总头子”“资产阶级反动学术权威”的诬陷之词，铺天盖地地向他飞来。后来，他的校长职务也被不明不白地撤掉了。周恩来知道后，气愤地说：“我了解南开大学。南开大学哪来的这么多叛徒、特务、反革命！”由于周总理的保护，才使杨石先免于成为冤案的牺牲品。

周总理一次次给予他的亲切关怀，使他感激涕零，他能回报的就是不辜负总理的重托，倾注全部精力搞科研。

杨石先性格内向、含蓄、蕴藉。他平时言语不多，才情不外露，喜怒也不常常溢于言表。他总是尽力使自己的心弦静止下来，以至不发出一点儿声响。当他被赶到集体宿舍坚持“三同”，被送往农村接受“改造”，他无不默默地听命调遣。就是当他的房前甬道布上了鹿砦，卧室墙壁被凿穿，“武斗”中投掷的燃烧瓶，在他家的门窗前爆炸的时候，他仍能压抑着满腔的愤怒，执着地伏案工作。但是，当闻听农药中试车间要被砍掉、车间楼板被砸、反应釜遭到破坏的时候，他忍无可忍，拍案而起，厉声喝道：“简直胡闹，岂有此理！”他用颤抖着的手写了一张大字报，指责毁掉中试车间是对人民的犯罪。在学校、在天津，受“四人帮”极左思潮影响或控制的一些领导人还规定元素所科研人员只准出不准进，还强行收走公章，摘掉元素所的牌子。杨石先奋力抗争，但是，他们说：“学校不是科学院，要研究所干什么？”杨石先针锋相对地予以严词斥责：“世界上很多研究工作，都是学校搞起来的。你说元素所没用，外面却急等着农药用，你知道不知道？元素所不是我杨石先要办的，它是根据国家的需要，受周总理的委托办起来的！”他浑身抖动，把手攥得紧紧的：“国家花了那么多钱，广大农民急着要农药，可你们却千方百计要拆元素所。你们对得起谁？叫我如何向周总理交代！”他殷殷以党的科学事业为念，冷对猖狂，蔑视强梁，充分表现了一个老知识分子的高风亮节。这不禁使人想起，1945年杨石先书赠西南联大法学会题词中所写“青松在东园，众草没其姿。凝霜殄异类，卓然见高枝”的诗句。经霜青松更高洁，不正是他不屈服于政治压力的高尚品格的写照吗！

20 世纪 70 年代初，我国水稻产区发生了白叶枯病，每年因此减产约百分之十，个别地区减产高达四五成。白叶枯病传染起来非常可怕，特别是遇上暴雨和大风，一天之内可使成千上万公顷水稻枯黄。为防止蔓延，常常不得不放火将病稻烧尽。有一个资本主义国家研制成功一种防治水稻白叶枯的农药，但对我国进行严密技术封锁。为了攻克白叶枯病，在“四人帮”统治垂死挣扎的形势下，杨石先指导他的助手们在遭受创伤的实验室里不屈不挠地进行着研究工作。他为了查阅文献资料，不管风雨寒暑，是资料室里仅有的几个人中来得最早、走得最迟的一个。他们经过一年多的奋战，做了近百个合成物，试验了十几条路线，终于研制出了防治水稻白叶枯病的新农药——叶枯净。

七

“四人帮”覆灭，祖国昂然进入了一个新时期。1977 年 8 月初，邓小平副主席复职后抓的第一件大事是召集三十位全国著名的科学家、教育家开座谈会，研究如何把科研、教育搞上去。杨石先被邀请参加了座谈会。他在会上提出了四点建议：一、恢复国家科委，以统一规划、指导、协调全国科技工作；二、在我国驻美国联络处（当时中美尚未正式建交）设一位科学教育秘书，以适应即将开始的两国科技教育交流的需要；三、通过一定方式选拔优秀科技人才，保证科技队伍后继有人；四、采取措施，使中年教师从烦琐事务中解放出来，充分发挥他们的骨干作用。邓小平同志肯定和赞扬了他的建议，并指示有关部门采纳实施。

看到几乎被“四人帮”毁灭的教育、科学事业开始萌动着生机，杨石先感受到精神解放的无比欢悦。“但得夕阳无限好，何须惆怅近黄昏。”年逾八旬的杨石先满怀信心地开始着手医治“文化大革命”给元素所造成的创伤。

元素所由于进行的是应用课题的研究，虽然受到的破坏不像基础研究那么大，但是，骨干大都被调走，而且十几年间所里几乎没有获得新的研究仪器，许多已有的设备被损坏。他经过多方筹划，在短短的两三年时间里，相继调回了一些科研骨干，收回了农药中试车间，争取联合国贷款从国外购置了先进仪器设备，建立了毒理室、激素组和剂型组，健全了农药科研体系，积极指导该所科研工作的恢复和发展；并且还亲自译书，亲自培养研究生，人们无不为他的奉献精神所感动。

但是，他所面临的问题绝不仅是这些，科学本身，即农药的发展趋势问题又摆在了他的面前。20 世纪 70 年代末期，出现了一种将农药与环境保护对立起来的有害观点，认为植物的病、虫、草害将由生物防治取代化学防治，致使在我国农药产量还不能满足需要的情况下，造成几十种农药停产的现象。基于对世界农药领域发展趋势的长期观察和研究，杨石先对解决农药污染问题持乐观态度。他坚信，化学给人类带来的困扰，最终也将依靠化学来解决。他在讲述“现代的化学农药”的一个报告中，明确指出：化学防治在任何国家中至今都是重要的植物保护手段，而且仍在发展之中；环境问题的提出使化学防治手段受到冲击，确是一件大好事，使我们考虑如何战胜污染，保护环境；包括化学、生物在内的综合防治才是植物保护唯一正确的方针。正是由于他不断地给予科研工作以权威性的指导，才使元素所成功地研制出杀虫剂、杀菌剂和除草剂等十几种新农药，为促进我国农业的发展做出了重大的贡献。

1979 年杨石先重新被任命为南开大学校长。这一任命可以说是众望所归。因为南开大学当时最感欠缺的东西正是威望高的校长。复职后，他对校党委为贯彻党的十一届三中全会精神而开展的各项工作都积极拥护，热情支持，坚决贯彻，从而使得南开大学能够及时地完成工作重心的转移，教学科研工作逐步走上正轨。

为了办好南开大学，他全神贯注于自己的工作，每天从不午休，连续工作十几小时。对于一个时年 83 岁的老人来说，这简直是令人难以置信的。在他任职期间，他反复思考的是教师队伍的建设问题。他感到，当时一个突出问题是后继乏人，缺乏成熟的中青年教师。培养新的人才，刻不容缓。他说，要弥补十年浩劫在人才方面造成的损失，将是一个极为艰巨的任务。目前应由老教师承担起培养新教师的任务，同时要遴选优秀毕业生留校当教师，要派遣师生出国训练，要从国外引进人才。他非常重视现有教学、科研人员的业务进修，并带头培养研究生。同时，他还积极探索和寻求和国外一些著名大学建立学术交流的机会。凡是和他略有接触的人都会看到，他是怎样不避繁难地亲自处理国外函件，亲自接待外国来访者和叮咛即将出国进修的师生。在南开大学恢复开展国际学术交流的最初阶段，几乎所有出国进修和留学的师生都曾得到过他的直接关怀和帮助。许多著名外国专家应邀来校讲学也都是由他亲自做出安排。可以说，在开创南开大学国际学术交流活动新局面方面，他在很大程度上起了推动作用。

当时，杨石先除担任南开大学校长一职外，还是第五届全国人大代表、第五届全国政协常委、中国科协副主席、天津市科协主席、中国化学会理事长，其本兼各职多达十六项，工作的繁重是不言而喻的。以常人来说，有了他这样的成就和高龄，本来可以颐养天年了。但根据党的事业需要，他不顾年迈多病，总是奋勉自励，竭尽所能，从不度过一天的悠闲岁月。人们无不为他这种强烈的事业精神所感动。更为可贵的是，1980 年，他响应党中央的号召，从党的长远利益考虑，为了使年富力强的同志早日走向领导岗位，又率先提出了辞去校长职务的请求，在全国高教战线产生了很大的影响。1981 年，中央接受了他的请求，并任命他为南开大学名誉校长。

1985 年 2 月 19 日，德昭学界的一代宗师、我国科坛巨星杨石先与世长辞。南开大学万名师生怀着眷念和钦敬的心情和他告别。党和国家领导人邓颖超、聂荣臻、方毅，全国政协、民进中央、中国科协、中国科学院、教育部、化学工业部、中央统战部以及著名科学家周培源、华罗庚、金善宝等 300 多个单位和个人发来唁电，对他的逝世表示沉痛的哀悼，深深地感念他对发展我国的教育和科学事业所做出的贡献。

追思杨老　学习杨老

吴大任

杨老离开我们了，但他的业绩是永存的。他的崇高形象将长期铭记在人们心中。杨老为中国的化学科学、教育事业贡献了毕生精力。他是南开大学的元老之一，而且持续在校工作长达62年，从未间断，我不知道别人还有没有类似的记录。他领导南开大学的教学和科研，策划学校的发展，倾注了大量心血；尤其是对化学系和元素有机化学研究所，殚精竭虑，备极辛劳，成就卓著。

杨老的工作岗位在南开，但他所起的作用则是全国性的。作为有机化学专家，他数十年如一日孜孜不倦地从事教学和科学研究的领导，并躬亲实践，获得了大量优异成果。新中国成立后，他参与了我国历次的教育和科学的决策与规划，并以自己的行动和工作促进了我国教育、科学事业的繁荣和发展。在我国化学界，他是公认的领导人物，这不仅仅因为他是我国老一辈的高水平的化学家之一，因为他直接和间接培养了众多的优秀的化学人才，而且由于他对事业的高度责任心，对人的热情，对青年、对后辈的关怀、帮助和提携，待人接物、处理问题的公道正派，赢得了人们的信赖和景仰，故能团结大多数人，为共同的事业奋斗。

和杨老有过接触的人，都为他的优良品德所感染。除了上面已经提到的各点之外，还可以补充不少。他有远大的理想，并锲而不舍地为之奋斗。他坚持真理，是非分明，在原则问题上从不让步。十年动乱中，他顶住了巨大压力，坚持把元素所办下去，并力求发展，就是一个典型的事例。他组织性极强，服从党的安排，努力完成党交给自己的任务。他严于律己，尽管兼职多、任务重，大小会议，他必参加，而且准时。他延揽人才，并给予信任，俾能各展所长。他以耄耋之年，仍然坚持上班，坚持到资料室查阅文献。他知识领域宽广，对化学以外的其他科学，特别是农、医等生物科学，都有较深入的了解，这是他在化学的科学实践中成果丰硕的原因之一。他的业余兴趣也较广泛，喜爱文学艺术，种植花木，更已成为生活的必需，我以为这是他健康长寿的因素之一。

杨老活动面广，我只能窥其一斑，以上所说譬如以蠡测海。即此几个方面，已经够我们认真学习的了。

（此稿写于 1987 年）

缅怀好友杨石先校长

柳无忌

在撰写《巍巍乎吾南开大校长》张伯苓纪念文章时，作为南开大家庭一员的我，曾趁此机会，对于继张校长之后的杨石先校长给予南开的贡献，致以同样的敬意。而今我又有机会在石先兄诞辰一百周年纪念(1897－1997)时写这篇文章，缅怀着当年我们二人的交谊，那是一段有数十年历史、念念不忘的忘年交、金石交。

石先长我十载，却与我同时在美国新港耶鲁大学研究院读博士学位，同年(1931)在耶鲁的大礼堂内登坛接受博士文凭。所不同的，此时他已先在南开大学任教授，有六年(1923－1929)的丰富教学经验，然后再来耶鲁做研究二年，而我却是得到学士学位后即直接进入研究院，于三年内一口气读完了博士学位的功课。虽然我们年龄相隔甚多，却一见如故，时相聚晤。我受他的影响极大，也由于他的介绍而在返国后就去南开大学任教，过着我生活中最愉快的五年(1932－1937)，一直到抗日战争爆发，南开校址遭敌人轰炸破坏而告终止！

在南开时石先任理学院院长，我在文学院任英文系教授兼系主任，在校务及工作方面我们甚少接触，但在私人事务与生活方面却时时得到石先的照顾及帮忙。我与妻初到南开，人地生疏，石先协助我们去天津市内购置家具杂物，并送给我一张大书桌。某次暑假，我们去北戴河避暑，回校后发现为我们看家的一个年轻仆人偷偷地把我们的家具卖去，人也逃之夭夭。石先知道了，就叫曾在他父母亲家里工作的一个可靠的老仆来临时帮忙，等到我们的生活安定后方始离去。

我于 20 世纪 30 年代初在南开时遇到的这些困难，得到石先的协助解决，他更援助我在昆明西南联合大学任教时所遭遇的灾难。有一次，我们在城内文化巷的住宅被日本飞机炸成瓦砾一堆，女儿房内洋娃娃的头被炸得粉散，使我们从郊外回家时看到了大吃一惊，手足无措。于是只好去石先家避难，暂住几天，等到找得安身之处后，方始十分感谢地告别离去。后来我携家自昆明赴重庆任教中央大学，与石先告别，结束了我们在南开及西南联合大学十年同事的交谊。

在重庆住了五载，我于抗战胜利的第二年(1946)移家美国，甚少与石先通信问候。战事结束，南开大学在天津复校，石先曾来函邀我返南大任教，并得到我父亲(当时在北京)的支持，他们为我返国事时有书信往返磋商。我一时举棋不定，回南开教书当然很好，在美国教书则机会难得。这机会最后来临了，我于 1961 年得到印第安纳大学(IndianaUniversity)的聘约，任职后创设了东亚语言文学系，在美国中西部开辟了培植中国语文的园地。后来发现，很巧的，16 年前(1945)石先也曾在印大任访问教授二载，于 1947 年返国，比我早了十六七年。

幸运的是在 1973 年，我与石先有着最后一次晤面的因缘。离开祖国已过了四分之一个世纪，我于那年返国，抵北京后不久即去天津，在南开大学做一日之游，承石先招待午宴。晚上我在华侨大厦候车返北京，石先独自前来，与我促膝长谈达一小时，为国家不安的情况而嘘叹，也高兴着在乱离之世，我们相隔重洋，仍能有此一次欢聚。不料，这也是我们最后一次的晤面。

此后，于 1979 年 1 月他重新被任为南开大学校长，1981 年退休，改任名誉校长；不料 4 年后，在 1985 年初即以 89 岁高龄患心脏病不幸逝世。近年来友人相继凋落，石先亦于这时候很早地离我先去，尤其使我伤心。现今，我已活到并超过他逝世时的年龄，因念人们在世生死无常，于撰此文时不胜悲痛，为哲人早逝而感叹万端！

(1997 年 7 月写于美国加州孟乐公园市)

毕生科研为兴国　呕心沥血育英才

陈舜礼

杨石先诞生于1897年(清光绪二十二年),享年89岁。这一历史时期内,我们中华民族历经列强欺凌宰割,国土大片沦丧;国内反动统治者则迭代相承,不惜出卖祖国主权和民族利益,置祖国于危亡之境;直至1949年,始得红日高升,在祖国的大地上建立起了新中国。从此,民族走上了奔向繁荣富强的道路。在1949年之前,杨老已经在民族的凄风苦雨中渡过了52个春秋。他受尽民族屈辱和目睹人民颠沛流连之苦,尤以他多年身居天津,执教南开,更有切身之痛。日本帝国主义者步步侵入我国,视天津为"征服中国之咽喉",视南开学校为眼中之钉。日本帝国主义多年对天津、对南开学校,进行侵权渗透、破坏骚扰,以至"七·七"事变之后,在天津尚未被敌寇吞占之日,天津日军即开炮轰击。第一炮打的是旧河北省政府,第二炮轰的就是南开大学;次晨敌机飞空亦是轰炸了南开大学。日本侵略者对孕育着爱国主义和抗日反日思想氛围的这个校园是满怀寇情敌恨,必欲毁之、洗劫之方称甘心的。

杨老身受其痛、目睹其惨,满怀救亡奋强的激情,从青年时代起就立志振兴祖国。以后他毕生所做所为的,不是独善其身,也不是只图独力奋战,而是锐意要培育一代又一代的高素质的人才,要同心协力,众志成城,发展学术,繁荣经济,建设强盛的祖国。

我是晚辈,杨老长我20年。当我1917年出生之时,他已是在清华毕业,负笈赴美国留学了。缅怀杨老的一生,我没有资格全面来陈述他的种种高尚品德和渊博精深的科学成就。至今我怀念之所及,只能是我追随和受教于杨老的36年之中所感受到的和能够懂得的一些突出的事迹和印象。

我得识杨老之面，是天津解放之后的1949年。那年夏，我从美国留学归来，受聘进南开大学财经学院任教，当时杨老即是南大校务委员会主席，后来才逐年加多接触，多聆教益，加深认识。但在此之前，杨老之名和他对建设和发展南开大学的盛名则是仰慕已久的。1937年，抗日军兴，北大、清华、南开三大学两次联合南迁，由长沙而昆明。那时我是清华的学生，随校就读。三校师生融洽相处，同学之间时常交谈评说各自所在学校的师长。从中我就听到杨老博学多才、专业精湛的显赫名声，特别对杨老热爱祖国，热爱学校的可敬可佩事迹，其学生更是赞誉备至。他们谈到1937年7月下旬，在天津沦陷之前，在天津日军炮击南开之后，学校少数留守人员中的学校领导人，就有杨老和当时学校的秘书长黄钰生教授。他们在学校如此危急的时刻，一心顾着留守的紧急任务，事先只把夫人疏散了出去，本人则冒死留守，最后在学校被炮轰机炸、房屋多处火焰冲起之时，才一概不带家中的细软什物，乘着小船循校后一条小河离开学校。热爱学校就是热爱祖国的表征，当时就听了南开同学的倾诉，不禁喟然一叹，对杨、黄这样两位名声显赫的教授肃然起敬。有这样的教授，这是南开大学的骄傲，也是我们西南联合大学的光荣。

我在南开大学后来还担任过副教务长和总务长，要参加校务会议和在杨老办公室汇报和研究工作，同他接触交谈和听聆教诲的机会就更多了。

他工作十分繁忙。

第一，除了主持学校的领导工作之外，他阅读书刊不辍，钻研业务不辍。有时到他寓所书房相见，他桌台上常常堆放一批外文书刊，手不释卷。我得悉他孜孜不倦地在深入钻研元素有机化学和农药化学。“发展学术，繁荣经济”是他的一贯思想。他强调科学研究应为国民经济建设服务，并率先开展农药研究。以后并受周恩来总理的委托，在南开大学创建了我国高等学校中第一个化学研究机构——元素有机化学研究所，并亲自兼任所长。在不太长的时间内，他率科研人员先后研制成功了杀虫剂、杀菌剂、除草剂等十余种农药，填补了我国农药化学的空白，为我国农业发展贡献了力量。杨老成了我国元素有机化学和农药化学的开拓者和奠基人。十年动乱也冲击到了他，而且元素有机所也受到了破坏。这使杨老非常难过。动乱结束以后，他已年近八旬，但还满怀信心着手医治这个研究所的创伤。言念及此，杨老这种科研献国的精神，不禁使我热泪盈眶，尽管其时我已离开南开他就了。

第二，杨老不仅是南开大学的元老，他更是我国教育界和科技界的巨星，是此中的杰出的组织者和领头人、领导人之一，在全国享有崇高的威望。他是新中国成立之初第一届中国人民政治协商会议的代表，历任第一届至第五届全国人民代表大会代表、中国科学院学部委员、中国化学会理事长等等全国性的政治、教育、科学组织的领导。这些组织要调查、要研讨、要规划、要部署、要评议、要决策，开展种种活动。杨老不论寒暑几乎每月都要去北京两三次，每次稽留三五天、七八天，有时甚至更长。

他如此繁忙，对全国，对南开所建树的丰功伟绩是难以估量的。千头万绪，归根到底，他热爱祖国，振兴中华的宏愿矢志不移，为此而勠力振兴教育，培养和选拔人才，亲贤爱才，甘为人梯，为祖国的社会主义现代化建设事业造就了一批又一批的高质量人才。他也秉此宏愿，倡导科学研究应当为国民经济和社会主义建设服务。他一面如此建言立论，宣传呼吁，一面就躬自力行，终成科坛巨星，做出了突出的贡献，深受全国科学和教育界及南开大学前后几代师生员工的敬重和爱戴。于今思之，真可称颂之为："杨老毕生呕心沥血培育后生，毕生以科学专长献身四化大业，毕生追求进步，学习、实践、再学习、再实践，终为共产主义事业奋斗到底。杨老永远是我们学习的光辉榜样，永远是值得我们敬仰的红色教育家和科学大师。"

在杨老繁忙的工作中，还必须提到一项他的令人崇敬的重要贡献。党领导下的统一战线工作是党领导中国革命的三大法宝之一。天津和全国解放以后，统一战线决不能加以削弱，而是必须要扩大、要加强。在天津解放之初，中国民主促进会这个以文教界高、中级知识分子为主体的民主党派，在天津这样一个人文荟萃的大城市，还没有建立其分会。民进中央适时计划要在天津筹建分会。该会中央领导机构筹商再三，拟议敦请杨老这样一位教育和科学界的巨子领头开展筹备工作。

中共天津市委对此深表赞同，并允予积极协助促成其事。

民进中央在中共天津市委大力支持下，几经与杨老磋商并郑重敦请，终得杨老俯允，事经年余，在杨老积极筹划部署和分工筹办之下，民进天津市分会于 1953 年 1 月 4 日成立了(后改称民进天津市委员会)。杨老被选为分会的主任理事，李霁野、潘承孝同志为副主任理事，我亦被选为委员并担任一个部门负责人的职务。杨老的各方面工作虽然非常繁忙，但他既经承任一职即十分负责。分会的各项重要会议，只要他在天津，无不准时到会，认真商讨会务。

杨老加入民进之后，对全国的民进组织也认真关心，并提出精辟的意见。他后来被选为民进第四届中央委员、第六届中央常委和第七届中央委员会顾问。他作为天津民进的主要领导人，为巩固和发展爱国统一战线，为坚持和完善中国共产党领导的多党合作和政治协商制度，为团结带领天津的民进广大成员发挥参政议政、民主监督作用，做了大量的工作。杨老是社会主义教育家和科学大师，这里还必须提出，他是民进的元老和可敬的楷模，是党的统一战线事业的一位优秀的战士，这也是他为共产主义事业奋斗到底的一个重要方面的优秀业绩。

怀念杨石先先生

李卓敏

杨石先先生的为人和治学态度，都令我钦佩万分。他几十年来，以至今日，仍完全献身给南开大学，因此今年 62 周年校庆，要同时庆祝他的执教业绩，这是最恰当的活动。校友会约我为此撰写几句，虽然时间仓促，我十分乐意应命。

石先兄和我初次会晤，是在 1937 年正月，我初到南开任教的时候。当时他已是名教授，我只是初出茅庐的教师；在学术上，我们兴趣也完全两样。可是我到校没有几天，他便邀我在他家里叙谈；他真诚待人、和蔼可亲的态度，给我极深的印象，这便奠定了我们一生的友谊。

抗战开始，我返回广州老家去。他和另一位同事路过广州，特约我见面，邀我同赴长沙，在长沙临时大学任教（西南联大的前身）。不久，西南联大在云南建立；他在昆明；我先在蒙自，越年即迁往昆明。直至 1943 年我再出国的时候，我们过往的机会增加了，为此我便得缘拜晤他的父母和夫人及女儿，使我对他治家为人的认真、事无大小、考虑周详、绝不苟且，有更深的认识。

我们相处的机会，自 1943 年起便中断了。这三十多年间，他在美的女儿耆荪不时与我联系，得以稍慰遐念。

去岁十月下旬，我应中国社会科学院的邀请，返国访问。在天津特到南开与石先兄和其他许多老同事、老同学相晤，欣慰无既！

但给我印象最深的，却是石先兄的治学态度：他八十高龄，担负了大学行政的重责，竟每日仍到化学实验室指导研究生的工作，未尝稍懈！这种精神和作风，在世上是不多见的，确值得我们永远怀念！

（1981 年写于美国）

我所敬重的师长

唐敖庆

杨石先先生是我国著名的教育家和科学家，是我国化学界的老前辈。他不仅以渊博的知识和严谨的学风受到人们的尊敬，也以心胸开阔、为人正直受到人们的敬重。

在抗日战争时期，石先师长在昆明西南联大担任化学系主任，后来兼任教务长。当时抗战艰难，教育工作更是困难重重，但是他以坚定的信心和顽强的毅力从事教育救国工作。

那时我在西南联大化学系读书，毕业后留校任助教。石先师长教过我高等有机化学。我和我的同班同学都很爱听他的课。他的课备课认真，内容丰富，讲解清晰，富有启发性。从他的讲课中我们深受教益。当时教师分属北大、清华和南开三校。石先师长律己严，待人宽，以身作则，团结全系师生，努力办学，给我们留下了深刻的印象。

石先师长不仅关心我们青年教师在业务和品德上的成长，也很关心我们的生活。1943 年，我的爱人从家乡到昆明与我结婚。当时我们的生活很困难。石先师长知道后，先是介绍我当家庭教师，后来又介绍我到中学兼课。通过这些额外收入，免除了我一家的饥馁。石先师长不仅对我如此，对所有青年教师都是这样关怀备至。

新中国成立后，石先师长心情舒畅，以充沛的精力在党的领导下从事教育和科学工作。由于他在化学界享有崇高声誉，在一些全国性的会议上，他往往担任化学方面的领导。1956 年制订“十二年科学规划”与 1962 年制订“十年科学规划”，他都是化学组的组长。他办事认真，一丝不苟，积极贯彻党的方针政策，发扬学术民主，领导我们搞好化学的长远发展规划。那时参加化学规划的人们中，卢嘉锡同志和我算是比较年轻的。石先师长常常要我们多做一些汇总整理的工作。我想，这也体现了他培养后进的心愿。

如今，石先师长在我国教育和科技战线奋斗了六十余年，在培养人才和研究成果上做出了卓越贡献。真是教泽广布，硕果累累。他的强烈的事业精神为我们所钦佩。他永远是我们学习的榜样。

追忆杨石先先生

钱华年

我第一次看见杨先生是1938年的秋天，那时我正要注册进入西南联大的化学系二年级，杨先生是系主任，要先得到他的签字。1937年我在南开女中部高中毕业，正赶上“七・七”事变，国内情形大乱。我辗转到了重庆大学，借读化学系一年级。重大化学系一年级所修的课程，同长沙临时大学的有很大的差异。除了普通化学、定性分析化学、微积分是两校都必修之外，我读了画法几何等，却没有读大一英文、中国通史。

杨先生看了我的成绩单之后，和蔼地告诉我所差的大一课程，不必忙着补修，而化学系本系每年必修的课是不能脱节的。于是我就照他的指示读下去，一直到四年级才读中国通史、大一英文，这样是很对的，化学系每一年都有本系很重的课，要重叠起来读，是特别重了些。

在我大四的上半年，杨先生开了一门高等有机化学，我选了它，那时因日机轰炸频繁，上课时间是提前或推后，上午10时到下午2时最宝贵的时间，却浪费在跑警报上去，杨先生的高等有机化学是在上午7时上课，我去上了一周之后，感到睡眠不足，睁不开眼睛，记笔记成了大问题，于是就把这课退了，自己也没有在意。有一天一个助教同我谈起，说杨先生对我退课的事，很是在意，疑心我怕上他的课。四年级下半年，我选了杨先生开的药物化学，那不是上午7时的课，我对这课兴趣很大，读得特别有劲儿。杨先生指出的参考书，我都仔细地读，结果成绩很好，得到杨先生特别爱护，给了我下一年留校助教的位置。

特别要指出的是，当时本系的课，必修的我都已修完，只剩选修的了。外系的必修课，就是上述的大一英文、中国通史、经济概论等，那是不费时间的，所以我才有工夫专心读药物化学这门我最喜欢读的课。

许多年后我有了两个孩子，在美国转到科罗拉多州大注册，想继续读药物化学。科大在丹佛的分校是医学院，理学院的研究生同读医的学生一块上课，读解剖学、神经解剖学、基本科学、数学四门，我读了一期，后两门课很顺利，前两门课根本不能应付，没有完成愿望，也辜负了当年杨先生爱护之情。这是后话。

1942 年夏末，我决定同化学系同学殷一明结婚，我鼓足了勇气，去请求杨先生两件事：一是请他代表我的家长送我进教堂；另一是我将辞去助教职位，随殷一明参加在昆明郊外的资源委员会化工厂工作，他都答应了。我明知他对我失望了，而他一点也没有露出他的感情来，并且在我们的结婚仪式上，增添了光辉，这些都是我毕生不能忘记的事。

话说回头，我初到昆明时，就听人说杨先生是一个严肃正直、铁面无私的人，大家都十分怕他。那时我们都是没有家的人，常感到孤寂。杨太太对我们几个女中的学生特别照应，时常请我们去他们家，吃她亲手做的点心、菜肴，见到他们的两个儿子，一起谈笑，两个小弟弟称我为钱姐姐，我则称他们为小荀同小堇，真犹如回到家一样。这样时常在教室外、办公室外见到杨先生，才感到他虽然不苟言笑，然而在他那严肃外表的后面，正有一颗仁慈善良长者的心，凡是受他谆谆善诱的学子们都会明白的。

昨天从耆荪处欣闻南开大学将在他百岁冥寿那天——1997 年 5 月 23 日——在校园里铸立他的石像并举行揭幕典礼，嘱我写一些文字来纪念他的事迹，言不尽意，谨书此略表我敬爱杨先生心意的万一。

（1997 年 4 月写于美国加州）

南山桃李颂

张青莲

南开大学六十二周年校庆
杨石先校长八秩有五庆寿

南山之巅　松柏参天　奉觞祝贺　八五高年
南山之麓　桃李满谷　春色无边　千里芬郁

唯我杨公　皖省风华　书香琴韵　世泽名家
负笈重洋　博学英才　归国创业　设帐南开

兀兀穷年　精研有机　磷剂灭虫　农务所依
学子莘莘　教诲谆谆　身心薰沐　百年树人

八年抗战　岁月峥嵘　杏坛南徙　弦诵山城
群英接踵　荟萃昆明　今日骨干　四化之桢

一成三户(注)　我系两雄　安定团结　赖公折冲
天开云端　百花竞美　化学各界　公执牛耳

科技泰斗　高风亮节　人民总理　关怀深切
人寿校庆　邦国共豪　麻姑献寿　东海蟠桃

注:"一成三户"系联大校歌中词。"一成"见《左传》,非"一城"。

杨石先师为我指明进学之路

蒋明谦

杨石先先生长期以来从事教育和科研工作，在我国的教育和化学事业方面做出了重大贡献。可以说，他是我国教育界的泰斗，化学界的宗师。

一九三七年"七·七"事变后，北大、清华、南开三校南迁经长沙转昆明，组成西南联大，杨先生任化学系主任，我是化学系助教。在1938年初我有机会拜识杨先生。他工作非常认真负责，当时教学条件十分困难，师生生活非常艰苦，青年教师情绪不稳，是在杨先生主持下逐步克服重重困难，才使教学工作走上正轨，稳定了青年教师的情绪。杨先生为人正直，和蔼可亲，平易近人。他关心教师成长，为培养后进，费尽心血。不仅是在化学系，对其他专业的教师他也都是热心帮助和培养。现在回忆起我出国留学期间杨先生作为我在国内的导师对我的指导和教育，这是我毕生难忘的一段经历。

1941年初，我考取了清华第五届公费留美生，学校指定了国内导师三人负责指导，其中一人就是杨先生。我给三位导师写信，只得到杨先生的回信，而且是十多页的长信。他非常认真、详细地对选择学校、导师、课程，甚至行装、旅途以及国外礼节等做了详尽的指导。这对我在留美期间每个阶段都能顺利地完成学习计划，起了决定性作用。其中最重要的是对我学习方面的指导，教我先到规模较小的大学学习一年，然后再到规模宏大的著名大学学习两年。杨先生说：先到较小的大学，接触导师机会多，便于学好英文，熟悉美国大学教育风尚，打好深造的基础，但是这个阶段不能太长；然后必须到一所规模宏大的学校学习，那里著名的教授多，学术水平高，接触的人多，可以开阔眼界，对于提高业务水平很有帮助；如长期停留在比较小的大学，接触的人有限，眼光也受到限制，难于了解学术发展趋势及当代科学发展的主流。杨先生这种指导不仅在20世纪40年代，就是现在也是非常必要，而且是很有教益的。

杨先生根据这种看法，对我在美国的学习分为两个阶段来安排。前一个阶段的学习，他为我指定了两所大学：到马里兰大学药学院跟哈同(W. H. Hantung)教授学习药物化学，或是到密西根大学药学院跟布利克(F. F. Blicke)教授学习。杨先生赞扬哈同教授是年轻有为的药物化学家。他说："你能认识这样的人必将会获益非浅。"对第二阶段的学习，杨先生指定我到伊利诺伊大学化学系跟阿丹姆斯(R. Adams)教授学习。杨先生说："他无疑是当代美国化学界的泰斗，跟他学习必然大大地开阔眼界。"我完全遵照杨先生的指示，先到哈同教授处学习药物化学。哈同教授学识渊博精湛，他亲自动手做实验，每天都到实验室来看我。他主张药化应以分子结构与药理作用的关系为中心内容，并主张化学家必须懂得药理学。他的这种指导思想对我很有启发，我回国后在北医讲授高等药物化学就是以这种指导思想为基础的。后来在阿丹姆斯指导下学习有机化学，他经常对我讲必须把化学做为整体来看待，这对我有深刻的影响。当时我对伊利诺伊的传统——着重区别合成与非合成方法，辨别基团反应次序，注重特例与例外的主张——一开始格格不入，但后来了解了这种教学方法的优越性，对阿丹姆斯创导的有机合成及有机反应两大丛书的指导思想有了新的认识。这使我在伊利诺伊对基团电负性发生了兴趣，导致我后来提出诱导效应指数。

现在回顾我在留美期间，由于杨先生给予我的指示和安排，才使我顺利地完成了学习任务。杨先生学识渊博，对欧美著名化学家比较熟悉，能对他们的学术水平有恰当的评价。我自己的学习完全证实了杨先生预见的正确性。我深深体会到，是杨先生的指导和帮助，给我铺平了通向专业的道路，使我能够在学术思想上有一定的见解。我认为，我所取得的点滴成就都是与当年杨先生的指导、教育分不开的。当我担当培养下一代的任务的时候，更难忘当年的这些情景，并愿将杨先生诲人不倦的精神世代相传。今天趁南开大学庆祝杨先生执教业绩的机会，回忆我的一段经历，籍以表示我对杨先生衷心感谢和钦佩的心情。

缅怀杨石先先生

〔美〕亨利 · G. 戴*

自1945年10月起，在杨石先博士担任印第安纳大学客座研究员的一年间，他寓居于印第安纳州布鲁明顿(Bloomington)，住所是我邻居家中一间舒适的客房。从这里步行到我们工作的学校化学大楼只要过5个街区。因此我也像系里其他人一样，逐渐与他熟识起来。我与妻子玛丽 · 米勒 · 戴和三个孩子，也喜欢请杨博士到家中共进晚餐。自然而然的，不久我们便成为知交好友。在他返回中国后，我们依然通过信件保持着这份友情。由于当时政治及社会经济环境变化不定，特别是在中国长达十年的"文化大革命"期间，我们只能通信联络。

因此，我很乐于着力介绍杨博士在印大度过的岁月及在此前后他与美国有关的一些情况，包括我与杨博士和其他一些中国朋友的交往，以及如今与他女儿Julie杨的往来。

杨博士在华及其留美的同学、已故的K. K. 陈克恢博士也提供了宝贵信息和材料。正是由于陈博士与印第安纳波利斯附近的Eli Lilly公司及印大医学院有着重要的学术联系，才使客座研究员基金得以申请。

陈博士于1944年11月14日致函印大化学系主任R. L. 施里纳，信中提供了促成杨博士与本校短暂而意义重大的接触的具体情况。陈博士在信中写道：

> 中日战争爆发前，他任南开大学化学系主任、教授；自南开迁至南方昆明后，任昆明西南联大的化学系主任；去秋起任联大教务

* 亨利 · G. 戴时为美国印第安纳大学化学系教授。

长。现可享受一年学术假期。

陈博士特别援引杨博士信中一段文字：

我两年前即可休假，但当时不想请假。今秋申请休假以便赴美一年。不幸政府限制出国，仅向已在国外获得有偿职位者签发护照。故只得要么放弃此时休假计划要么在美取得一有偿工作或研究员基金。我希望今年赴美皆因为我已收集一些抗疟草药并希望确认其有效物质结构来引导合成，以便可制成抗疟新药。

因此，陈博士致函施里纳博士：

Eli Lilly 公司拨款 3000 美元作为研究员基金，供杨博士在您的指导下进行工作。他将研究他采集的抗疟草药——当然是从化学角度出发。若他此项研究不能有所收获，盼您为他指定医药化学课题以利其返华前有所作为。

信中还进一步请求施里纳博士采取必要措施为杨博士申请护照。陈博士特别强调各种文件需一式两份，以便"与其他信件一起航空寄送给他(杨博士)"。

最后，陈博士写道：

杨先生是中国知名化学家，优秀教师……我与他在学生时代及毕业后均有私人交往，可以担保他将出色完成工作。我确信他的能力和人格会使您满意。

陈博士在 1980 年 2 月给我的一封信中简明谈到了他与杨博士的关系及他们与美国的联系。其时两人都已 82 岁高龄，而杨博士在华的政治、社会经济状况也有很大改善。陈博士写道：

我与杨先生首次接触是在清华。清华地处京西，原是一富家地产。学校建于 1908 年，是由美国自庚子赔款的 2400 万美元中抽资 1100 万兴建的。

我们都很赞赏"山姆大叔"的这一做法。大部分教师是美国学者。他们教导中国青年赴美深造。校长是中国人,他对学生非常严格,要求他们赴美前要从事田径体育项目训练。

我与杨博士1918年同期毕业,结伴自上海搭乘中国客轮"南京"号赴美。我们班有57人,个个身强体健。到达加州旧金山后,我们各自投向所报学校,学习三年级课程。大部分人获得经济援助,三年内取得了博士学位。杨博士攻读有机化学,我读生理学。1923年我与他各自回国。他定居天津,我在北平协和医科学院任教。1925年我返美继续攻读医学学位(在霍普金斯大学)。

在这封长信中,陈博士并未谈及杨博士于1918年赴康奈尔大学、不久取得学士与硕士学位一事。返华不久后,他又于1931年赴美在耶鲁大学获得有机化学博士学位。

为进一步阐明本校大学生、研究生和其他人对杨博士在印大短暂停留的情况,在此引用我在《印第安纳大学化学的发展:1829—1991》一书中的部分文字(由系主任处获得):

在第二次世界大战前及大战中,很少有外国化学家或留学生来化学系学习,印第安纳大学也鲜有出国者,中国人是最引人注目的外国人。

杨石先是战后来校的首位著名化学家,他已于1945年10月到达布鲁姆顿。他还未大展才华,就迫切地于1946—1947年冬回到天津的南开大学……

在印第安纳大学校园里,杨君勤奋工作,也与他人谈笑风生,十分友好……据IDS(印第安纳学生日报)载,他曾于1946年初在男教师俱乐部发表演说,题目为《战时在华执教经历》。

1946年5月杨君与其他三名化学系研究生在荣誉化学学会的年度酒会上当选该学会成员……

杨君为南开大学化学系教授和理学院长。他抵达后不久,中国政局动荡,与此同时1949年4月他致信给我:"我已于1947年冬在同事诚挚的邀请下返回南开，皆由彼时华北局势处于转变关头……”

重返南开后，他十分关注学校的学术建设。新中国成立后他出任副校长，担负学校及中科院多项领导职务。1957 年他任校长，承担了更多的全国性职务。1966—1977 年“四人帮”横扫全国，在此期间，他被迫离任，由另一位不懂学术的官员担任校长。正如杨君 1979 年所言：“1966—1977 这 11 年间是我们生活中最黑暗的岁月，也是中国各大学的灾难。”

1979 年底，杨君重新被任命为校长。“四人帮”已被打倒，国家社会经济状况明显好转，学术地位提高。

杨君已于 1985 年逝世。此前他曾与印大校长 Ryan 协议在南开与印大之间进行小规模的教师与学生交换计划。

Julie 杨是首批第二次世界大战后来此攻读化学研究生学位的学生之一。她 1949 年 7 月毕业于南开大学。在最初准备出国及向印大申请时，她曾于 1949 年 9 月 29 日致函于我：“我近日离津，已于昨日抵达香港。遵父命写信向你请教。”她于 1952 年在印大获硕士学位。为在不同学校进一步深造，她后又转至伊利诺伊大学，于 1955 年获无机化学博士学位。

差不多在杨女士到来前后，另外三个学生也自南开来印大，他们是陈荣悌和何炳林夫妇。他们均于 1952 年获印大博士学位，而且都返回了南开大学。陈博士 20 世纪 80 年代初来过美国，在西北大学待了近一年时间。他访问了印大，在化学系做了个学术报告。与此同时，何炳林夫人作为中国科学家代表团成员，对印大和化学系做了短暂访问。

1955 年，聂树明博士成为化学系助理教授后，南开大学与印大化学系的联系更加紧密。他于 1983 年在南开大学化学系获学士学位，1989 年在西北大学获博士学位，1990—1992 年他在佐治亚技术学院从事博士后研究，1992—1994 年是斯坦福大学研究员，并于 1996 年获贝克曼青年研究者奖。他的研究重点为开发并应用以激光为基础的紫外线光敏方法论来研究大分子和纳米级微粒结构与作用。杨先生为南开培养出这样的代表人物，确实令人欣喜。

要论述杨先生伟大而令人景仰的一生，还要包括他晚年的情况，这是非常重要的。1979 年 12 月 2 日他给我的一封信,文字优美,信笺上端都印有漂亮的英文:中国天津南开大学,其上面还有同样内容的汉字。其后,我们之间也有书信来往。他于 1985 年 2 月 19 日逝世,享年 88 岁。

1979 年,在一封圣诞来信中,他告诉我南开大学"计划派代表团赴美国访问一些友好院校,这些院校曾派人来我校访问并计划开展多项合作……",他特别讲明"坦白讲我几乎不可能带团前往",他解释说自己"年事已高,健康情况每况愈下",他"对不能与在美老友重聚深表遗憾"。这谈起来令人悲伤。

由新来校长滕维藻率领的南开 6 人代表团于 1982 年 4 月 23 日访问了印第安纳大学。其他代表团成员为:副校长吴大任、党委书记张再旺、系主任何国柱、系主任魏宏运和翻译张迈增。

其后不久我致函杨博士,描述了代表团与印大人员午餐会的情景。当然我们也为他因年龄与健康状况不能同来深表遗憾。根据代表团的同事们介绍,我写道:"听说你退休后时常散步,身体状况很好。"

在与代表团愉快的会面后,我与这位德高望重的高等教育元老又有一些书信来往。他的贡献是通过南开大学做出的,但却有全球性的影响。杨石先先生漫长的一生中,通过他多才多艺的领导艺术,为我们树立了严格自律、不断进取的榜样,我们将永远从中受益。

(于倩译,崔永禄校)

对先师杨石先的怀念

何炳林　陈茹玉

先师杨石先教授是我国的著名教育家、科学家。我们从1938年在西南联合大学上学时，开始师从杨先生，后来炳林又当他的研究生。茹玉在1956年从美国回国后也在杨先生的领导下工作。我们受师恩四十余年，情深似海，他的教诲和他做事认真、严谨、公正的作风，对我们的影响极为深刻。他是我们的一代良师、终身楷模。

新中国成立后，杨石先教授任南开大学校长、名誉校长多年，并任中国科学院化学部委员、全国人大代表、政协委员，还兼任全国科协学会副主席、中国化学学会理事长、南开大学元素有机化学研究所所长等重要领导职务。六十多年来，他为我国科学事业和教育事业做出了卓越的贡献，是我国教育界的泰斗、化学界的宗师。

负笈重洋学而有成

1918年，先师杨石先在清华校园里，刻苦学习了7年，以优等的学业成绩，结束了清华学堂的学习生活，远涉重洋，赴美留学，为祖国的富强、中华的崛起去寻求科学知识，实现成为科学家的远大理想。

石先先生到达美国，进入山青水秀的绮邑加城康奈尔大学。这所世界著名的大学，农科、工科最负盛名，他攻读了一年农科，而后转攻化学。在科学发展、生产先进、物质财富充足的美国，他却过着清贫的留学生生活。他勤奋刻苦，争取可用以读书的分分秒秒的时间，在科学领域里博览群书，从事实践。年轻的石先先生从科学知识的海洋中，获得无限乐趣，虽经曲折，两渡重洋，终于获得康奈尔大学应用化学学士学位、有机化学硕士学位和耶鲁大学化学博士学位。因学习成绩优秀，故美国、德国的世界第一流大学和研究机构，都表示要聘任他，为他提供优越的工作条件。然而，为了祖国能够跻身于世界科学强国之林，他毅然回到贫穷的祖国怀抱。

在南开园辛勤耕耘六十二年

石先老师自20世纪20年代初回国，执教于南开大学，默默地用自己的心血，浇灌祖国的科学幼苗。仅新中国成立前他培养输送出国的学子就有200多人。现在这些“杨门子弟”都已是六十多岁的人了。其中如杨振宁、唐敖庆、殷宏章、蒋明谦、郜承鲁等都是驰名中外有成就的科学家。在这一代杨门桃李中，有的已经在我国科学和教育界担负起领导者的职責，中国科学院学部委员中有十三位是他的学生。20世纪50年代他培养的学生和研究生如李正名、俞耀庭都能在自己的工作岗位上发挥积极作用。20世纪60年代末、70年代初，他与无机教研室青年教师学生一起工作、学习、从事科研，指给他们上进与求知的门径，突破重重困难和干扰，派送更晚一辈的学子出国深造。这些后起之秀，现在有的已经学成归国，开拓新的科学领域；有的担负领导工作，在各自的岗位上发挥重要作用。

培养人才是先师执教六十二年的奋斗目标之一。他学成归国的时候，初创的南开大学，远不是一个学府胜境：经费支绌，教员短缺，首届毕业生仅有12名。而他却选择了这里作为他潜心追求“教育救国”道路的起步之地，与已故著名化学家邱宗岳教授通力合作，首先担负起全校化学系的教学工作。他教而有方，一方面是由于他有广博而精深的知识，另一方面是他对青年学子有一颗热忱无私的心。他要求学生严格而不苛求，待人平易而绝不容忍学习懈怠。最为难能可贵的是他对每一个好学上进的学生都关怀备至，诲人不倦。著名化学家、中国科学院化学研究所研究员蒋明谦教授曾回忆：他1941年考取了清华第五届公费留美生，学校指定国内导师三人负责指导，其中一位就是石先先生，他给三位导师写信求教，当时只得到先生的回信，而且是十多页的长信，非常认真、详细地对如何选择学校、导师、课程，乃至行装、旅途以及国外生活礼节等等，都做了详细的指导。先生建议他先到规模较小的大学学习一年，然后再到规模宏大的著名大学学习两年，因为前者接触导师的机会多，便于学好英文，熟悉美国大学教育风尚，打好深造的基础；后者著名专家、教授多，学术水平高，可以开阔眼界，提高学业水平，了解学术发展趋势，以及当代科学发展的主流。先生为他在美国的学习，做了极为重要的安排与指导。所以蒋明谦认为是石先导师为他铺平了通向专业的道路，他所取得的成就与当年先生的指导、教育分不开。当他担当培养下一代的任务的时候，总不忘恩师当年教诲自己的情景。先师诲人不倦的精神，不仅光照南开园，对于兄弟大学的师生、中学教师、工程技术人员，乃至乡村教师、小学生，凡是向他请教的人，他都热情地予以教诲，来信必复，为他们寄书，寄资料。炳林在当他的助教的时候，曾兼任他的办公室秘书，有些不属于先师的业务范围，先师也决不辜负对方对他的希望。天津津北制药厂的技术员彭海卿，编写了《美国化学文摘查阅法》一书，茹玉介绍编者去见杨老，先生细心阅读后，认为这本书可以帮助青年学习国外文献，很有意义，更赏识这位肯钻研、有见地的“小人物”。出于对成长中的青年科技工作者的关怀，出于对国家科技事业的高度责任感，他不仅亲自修改，并责成茹玉具体帮助、审定，而且为之作序，推荐出版。炳林是他 1942 年级的研究生，他对炳林的学习、工作抓得很紧，指导科研，耳提面命，经常听取汇报。每遇困难，无论业务上的还是物质设备上的，他总想方设法为之解难。炳林做的阶段性书面汇报、年终总结，他不仅从学术角度来指导、校正，乃至在文字修辞上，他也动笔修改；凡是用英文撰写的东西，他还为之修正语法。通过严格要求和训练，为我们步入现代化学科研之门，奠定了基础。鉴于国外化学领域日新月异的发展，先生十分重视青年学子留学深造。远在西南联大时期，他就十分注意这一方面的信息，每当得到选送出国的考试消息，他就鼓励、支持我们去应考。他为我俩、为我们的师兄弟乃至下一代弟子们的出国深造，花费了许多心力，写过许多推荐信和材料。他不仅学识渊博，而且正直无私，办事公道，事事以身作则，最令我们感佩的是他把满腔热血倾注到培养人才的事业上，教泽广布，硕果累累。

在化学研究领域里的重大成就

杨石先教授为祖国科学事业奋斗了一生，为追赶世界科学先进水平，拼搏了一生，其成就是卓越的，也是多方面的，我们只能择其显著者，加以追述。他是众所周知的中国农药研究的开拓者；在农用杀菌剂的研究上，他有崭新的发现和创建；他合成了“7104”，促使大豆、水稻产量提高20％～30％。

中国以农立国，而旧中国的农业极为落后。远在20世纪20年代，青年的杨石先，没有悟出救国救民必经的革命道路，但他目睹了国贫民困的现实。他的父亲把富国富民的希望寄托在农业和工业的发展上，在对两个儿子进行启蒙教育的时候，就灌输了他的想法，要儿子们好好读书，将来兄学农、弟学工。父亲为他立的志向和祖国农业落后的现实，使他决意学农，向西方学习先进的农业科学。在美国康奈尔大学学农，但只学了一年。最初，影响他较深的是著名的园艺植物学家贝累，贝累教授也非常器重这个勤奋好学的中国青年学子。他经常向老师请教，也常在贝累的植物园、花园里走来走去。贝累讲授植物学、胚胎学，使他受益极深。可是他眼见欧美国家受战争影响，纷纷研制化学武器，从而促使化学有了很大的发展。他想：自己在中学、在清华就最喜欢物理、化学，不如改变专业，攻习化学，学成回国，立即可以发挥作用，以应急需。于是他决定改学化学专业。不过专业虽然改变了，他的忧国忧民之心没有变。祖国贫弱，农业几乎还处在原始状态，何时能有大农场，何时能用机器耕作？何时能使人民大众丰衣足食？这些问题常常萦系在他的头脑中。美国的粮食充足，用很少劳力能够生产很多的粮食，这是与发展农药分不开的。这个情况引起了他极大的关注。

旧中国农业生产落后，祖祖辈辈从来不用农药，不知道农药可以灭虫除病，可以增产。当然，即使知道农药的用途，谁能用得起那种“洋药”？不过，作为有远见的科学家，他看到了祖国农业发展的前途，必须依靠科学，使用农药。农药的发展，在欧美一些发达国家研制、生产、使用含氯的有机农药，是第二次世界大战以前的事情。第二次世界大战期间，德国人首先研究有机磷农药，把农药的研究、生产和使用，又向前推进了一步。此后,发达国家研究植物激素,刺激或控制植物的生长,杀虫除草,技术又推进了一步。他观察到国际上农药研究从无机农药、植物性农药向有机农药过渡的情况,考虑到几乎全属空白的中国农药科学如何起步的问题,提出要抓住有机磷的研究,指出了农药发展的方向。这也是在我国第一次提出有机农药的方向。

石先老师把他的卓识和想法,传达给他的学生。20 世纪 40 年代初,先师在美国见到了毕业于西南联大、留美学习的陈天池、王积涛。当时他们就遵循先师的教导,从事农药的研究。陈天池原本在美国路易斯安那大学,毕业后到一个公司搞杀虫剂短期研究;王积涛因得先师介绍,毕业后到立莱药厂短期工作,因为石先老师的同学陈克恢教授在这里研究药物化学,并研制出了麻黄素。对于我们这些先后到美国留学的学生,他还总是嘱咐要注意搜集农药方面的书籍、资料,尤其是新出版的书刊。"美国搞科研有独特的、优越的条件,但那不是我们的祖国,你们不能在那里待一辈子,学成之后,要赶快回来,为贫穷的祖国出力。"恩师的这番金玉良言,铭刻在我们心坎上,鞭策我们在科学道路上、在人生道路上奋进。

在农药研究的空白点上,他夜以继日地钻研、探索、实验。从无数个心血浇灌的果实中,筛选出适合我国生产工艺的新植物激素,起名"矮健素",它能增强农作物的抗旱抗盐碱能力,能使小麦、棉花增产10%到 20%。在中国农田里,撒下了第一代农药,它不是舶来品,而是出自中国科学家之手,出自南开大学一间小小的农药生产车间。这不能说是一件小事。尽管"矮健素"还不能大量生产、广泛使用,但它是中国农药研究的开拓性的产品。

新中国的诞生、党的关怀和支持,给石先老师提供了精神、物质上的支柱,使他有了最强有力的后盾。他欣喜万分地把新中国成立的喜讯飞报给太平洋彼岸的我们,告诉远游海外的赤子,报效祖国的最好时机到来了,他召唤我们早日回国。陈天池、唐敖庆、王积涛、胡秉方等率先,我们相继,冲破重重阻挠,投向祖国的怀抱。老师告诉我们:中央号召把农药搞上去,农药研究还是个空白点,我们要尽心竭力,把科研成果奉献给国家,在农业化学领域里,打基础、填空白、开拓新路。

在20世纪50年代国家召开的“十二年科学远景规划会议”上，石先老师做了《化学科学与国民经济的关系》的报告，周恩来总理和许多与会代表，都极为重视。石先老师在会上接受了研制有机农药的任务，周总理非常关心，当面指示他说：“你先找几个人工作二三年，你们做了工作，国家自有安排。”研制农药纳入了国家规划，这对石先老师是多么大的鼓舞！回到南开园，他就跟天池和我们俩商量，由他带头，以我们为骨干，带领他身边的另外几名年轻助手，开始了有机农药的研究工作。有机磷农药研究机构，就这样创建起来了。

他抓住磷酸酯类结构的改变会带来生理作用的变化这个特点，向国内尚属空白的有机磷化学领域开始进攻。某些有机磷产品不易分离而且毒性大，他带领我们克服种种困难，奋力攻关。当时，我们的实验手段非常落后，如何解决毒性的问题呢？说来有趣，我们就在实验室里挂上鸟笼，进行测验。鸟儿对药性是很敏感的，我们针对实验结果，再进行研究。就是在我们那间堪称“陋室”的研究室里，他率领大家一步一步前进，花开花落，数易寒暑，用心血和汗水研制出了磷32、磷47、灭锈一号、除草剂一号四个品种的农药，有机磷杀虫剂、有机磷杀菌剂、有机磷除草剂，开始撒到了大江南北某些地区的农田里。农药产生了效果，国家给予了科研成果奖，我们研究成果之一“燕麦敌2号”除草剂，在20世纪70年代初已在青海投入小批量生产，为西北地区小麦地里防除野燕麦草做出了贡献。

先师是非常重视理论研究的，对有机磷化合物的互变异构现象和水解动力学，有机磷离子交换，有机磷化学的反应机理等等，特别是对有机磷化合物的化学结构和生理性能的关系诸方面，他领导我们着重研究、积累了大量数据。我们制成了离子交换剂，对含磷的不同价键，如P—O、P—N、P—S、P—C键的稳定性和其生理活性的影响也有进一步的认识。1957年，他从国外考察归来，在开展有机磷化学研究的基础上，积极准备开展有机化学中的新分支——元素有机化学的科研工作。

在20世纪60年代初召开的第二次全国科技、农业会议上，周恩来总理再次号召把农药研究和元素有机化学研究搞起来，填补我国科学的空白，促进农业生产的丰收，并决定在南开大学成立研究所。在全国农业规划会议上，石先老师做了《关于我国农药生产特别是有机磷农药生产的几点意见》的报告，他说："使我国农业生产早日过关，植保水平很快接近和赶上世界先进的国家，我个人和许多农药研究工作者都是抱有信心的。"聂荣臻副总理和他详细讨论了南开大学建立元素所的规划。石先老师以极大的热情和魄力，使元素所于 1958 年 10 月建成。根据教学、科研并举，教育与劳动生产相结合诸原则，建成了"敌百虫""马拉硫磷"两个农药生产车间。

农药科研成果一个一个相继推出。在杭州召开的全国农药会议上，石先老师主动承担了 24 个项目的农药研究牵头任务，元素所是这 24 个项目的负责单位之一。元素所接受了国家交给的研制防治水稻白叶枯病的农药研究，石先老师高兴极了，因为他早就考虑了这个课题。

据联合国粮农组织统计，世界水稻种植面积有 92.3%在亚洲，产量占世界稻谷总产量的 92.6%。而中国水稻种植面积和产量均占世界第一位。水稻有各种病害，最严重的是稻瘟病、纹枯病和白叶枯病。前两种病已有药物可以防治，唯独白叶枯病无药可治。白叶枯病成了水稻的"癌症"。近几十年来，白叶枯病在亚洲种水稻的国家广泛流行，在我国水稻产区也屡有发生。特别是遇到大雨和暴风，传染起来非常可怕，一夜之间，可使成千上万公顷的稻子变得枯黄。因这个"癌症"，我国水稻每年减产大约 10%左右，个别地区减产高达四五成，这是一种毁灭性的水稻病害。尤其令人痛心的是，我国科技人员研究成功的高产水稻新品种，产量极高，在两湖可种两茬，两广可种三茬，而这种杂交品种最大缺点是容易发生白叶枯病。20 世纪 50 年代无药，60 年代还是无药，70 年代有药了，但不属于我们。20 世纪 70 年代初，一位资本主义国家的科学家，制成一种防治水稻白叶枯病的农药，作为这个国家的专利，对我国严密封锁，虽同意卖给我们，但售价十分昂贵。为了给水稻治病，国家每年不得不花大量外汇进口几百吨这种农药。有的农民心疼地说：这种洋药，真比吃白糖还要贵！对于从事农药研究几十年的老科学家，石先老师无论如何是难以忍受的，就是我们这些年轻一代的助手们，也实在不能憋着这一口气。我们依依于老师左右，决心攻坚，研制根治水稻“癌症”的农药。

杨石先老师目光远大，案头总有国外报刊。随时收集、关注着世界农药发展状况的老师，向我们详细介绍了当前世界农药发展的情况，并且把他摘录的十万多张卡片中有关化学农药的部分，一沓一沓整理出来，交给杀菌剂组，让同志们翻阅、参考。他从《美国化学文摘》中，发现日本研制防治白叶枯病农药已初见成效，非常注意这一信息。他说，堡垒已经发现了，如何把它攻破，进而占领下来，我们有用武之地了。他明确公开提出：借鉴外国的经验，搞自己的新农药。元素所调集了最强的人力，充实杀菌剂组。在他的领导下，大家经过一年多的苦斗，做了差不多一百个合成物，试验了一个又一个方案。“皇天不负苦心人”，新的农药终于试制成功了！它可以一举便全歼水稻的白叶枯菌，因此命名为“枯叶净”，表明它能将白叶枯菌杀得干干净净。经国家有关部门鉴定，批准投产，推广使用。它每吨的生产成本不到“舶来品”的一半，而能使高产杂交水稻每年至少增产一两成。已经白霜染鬓、步履蹒跚的老师，不胜雀跃，像年轻了很多。一般说来，就是在科学发达，设备精良的国外某些机构，研制一种较高水平的农药，大都要花十年左右的时间，而先生率领南开大学元素所的科研人员，只用了两年半的时间，就征服了水稻“癌症”，填补了我国农药的又一个空白。

对于植物激素的研究，茹玉在老师身边所受的启迪十分深刻，终生难忘。

激素最初用于植物学上是在1909年，德国科学家HansFitting从兰花的花粉中提取到一种可以刺激植物生长的物质，因而定名为“激素”。20世纪30年代出现的赤霉素和40年代的细胞分裂素等等，相继步入植物激素的行列，它们可以有效地用于调节水果、花卉、蔬菜的生长。20世纪70年代外国已有将试用植物激素于农业上使农作物增产的先例。我国虽有个别单位在搞，但尚处于初试阶段。石先老师早已密切关注着国内外植物激素研究的情况，他做了上千张卡片。他说，我们研究杀虫剂、杀菌剂、除草剂，防治病虫害，保证作物收成，从某种意义上来说，还是被动的；要控制作物本身的生长，使它们听从人的安排，还得靠植物激素。那时，茹玉由他推荐，正担任着元素所的所长，也是老师最直接的助手，对于老师的卓见，她不仅钦佩之至，而且心悦诚服地接受了。茹玉在那几年也注意到了这个问题，并向老师提出：激素很有搞头！

石先老师从来不把自己的观点强加于人，他认为要加强植物激素研究、打开农药研究新领域的认识，被他的学生、被元素所同志们认识到了，他就非常高兴，他就像“催化剂”那样，加紧催化作用，于是元素所的“激素组”组建了。在短短几年间，研究初出成果，一种新的植物激素被研制出来。只要喷几克，大豆就长得秆壮、叶肥、荚多、粒大，可增产两三成，含油量也很高。于是这种激素被命名为“大豆激素”。

茹玉不满足于搞出了这种“大豆激素”，因为那毕竟还是循着别人的路子走的。“我们应该从理论上和实践上进一步探讨、研究、开拓出一条新路，从我国天然植物中提取激素，还要它适合于工业大量生产……”素有创见、勇于探索精神的老师，对茹玉加以赞许，并循循善诱。

一位远在甘肃靖远县中学任教的有志之士高兆文老师给石先教授写来一封信，说他多年从事一项研究：从野生的骆驼蓬草中提取一种可以促使粮食增产的化合物，取得了奇妙的效果，用这种化合物做实验，小麦增产了26%，千粒增重8.8克；玉米则增产14%，千粒增重96克。可是限于条件，无法进一步钻研、探讨，所以写信并附上科学实验报告向老专家请教。

这封来自河西走廊的信，使从事几十年农药研究的老专家激动不已。他立即给高兆文复信，充分肯定高兆文的研究工作的意义，并且告诉对方：骆驼蓬草在我国北方、蒙古、前苏联都有，在土耳其、巴基斯坦、印度、埃及等国也有生长，不少人进行过研究，但所提取出的都是生物碱类化合物，可用于医药，而没有发现有刺激作物生长的机能。这就需要对它所含各项成分进行萃取、分离、分析，才能取得科学结论。老师诚恳地表示要协助这项研究工作的开展。元素所自然也当仁不让，要抽力量来协助。见识广阔如天地，而心细如发丝的恩师，汇出邮费，请远在西北的高兆文老师把成熟越冬的骆驼蓬草根、茎、叶和种子等等实物寄给我们，作为分析的样品。

样品很快寄来了，元素所激素组在茹玉指导下进行从骆驼蓬草中提取植物激素的研究。激素组几经奋力拼搏、协力攻关，经过研究、分析证明，这种野生骆驼蓬草中含有植物生长抑制素；进而又对它进行了化学结构分析研究，证明有效成分的化学结构。田间初步试验结果表明骆驼蓬草的粗提物和纯品一样可以使小麦增产，植物激素研究有了重大发现。

在首都北京召开的亚非拉几十个国家的科学会议上，石先老师作为我国代表团的领导人之一，做了我国农药发展概况的报告，受到国际科学界的好评。在以农立国而农药科学处于空白的中国，先师为中国农药史书写了开篇和崭新的章节。我们为此而感到自豪。

嘉言懿行　芳泽永留

我们师从石先老师 46 年，他的嘉言懿行，值得撰写的很多很多，这里也只得就我们印象最深刻的略加追述，以表忆念。

先师以为祖国培育英才为己任。他从美国学成归来，进入南开大学就与邱宗岳教授通力合作，担负全校化学课的教学工作。在一个五六十人的大班里，有的学生并不是本系的，化学只是选修课，而先师对每个学生都予以关切，而且都是单独的，一个人一个人地接触，循循善诱。这种诲人不倦的精神，留给了大家极为深刻的印象。在庆贺老师执教 60 年业绩[①]的时候，一位华裔美籍学者回忆 20 世纪 30 年代南开园的大学生生活，写道："南开大学不仅是个教育组织，而且是个大家庭。师生间的距离可以说是没有。杨石先老师曾教过我们高等有机化学课，而他对我们的亲切情景，经过漫长的岁月，想起来仍历历在目。"石先老师与学生之间密切、融洽的关系，体现了后来为人称道的南开的一种优良校风。

先师对于基础理论的教学，十分重视，长时期亲授基础课。化学是实验科学，很早他就重视对学生实验操作的培养。他在美国做研究生时，兼管过实验室，曾亲眼看到中国学生疏于实验操作，损坏仪器，都得

---

① 时在 1981 年 10 月。

赔偿,结果连饭费赔掉了,吃饭都成问题,致使有的学生不得不忍痛改换专业。他执教后常常以此告诫大家:只在读书方面下功夫,忽视实验能力的训练是不行的,因为化学是实验科学,知识要从实验中获得,任何理论和假设都必须通过实验来验证。所以他历来都是在实验室里指导学生做实验,并且亲自从国外购置仪器,充实完善实验设备,使学生获得良好的实验条件和基本训练。有些年,他针对教学和研究工作中不重视实验的时弊,多次重申他的主张。由于他的努力和躬亲示范,重视基础课的教学和对学生基本科学训练,就成为南开大学几十年来师承的传统和教学的风气。

他非常注意培养学生的品德,他认为品德不好,思想境界不高的人,在学术上不会有很高的成就,更不会真正地对祖国、人民、子孙后代做出贡献。除了言传身教之外,他还做演讲,讲述他的意见和经验等等。更为难得的是他身居大学教授、专家的高位,非常关心中学教育,把中学生看成大学的后备军和希望。早年,他在南开女中所做的《从事科学事业的人所应具的个性、态度和习惯》的报告,从科学方法应用的普遍性与提倡科学研究之重要,一直讲到如何发展科学文化以及科学家应有的个性、态度和习惯等等,使中学生们受益极深,多年难忘。他还兼授过南开中学毕业班的普通化学,教学任务相当繁重,大学地处西郊八里台,中学在城厢西南角,每周上三次课。为了不迟到、不误课,他就前一天晚上赶到中学去住宿。上午讲课,下午做实验,常常要到晚间才能回家,师母刘夫人总是把饭菜准备得好好儿的,但偶尔也不无嗔怪地问他:不能早点儿回家吗?他则是回答说:"学生实验做不完,老师怎么能回来呢?"他这样严格要求自己,也严格要求学生。

1938年成立西南联合大学的时候,先师任理学院化学系主任,后来兼任教务长。因为张伯苓校长常驻重庆,他与黄子坚先生代理南开在联大的事务。北大、清华都是名牌的国立大学,南开则为私立,这样三所大学联合建校之初,难免因门户之见而产生矛盾。学者名流荟萃,三个学校的化学系主任,在社会上、学术界都有名望,而又都各有个性和学术见解,所以要担当好联大化学系主任是非常困难的——不但要在学术上具有高深造诣,还必须办事公道,胸怀豁达,能够团结大家一道工作。石先老师德高望重，学识渊博，作风正派，办事公道，从来不背地里非议他人，大家对他格外尊敬，把他推选出来担任化学系主任。他上任以后如何作为呢？首先带头讲基础课，先后为我们讲授普通化学、高等有机化学、药物化学等基础课，直到后来兼任教务长仍坚持基础课教学。打破了教授只教专业课的偏见。当时，我们理学院在昆明市近郊的北门外，工学院在城西南的一所会馆旧址，两院之间没有交通工具，只能步行，理学院的教师到工学院去教课，每周四课时都要花去四个半天，往返行路就要花费很多时间气力，所以理学院教师不愿去工学院教课，都让助教去教，教、学双方都不满意，造成多方面的不良影响。石先老师却以身作则，亲自到工学院去授课，这样一来，中青年教授都抢着去任教。从此，工学院的普通化学就由教授授课，不仅对教学有利，也有利于两院之间的团结。他为联大师范学院理化系讲授普通化学，针对师范教学的某些特殊性，自编一套讲义，满足师范生的需要。在培养人才上，他从不马虎，从不因驾轻就熟就图省事。学生的考卷，他都是自己评阅、批改，而且非常认真。他对工作的热心和极端负责的精神，人所共仰。

炳林在化学系任助教时，当过一年多办公室秘书，协助老师处理系务和往来文牍，他从不下命令，要炳林办什么事情，一般只提要求，交代一些原则，至于具体如何办，由承办者自己决定，以发挥承办者的主观能动性。所以，炳林觉得在老师领导下工作，总是心情舒畅，能够开动脑筋想问题，敢于大胆负责。这种锻炼，对炳林后来担任领导工作，大有帮助。往事如烟，而老师的恩泽，我们终身难忘。为了搞中草药的研究，有一次炳林要到云南下关去弄一种医治疟疾的中草药——常山。那年月，行旅艰难，路上很不安全，土匪很多，老师十分关注一切准备情况。临行前又找炳林谈话，不仅就安全等问题娓娓叮咛，而且连车子也联系妥当，使炳林深受感动。

老师性格内向，仪表端肃，抗日时期，祖国半壁山河沦陷，他忧心忡忡；教育工作艰难，使他极为苦闷，因此平日极少欢笑，态度总是那么严峻。同学们敬畏他，不敢为学业以外的事情轻易地去找他。那时大学毕业生找不到工作，毕业即失业，茹玉在联大化学系毕业，成绩不坏，却陷于失业的困境，便和另一女同学心情紧张地去求助老师，而老师极为和蔼可亲地接待她俩，思谋之后，告诉她俩说："我推荐你们到中央工业试验所去，路上不好走，你们结伴去吧。"他亲自为她们书写了推荐信。他对人是非常诚恳热忱的，对学生爱护备至，他看到辛辛苦苦培养出来的人才，无用武之地，找不到工作，不能学以致用，内心是十分痛苦的。同学们求助于他解决就业问题，他总是尽力而为。

在众望所归的情况下，1943 年石先老师被推选为联大教务长，师生们都很高兴，这确乎是有道理的。在他出任教务长之前，由于人与人之间的矛盾，很多应做的事情没有人做，或者是部门之间相互推诿。例如，在联大名义①下招收的学生，每年为报部一事，拖拖拉拉，竟至可以拖拉几年，学生毕了业，几年拿不到文凭。在那认文凭不认人才的社会里，没有文凭就找不到工作，他为此事在校务会议上提出严厉的批评，解决了积年未能解决的问题。

当年的国民政府根本不重视教育，以国难为由，给学校的经费很少，给学生的奖学金和补助就更少。先师对国民政府这种做法不满意，在各种场合发出保障学生健康的呼吁。西南联大对学生的学业要求是非常严格的，教授给分很紧，学生压力较大。大多数的青年学生学习用功，而物质条件差，生活很清苦。一些贫苦学生营养奇缺，有的正在上课突然晕倒了，考场上学生晕倒的事就更多。石先老师非常痛心，认为这种情况再也不该继续下去了。他就任教务长后，特为此事从昆明到重庆找国民政府财政部提出增加学校经费和学生贷款金的要求，做了极大的努力，但毫无结果。对国民政府这个腐败的政权和机构，他从失望发展到憎恶。

因为他担任了西南联合大学的教务长，就得到重庆青木关中央训练团受训（蒋介石任中训团主任）。国民政府的教育部长段锡朋对他说："蒋主任要亲自介绍你参加三青团。"他一口回绝说："我是搞教学的，搞科研的，我没有时间再参加三青团。"段锡朋不无威胁之意地说："你不参加三青团，怎么当教务长呢？"他回答说："又不是我自己要当教

---

① 当时三校各有一套体制，科研、教学人员和随迁的学生。

务长，是大家推我的。等我把应做的几件事做完，你们可以再找别人来做教务长。”他的不附权势、光明磊落的精神，使同仁同学为之鼓掌喝彩、钦佩不已。

由于先师的高尚品德，在学生和青年教师中早已有评价，大家尊敬他，佩服他。所以我们同班几个同学报考研究生时，都选择了南开大学的杨石先老师。1946 年，西南联大复原前，三校的一些青年教师议论过一些教授，对石先老师的评价是最高的。大家公认他正直无私，办事公道，事事以身作则，作风民主，团结同事，把满腔热血倾注到培养青年身上，把全部力量和智慧贡献给自己的祖国。如今，他的许多学生已经白发苍苍，不少人是国内外著名的学者，但一谈到石先老师的为人，总是毕恭毕敬。在他生前，他们只要来京津开会或办事，总要到南开看望自己尊敬的老师。

1945 到 1947 年，石先老师在美国印第安纳大学化学系工作，由于他业务基础好，知识面广，待人谦虚谨慎，和系里的教授关系搞得很好，大家都很敬重他，一再挽留他在美国任教。但石先老师想的是要为自己的祖国繁荣昌盛服务，尤其是当时南开大学很需要他参加工作，所以他虽然了解回国后的生活是艰苦的，工作条件也是极差的，却没有为这些问题忧虑，毅然辞去印大的聘请，坚决回到祖国。

1948 年秋，炳林刚到印第安纳大学当研究生，该校的化学系几位教授一见到炳林就打听石先老师的情况，对石先老师很关心，很敬重，怀念之情溢于言表。

石先老师强烈的爱国心也给每个接触过他的人以深刻的印象。在西南联大，石先老师坚持天天看报，了解国际形势和抗战情况，非常关心中华民族的命运，对日本侵华无比愤慨。由于石先老师关心国事，不少地下党和一些积极倒蒋抗日的青年学生得到过他的保护。他对国民政府的反动统治一直十分不满，对学生的爱国运动很关心，曾给进步学生很多方便。

先师毕生服从真理，不盲从谬误。1948 年冬，天津近郊响起了临近解放的隆隆炮声，有些人相继南去，他却一再谢绝劝行，期待着新生活的开始。新中国成立后，他担任了南开大学校务委员会主席，继而任副校长、校长，自觉地接受党的领导，积极支持党在教育方面的许多改革，不论做任何工作都倾注自己的全部感情。在马列主义毛泽东思想教育下，在周恩来总理等领导者的关怀帮助下，经过革命实践，他实现了由民主主义者到共产主义战士的转变，1960 年加入了中国共产党。他一直是用科学家的严谨态度从事教育领导工作的。新中国成立初期，各大学外语课都以俄语取代英语。他当时就指出，这种作法非常狭隘，将来由于语言障碍势必造成我国科学发展上的极大缺陷。有一个时期，他对高等教育忽视质量、盲目追求数量的做法，表示极大的不安。从 20 世纪 50 年代到 60 年代，历次的政治运动，他都认真、积极地对待。但“反右”斗争，令他感到有些不够理解，得知北京的他的朋友曾昭抡、纪育丰等有才华和成就的知识分子，竟要划到敌人方面去，南开大学的雷海宗、傅筑夫这样的老学者，乃至刚从前苏联讲学归来的一位风华正茂的中年文科教授，都“在劫难逃”时，他惶惑不安。他深知这些人不是什么“反动派”，曾想设法去保护。他哪里知道，这是他个人所力不能及的呢？

当“文化大革命”的灾难降临的时候，德高望重的石先老师也“在劫难逃”了。铺天盖地而来的“帽子”朝他扣来。既然“文化大革命”前的十七年都被诬为“黑线统治”，是“资产阶级专政”，那么，“南开大学推行修正主义路线实行资产阶级专政的总代表”自然就是杨石先校长了。有了这一大“罪状”，再罗织什么“反动学术权威”“牛鬼蛇神保护伞”之类的各种罪名，当然也就“顺理成章”了。1969 年 5 月 14 日，“造反派”召开全校大会对他进行批判。他回顾了二十年来自己确乎都是按照党的要求从事教育工作和科学研究工作的，并没有错，如何能低头认罪呢？第一场大批判，“造反派”对他“评语”是：“态度不好，目中无人，十分傲慢。”于是，6 月 11 日又召开全校的批判大会，但是从不屈服于淫威谬误的正直的科学家，态度如何“好”得了？

这样那样的“宣传队”进驻南开大学，占领了“上层建筑”。杨石先教授是国务院、周恩来总理正式任命的校长，虽然没有人敢撤他的职，但事实上他什么职权也没有了。南开大学一片血雨腥风，一夜之间，他成了“国民党残渣余孽”，他的几个留美的学生，包括我们在内，一概都是“美蒋特务”。他在南开大学的功绩都变成了“罪责”，而且俯首可抓。例如：元素有机化学研究所有个生物测定室，饲养了蚜虫、红蜘蛛、老鼠、小白兔、大公鸡，乃至蚊子、苍蝇等等昆虫和动物，都是用来测定农药的药效和毒性的。科学本身是严谨的，验证手段必须严谨，即使是对害虫，也得精心喂养，这些本是科学常识。然而在打着“反对修正主义”旗号的伪科学干扰破坏下，生物测定室就成为“修正主义”的典型。一位当时的领导人在全校师生大会上大发“宏论”，原话是这样说的：“元素所那个生测室，是搞洋奴哲学和爬行主义的典型，花房是用玻璃盖起来的，要那么洋干嘛？把它拆了，改成土坯的，贫下中农种庄稼，有哪个是在玻璃房里？更不能容忍的是，我们要除“四害”，他们养蚊蝇。……教育革命，就从这儿革起！”接着又说：“不仅元素所要革命，还有那个数学、化学、物理，也要革命，非用 A、B、C 不行？为什么不能用我们的方块字代替？硫酸不就是硫酸嘛，为什么非用那些洋文（指 H_2S0_4）？怪难懂难记的。”石先老师当时被排斥在“全体师生”之外，不曾亲闻这番“宏论”，但因为是领导者说的，我们不能不告诉先生。他听了之后，心情非常沉重，预感到灾难在所难免。接着拆元素所的“黑风”刮起，这股风像瘟疫从生物测定室蔓延到农药中试车间，楼板被砸得千疮百孔，反应釜和管线被弄得七零八落。

批判、斗争，他可以怒而不言；扫厕所、拾大字报纸屑，他可以尽力去干；抄他的家，他只要求不要毁掉他长期积累的几万张科研卡片[①]。林彪反革命集团的所谓“一号命令”，把他赶到完县腰山去改造，一次让他走将近 10 千米的路去县城，年逾古稀的老人累得小肠疝气病发作，痛得趴在地上起不来……这一切他都忍受了，都咬紧牙关挺过来了。但是，拆除元素所的农药中试车间，他痛心，他不能忍受，他拍案而起，要制止这种胡闹、这种破坏再发展下去！他义愤填膺，用颤抖的手写大字报。自这场灾难性的运动发动以来，无论来自何方的威逼利诱，无论压力有多大，他都没有写过针对任何人、任何事的大字报。这时，他写出第一张大字报说：“中试车间是国家拨款几十万元建起来的，是农药

① 当日校长办公室的同志用战备箱保存了这些珍贵财富。

放大样必不可少的。你们把它毁掉，改为聚甲醛车间，糟踏国家财产，那是犯罪!”我们理解忠贞爱国、将大半生心血倾注在科学事业上的共产党员、老学者的心，我们也相信狂飙过去之后，在祖国大地上农药研究还是会发挥作用的，但是大家却也不能不为耿耿丹心、铮铮铁骨的老人捏一把汗，而他义无反顾，把这张大字报贴了出来。“于无声处听惊雷”，有头脑的人激奋，没有头脑的人继续发昏，他们收去了元素所的公章，摘走了元素所的牌子，并对石先老师及全体科研人员横加种种限制。

自诩为“革命领导”的一位人物，找他谈话，说什么“学校不是科学院，要研究所干什么”。他诚意地做解释，告诉这位领导：“世界上很多研究工作都是从学校搞起来的。”那领导就蛮横无理地叫道：“我是主任，是办学的，不是科学院长，要研究所干什么用?”石先老师发火了，冲着对手说：“你说元素所没有用，农民等着农药急用，你知道不知道?”他激动了，用颤抖的手敲着桌子说：“元素所不是学校要办的，也不是我杨石先要办的，是根据毛主席‘以农业为基础’‘要同病虫害做斗争’的指示和第二次全国科技规划会议农业会议精神，受周总理委托办的。国家花了那么多钱，又培养了这些人，你们拆了，我怎么向周总理交待?”这番话，有根有据，有理有力，掷地有声，对手瞠目结舌，不知所措。

周总理是深知先师的，也是非常尊敬这位老科学家的。早在1966年，周总理对调往天津的市委书记特意嘱托过要关心、保护他。当南开大学“特务成网”“叛徒成团”“反革命成串”的谬论传到北京的时候，周总理非常气愤，说：“我了解南开大学，南开大学哪来那么多叛徒、特务、反革命?”但是，寒流滚滚的时节，参天大树也难护英华。

残暴、无知、别有用心的一伙人，在南开大学肆意为虐。为拆掉元素所，投枪直刺杨石先，那伙人费尽心机，提出什么“要给元素所找婆家”，企图用合并的办法，把元素所并掉。摧残科学的暴行，把石先老师气得浑身发抖，他给周总理写了长达数千言的《请求保留元素所的报告》。他亲自将信送到校党委，让他们转呈。那伙人知道杨石先很难压服，他的“倔劲”是众所周知的。慑于周总理的威望，那伙人的破坏有所收敛。

1972年,周总理根据毛主席的指示,着手解决被林彪、"四人帮"严重破坏的教育战线上的问题,周培源先生撰文阐述必须加强基础理论研究,拟发《光明日报》,报社征求杨老的意见,他回复说:"很好,周培源的意见很对,我要补充一点,除了加强基础理论研究之外,也要加强实验工作。我们赶紧想法把仪器制造和试剂生产抓上去。"但是不久"四人帮"掀起了所谓"反右倾回潮"的风浪,又把他诬之为南开大学"刮理论妖风的总风源""资本主义复辟回潮的总根子"。不过,他认为自己没有错,要坚持工作。就在这阴霾密布、寒潮时袭的艰难日子里,他组织领导了杀菌组的科研人员,搞出了农药杀菌剂新品种——叶枯净!他还撰写了《作物主要病害及其化学防治》等重要文章。

在"四人帮"摧残下,许多科研机构散了摊,南开大学元素所在石先先生的奋力保护下,留下了一支科研力量。粉碎"四人帮"之后,在党的十一届三中全会的正确方针指引和鼓舞下,他决心尽快地把元素所恢复起来。在中央有关部门和有关领导的帮助下,把被遣散了的科研骨干调回来,并要回了农药中试车间,建立了毒理室、激素组、剂型组,进一步健全了农药科研体系,加强了元素有机化学的研究力量。

1980年,石先先师已经84岁高龄,他辞去南开大学校长职务和十几个兼职,只保留了中国科学院数理化学部委员和南开大学元素所所长的职务,第一是希望年富力强的后起之秀能够得到施展才能和锻炼成长的机会,第二则是争取在他有生之年,把元素所办得更好,培养更多的优秀接班人。1982年10月他又辞去元素所所长职务,由茹玉接任所长。元素所在先师开拓的道路上前进。

先师一生除致力于科学、教学事业外,别无嗜好,只喜爱培育花草,最喜欢的是不惧风暴而屹立于高山之巅的雪松。而他不正是我们祖国大地上的一株劲松吗!

缅怀恩师　自强不息

申泮文

杨石先教授离开我们已经两年多了，他的音容笑貌，永远存在于我的怀念之中。在我的一生的学习和工作中，得到石先老师的多次直接帮助，而且常常是在非常关键的困难时刻。当我向尊敬的老师提出请求帮助时，他总是热情地毫不犹豫地伸出援助之手，无论有多么大的困难，他总是竭尽全力，给他的门生以有力的支持，使我多次渡过难关，在工作中得到前进的机会。所以我深深地理解这一点：严师的健康长寿，是学生辈的无限幸福。石先师以八十九岁高龄于 1985 年 2 月 19 日逝世，给我们学生辈带来了无限悲痛。我更深感失去了学术上一位导师、工作上的一位保护人和前进途程中的一位有力扶持者。我此生能在国家的化学和教育事业中稍有所做为，无不是石先师的帮助和支持的结果。缅怀师恩，我只有化悲痛为力量，自强不息，努力在工作中力尽绵薄，争取成绩，以无愧于老师的教导和帮助。

我家境贫寒，在旧社会本无上大学的条件，由于得到中学老师的帮助，又获得南开大学每年免交 90 元学宿费的奖学金，才勉强在 1936 年秋考入南开大学化工系。杨石先教授是我步入高校化学大门的启蒙老师，他给我们理工学院一年级学生讲授基础课普通化学。那时石先师正在年华正茂的四十岁上，因早年是足球运动健将，身体极强健魁伟，挺胸直背，健步胜人。石先师容貌堂堂，器宇轩昂，光采照人。石先师最讲究仪容，每天都是衣冠楚楚，面容严肃，使我们学生总怀有敬畏之感。他每次来上课都换穿不同的笔挺整洁的西装，背心的小口袋里揣着一只金壳怀表，表链垂出连在钮扣上，链上悬挂着他在国外学习时获得的荣誉纪念物——一枚金钥匙，同时手腕上还戴着一只手表。上课时为掌握讲课节奏，他不时看表，有时看怀表，有时伸长手臂看手表，奇怪的是有时又从西服裤的小口袋里拿出一只无链怀表摆在讲桌上看时间，学生都很惊异，说杨先生一身带了好几只表，一时传为美谈。

石先师在授课时十分认真负责，第一次上课就跟学生约法三章，规定女生坐第一二排，男生坐在后排，把学生坐的扶手椅按行列编号，每人的座位固定，不许更动，这样谁不到课座位就空了下来。石先师从讲台上一眼望去就可以看出某排某座的学生缺课。所以他一步入课堂，学生起立敬礼坐定后，他便拿出点名册给缺课同学划旷课记号，花费时间不多，只两三分钟便点完了名。学生迟到超过十分钟的不准进入课堂，记为旷课。这些微细的地方都显示出石先师对学生严格要求和追求课堂效率，给我留下了难以磨灭的印象。讲课的教室就是今日经重建的南开大学第二教学楼 211 阶梯教室。

石先师的讲课采用英文教本，用流利的英语加上汉语注解讲课。每讲一新内容，他只用笔体挺帅的英文字在黑板上写下标题，然后口述讲授要点，口齿流利，语言简练，问题交代得极为清楚，善于运用启发式原则。石先师又最主张在讲课时辅以课堂演示实验，生动地吸引着每一个听课者倾心听讲，有很好的课堂效果。那时我们确实感觉到，有这样有名望的学识高超的教授给我们讲授基础课，真是受益非浅，这也为我以后从化工系转入化学系，打下了思想基础。

石先师平时表情严肃，不苟言笑，所以学生在尊敬之余，都有些心怀畏惧，不敢轻易接近他。记得有一次在一年级上普通化学实验课，我们正做滴定实验，同学孙毓驷在用移液管吸取稀盐酸标准溶液。恰好此时石先师步入实验室试巡视学生做实验情况，走到孙毓驷身旁，孙毓驷一紧张，一下子吸空，把盐酸吸入口中呛入喉咙。这应算是违反了操作规程，他心情更加紧张恐惧，手足失措。石先师看到这种尴尬局面，便莞尔一笑，说："吃一点儿稀盐酸到胃里没有什么害处，倒是可以帮助消化呢。"我们大家都笑了，局面转为活跃，解除了大家的紧张情绪。实际上石先师是平易近人的，很愿意与学生们交谈，只是他的严肃表情起了障碍作用。与老同学们谈起，大家都说怕他，到了我们都已老年仍然如此，所以我们把石先师看作一位敬畏的严师，但对他我们是永怀尊敬与热爱的。

我在南开大学入学后，为了解决生活费用，每个星期要为南开中学数学老师张信鸿先生批改五个班的数学习题，所以学习和工作都很紧张。学习几门基础课就不能不突出抓重点。好在二年级许多同学与我中学同班（我迟了一年上大学），各种教科书我都不需要买，都是他们借给我用的。我上课时注意听讲，揣摩哪些内容是石先师讲得有兴致的，那就是重点，又向二年级同学请教，石先师考试时喜欢出什么样的题目。得知石先老师喜欢出论述性的大型考题，我就在课下按讲题用英语组织读书笔记，把一个一个讲题做有条理的整理，未雨绸缪，早作考试准备。石先师授课每个学期有两次小考、一次大考，每次上课有10分钟左右的提问。我坐在后排，所以常常“幸免”于提问。在考试时，考题一发下来，差不多每个考题都是我猜中和准备好的，我就毫不犹豫用英语滔滔不停地写出论述性答案。每次考下来我总是全班（百余人）中成绩最好的。但石先师却从来不给高分，每次我至多得89分，学年最终成绩也是89分。现在回想起来，想是我在一年级普通化学成绩在石先师的印象中占了一点点地位，他把我列入优秀生之列，以至他在许多场合都肯给予我以热情的帮助。

第一学期结束时，我各门基础课和公共课取得了好成绩，获得了南开大学“三六”奖学金（南开校友为纪念南开中学成立30周年和张伯苓校长60岁诞辰而筹集的奖学金），每年银元300元。我求学的经济困难暂时得到解决。但好事多磨，1937年暑假，卢沟桥事变后20天，天津被日寇侵占，南开大学校园于1937年7月29日被日军飞机轰炸和炮轰，夷为废墟。经国民政府命令，南开大学内迁，与北大、清华合组长沙临时大学。南开大学的一切奖学金全部宣告终结。

我在南开园被炸毁一个月后离开天津，“流亡”去南京，在9月初在南京“投笔从戎”参加了国民党部队“中央军校教导总队”准备接受培训去做防化工作。我写信给在长沙的石先师汇报了情况并请他介绍我去国民政府军政部应用化学研究所去见郦堃厚所长（他是南开校友，石先师的学生）以便取得帮助。我很快就收到石先师复信，得到热情支持和介绍信，使我有机会认识了郦堃厚并得到允诺，我可以到应化所图书馆去借书和同意到该所去接受培训。我关于“军用毒气”的知识就是在此短期内自学的。这一件往事就是我有生以来第一次获得了石先师亲切帮助,它深深地载入我的记忆之中。

但是时局瞬息万变,上海战局日益紧张,我被部队派送到溧水县受紧急战斗训练两个月,于 11 月底就被征召赴上海前线参加战争,但又不幸的是我刚刚到达松江前线,便遇到日本侵略军在杭州湾登陆,对上海全线形成包抄之势,部队全面撤退,形成全线溃败局面,形势至为险恶。我身临其境,心情至为沮丧,是我一生中唯一丧失信心情绪最低沉的时刻。12 月初我照料着一批伤病兵员撤退回到南京,便申请脱离部队转途绕道去到长沙回临时大学复学去了。离开南京的时间距南京失陷和南京大屠杀仅半个月。这段历史在这里仅做简述,但它对我来说意味着失败和灰心丧志,但对日本侵略者的深仇大恨却深深植入脑海,永怀敌忾。

到了长沙后,由于南开大学化工系已迁去重庆上课,我当时已无力再事长途跋涉,便去找石先师(那时他是长沙临时大学化学系主任,兼管南开大学学生入学选课事宜),向他提出申请转入化学系学习。石先师欣然同意,在我的选课单上签了字。现在回想起来,石先师签的字真是笔下千钧,决定了我此后终生对事业的追求。

由于我迟到,又害了一场病,加上情绪低沉,我没有好好上课。到次年(1938)2 月初,第一学期结束,我好几门选课没有成绩,被学校布告退学。这时长沙临时大学因武汉失守奉命迁昆明。南开大学秘书长黄钰生教授接受学校委托组织师生步行迁滇(长沙临时大学湘黔滇旅行团)。我去找了黄先生,请求带我去昆明,得到钰生师和他的夫人梅美德老师(她是前南开大学"三六"奖金管理委员会的委员,对我有所了解)的热情支持,由他们资助我旅费按自费参加随团去昆明(因我已被取消学籍,不是临时大学的学生了)。所以黄钰生老师也是给我以直接帮助的另一位严师,对我一生的事业也有着关键性的影响。

1938 年 4 月 28 日旅行团以 68 天行程 1663.6 千米到达昆明市,5 月 4 日第二学期开始上课,校名已改称为国立西南联合大学。杨石先老师仍任化学系主任,特许给我以机会继续入学。在湘滇黔的长途步行旅程中考察了三省风土人情,了解到人民贫苦落后的状况,激发了我的责任感，涤荡掉悲观失望情绪，精神重新振奋。老师们(包括黄钰生先生)给我以继续学习良机，我当然应全力以赴投入勤奋学习。我用两年的时间以较好成绩完成了三年的课业，于 1940 年夏毕业于昆明西南联合大学化学系。

在这里我还要回忆石先师在西南联大时期的二三事。联大化学系由清华、北大和南开三校化学系组成。清华和北大两化学系很强，名教授云集。石先师被选中为系主任，除了他有很强的业务和行政工作能力之外，最主要的是石先师为人正直正派，处事公道，善于团结同志，待人以礼，不亢不卑，受到所有教师的尊重和爱戴。他任系主任后不久就把化学系办成为师生团结得最好、学风最正的学系之一。虽然面临经费短缺、设备简陋等困难，但在石先师的有力领导和组织下，全体师生员工群策群力，第二年(1939)就把实验室都因陋就简地建设起来了，我们也都能做有机化学和物理化学实验了，到四年级我们还可以进入实验室做毕业论文。

石先老师以他在化学系的卓越政绩，在 1941 年底又被选任为西南联合大学教务长，一直到抗日战争胜利，同时仍兼任化学系主任，在教务长任中全面管理联大的教学工作。所以昆明西南联合大学之办学成绩斐然、在百般困难的历史条件下培养出大批国内外知名专家学者，石先师是有贡献的，他的功绩是永志在联大师生的心中的。

石先师虽然身兼两级教学领导工作，但他仍以一位普通教师的身份坚持参加课堂讲授工作。在联大他教过化学系的一年级基础课普通化学，也曾给工学院学生开普通化学课。工学院距理学院约有五千米之遥，石先师每周两次要步行到工学院去上课，不以为苦，而且从不迟到从不误课，受到全校师生的尊崇和爱戴。

我读到化学系四年级时，系里开了高等有机化学选课，由曾昭抡、钱思亮、朱汝华和杨石先四位名教授分头主讲，各讲授自己专长的专题，每人一个学期，两年开完一轮。我限于时间只能听其中的一半，听了朱汝华教授讲授的甾体与激素化学专题和石先师的植物碱与天然产物专题。石先师在这门高年级选课中更突出地显示出他的精湛学识和高超讲课才能。我深深地记得，在讲植物碱的结构判定工作中，因那时还没有今日测定物质结构的精密物理仪器手段，石先师讲授中外有机化学家如何运用分解与合成两个方面的化学手段，巧妙地确定了植物碱的精细结构，并最后如何用全合成的方法人工制得了天然产物的复制品，讲得由近及远，由此及彼，一气呵成，极为精采，引人入胜。学生在课堂上的思想，追随着石先师的讲述路线前进，被引入化学科学大厦，如享美餐，陶醉在化学知识的海洋中。下得课来，同学们还舍不得离开课堂，三三两两，在议论、在赞美，我记得我的同班同学、北大的唐敖庆就是最热衷于在课后盛赞石先师讲课精湛的一人。

在校的最后一年，我的经济状况又处于劣境。原来学校发给沦陷区学生每月生活补助费 8 元，刚到昆明生活费用很低，每月伙食费只 6 元钱，所以生活好过。但由于当时通货膨胀，国民政府滥发钞票，以至生活费不断上涨。我需要经常出去给昆明当地准备考大学的高中生教家馆，谋些收入补助生活用费。到了 1939 年下半年，生活费用上涨，每月需三十几元才能维持最低生活水平，距我实际可能收入尚有十几元的差额。我的课业又相当重，最后一年必须坚持读满学分，不能更多地到外面去谋求收入。考虑再三，没有别的路，只有去求助于石先师请他给予帮助。这本来是一桩难于启齿的事，加上固有的对石先师的敬畏心理，到石先师家里去拜访，确是一件要硬着头皮前去的事。战战兢兢地向石先师汇报了我当时的困难并说明请求帮助的来意之后，石先师便开口安慰了我，说“你有困难为什么早不来找我呢，南开大学办事处还有点儿钱，可以借给你”。这样我才心情平静下来，对未来增加了希望。石先师问“你估计每个月还需要多少钱呢”，我说“每个月再有 10 元钱就够了”。石先师又很关心地帮我计算了一下，说“这样不是太紧张了吗?”我说“紧缩一点儿是够了的”。于是石先师给我开了一张纸条，着我每月到南开大学驻昆明办事处支取 10 元补助费。这样，在石先师的如此关怀和帮助下，我得以顺利地完成大学的学习任务。

1940 年夏，大学毕业后，经杨石先和朱汝华两位老师的介绍，我到航空委员会油料研究室去做助理员。这是一所航空油料的应用研究单位，有三位研究员，只聘用了我一位助理员。由于是老师介绍去的，我极努力工作，谁指派的活儿都干，把全部油料的分析检验工作都包揽下来，而且还把实验室大小杂务也都承担下来。谁料工作三个月后出现了两件新情况。一是这个研究室属于军事编制，而且是新建单位，需要建立国民党组织，要求全部人员集体宣誓参加国民党。当时我还不知深浅，借口聘我来时并没有提出这种要求，另外我认为学自然科学的没有必要参加党派活动，拒绝了参加他们举行的集体宣誓入党仪式。第二件事是日寇侵入越南，云南告警，油料研究室奉命内迁成都。在离开昆明前，我去向石先师辞行并向他汇报了几个月来的工作情况。石先师当即告我，西南联大也有迁川的准备，目前先在四川绪永办一年级，恐怕将来形势严峻时也要走。他提出就我们研究室公物迁川运输之便，托我把他的一箱贵重图书运去四川，到泸州交给军政部应用化学研究所所长郦堃厚。我当然很高兴能为老师做这样一点微薄工作，次日就去石先师的家把这一箱书取走，装在油料室的公物汽车上开赴四川了。此时是 1940 年 12 月末。

我们到四川泸州因路阻停滞了约三个月，天天下雨不见放晴，我记得当时很怕石先师的书淋了雨，特地早早把书箱从卡车上取下，检查过没有淋湿，雇了挑夫亲送到应用化学研究所。正值郦堃厚出差不在家，便妥交到该所办公室，索取了收据，并给石先师写了信汇报了妥交情况。

我们迁到成都后，得到石先师复信，知道运送的书箱确已无误地为郦堃厚所收到。石先师还告诉我，郦堃厚很愿意我到应用化学研究室去工作，石先师可为介绍，建议我加以考虑。这时我正因在军事单位工作需要加入国民党一事而烦恼，决心要离开油料研究室，而应用化学研究所也是军事单位，所以也就不打算去了，就把这个意见回复了石先师。1941 年 4 月初我因不肯参加国民党事与单位领导的关系弄得越来越僵，终于在一天傍晚趁全所人员去坐茶馆之机，卷起铺盖开了小差，跑去兰州去找我的哥哥，开始了一段动荡的生活。抗日战争胜利，我回到昆明，见到石先师，他曾为我的工作出处做过考虑，但不久他就出国赴美考察并为南开大学复校去做国外准备工作（为化学系邀聘教师）。我留在昆明在天祥中学担任一年化学教师。

我在 1946 年春，经黄钰生、邱宗岳两位老师介绍，参加南开大学化学系工作，并在当年秋受命承担清华、北大、南开三校复员北上的公物押运工作，在昆明至天津、北平的路程中整整停滞了一年。1947 年夏才回到天津南开大学。这时石先师已从美国归来，为南开大学化学系延聘了高振衡、朱剑寒、姚玉林等教授，壮大了化学系。石先师依然穿上实验服在实验室里做研究工作，并仍然神采奕奕地给教师们讲“药物化学”提高课。这时石先师已在五十岁的年纪上了。他在学术上坚持不懈的精神，永远是我们学习的榜样。

在南开母校工作，得到杨石先和邱宗岳老师的扶持，我提高得很快，在 1953 年就破格晋升为副教授并兼任了无机化学教研室主任，1957 年建设了专门组，开展了科学研究工作。1959 年，南开大学承受援建山西大学的任务，化学系需派出一位教授去山西大学工作。系里指定无机化学教研室的王继彰副教授去支援山西。这时继彰同志正患心脏病和糖尿病，身体极度虚弱。我向党委提出由我代替王继彰去支援山西，获得批准。在 1959 年 5 月我调赴山西去工作了。

离开天津向石先师辞别时，他向我提出了许多中肯的建议，例如他指出，新办一所学校不容易，缺乏师资，可到社会上去找，可以请科研单位高级研究人员和厂矿技术人员到学校来兼课，他们有实际工作经验，能够理论联系实际，有其长处，等等。后来我在山西确实遵照石先师的意见去办了，收到很好效果。石先师对门生的细心关怀和对祖国教育事业的热心关注，也由此可见一般。

在山西大学工作没有几年，我在白纸上画美丽图画的梦想很快破灭，在 1964 年就开始挨整。在“文化大革命”当中我又被揪出为“申家村反党集团”的“村长”，横遭迫害，两次被拘入牛棚，饱受艰辛。由于我的反抗性，曾经两次逃跑，被捕捉回来，遭受加强批斗和体刑。1972 年虽然恢复招生又走上讲台，但到 1974 年又被拉下来再度受批判之灾。直到粉碎“四人帮”后情况也未见好转，我的研究室被拆散，一切学术活动和社会活动受到限制，等等不一而足。我想，如果我为这一段灾难史写回忆录，我一定要以“一个知识分子的苦辣酸甜”为题，对极“左”路线进行无情的控诉和鞭挞。

我此生得到的一次最大捩转，是 1977 年夏，天津市委统战部组织一部分天津文教医务界知名人士到山西参观大寨。石先师参加了这个访问团体，来到太原后，约定到山西大学来看望我们援建山西大学的一班人。石先师到我家坐谈了片刻，了解我的处境。他看到我新出版的译著，又看到我走遍山西对山西风化煤腐植酸资源进行普查所绘制的资源分布图，知道我在逆境中还是坚持做工作的，表示满意。我当即抓住时机向石先师提出请求给予帮助。石先师想了一想，说："你不要着急罢，告诉你爱人也不要着急，我回去想想办法看，事情总会好起来的。"虽然这是一句没有肯定意见的答复，但却给我在"绝望"中带来了光明和希望。

1978 年 7 月中，山西大学一位青年教师来向我透露消息，经石先师提出申请，国务院一位领导同志批转教育部长，指名调我回南开大学工作。

几经周折，山西省终于批准我调回南开大学，我在 1978 年 12 月底回到天津。

这次调回南开大学，确实是我生命中的一次重大转变，我争取到了老龄来临之前的一段"黄金时代"，可以为母校的化学教育和科学事业努力做贡献了。回到南开，石先师让我先在元素有机化学研究所工作，但他跟我说："我把你找回来，绝不意味着要你照我的安排做工作。找你回来就是让你发挥作用，你认为到哪个部门工作能更好发挥作用都可以，无须以我的意见为转移。"老师知我信我，给我创造了如此良好前进的机会，我只有加倍努力工作，为师增光了。一年后，由于化学系的要求，我回到化学系无机化学教研室工作，重操旧业。现在形势已与前大不相同。十一届三中全会以后，排除了极"左"路线的干扰，天上人间，人人都可以发挥报负有所做为了。这个有幸的机会，是石先师给我开辟的，我永远感怀不忘。

在这几年里，我做出了几个方面的成绩。一方面是我的著译出版工作取得了丰硕成果，已经到五十卷册一千三百余万字，每出版一本书我都不忘记亲自给石先师送去一本样书，让他老人家高兴高兴。第二是仿效石先师对青年一代的关怀和提携，注意多方设法创造条件帮助中青年教师迅速成长，取得成效。1979 年我回到无机化学教研室时，除我外没有高级职称的教师，经过 7 年有计划、有指导的努力，现在无机化学教研室师资力量已经成长为总共拥有教授 4 位、副教授 16 位、讲师 12 位的强大队伍。第三是教学和科研人员都形成了良好梯队，教学质量大有提高，增开了专门组课和研究生课，招收的博士和硕士研究生已达到在校人数二十余人，科学研究取得了较好成果，自 1980 年以来全教研室已发表论文九十余篇，通过技术鉴定的成果达到 12 项，其中 4 项实现技术转让，1986 年 1 项系统科研获得国家教委科技进步二等奖。无机化学学科已成为南开大学化学系的重要学术支柱之一。这些成绩当然是教研室全体成员团结努力共同战斗的结果，我作为学术领导人，也尽了我自己的努力。我愿把这些成绩奉献给石先师在天之灵，我一定继续战斗不息，坚定地把石先师留传下来的关心、培养、扶持后来一代的优良作风传递下去，为我国的四化建设培育更多的英才而奋斗。

纪念杨石先老师百岁诞辰

王积涛

杨石先老师在南开师生的心目中，是一位庄重严肃的校领导、教育家和科学家。是的，他毕生从事高等教育事业，为南开的教育科研呕心沥血，使南开成了国内知名的高等学府。在我的心目中，他是一位慈爱可亲的长者，是永远值得我敬仰的师长。

记得57年前(1939年)，抗日战争已爆发两年的时候，我从上海辗转前往昆明西南联合大学化学系插班，入学的第一天，在化学系办公室见到了系主任杨石先先生。他一见我就特别热情，详细地问我是从哪里转过来的，学过什么课程，当他知道我曾在抗战前"国立中央大学学过农科一年，东吴大学学过化学一年"，他连连点头说："你的英文基础和化学基础不错，可以插入联大化学系二年级。"他同时告诉我，他以前也学过农科，学一些生物学知识对化学的学习有好处。第一天他给我的印象，就像是可亲的师长。

我在联大学习的三年中，深感杨先生作风平易近人，生活艰苦朴素，对人热情可亲，他在讲高等有机化学、药物化学时，生动清晰，有时还介绍一些政治和历史知识。在抗日时期，他曾经讲过，一个国家如没有科学技术就会受到帝国主义的欺侮，例如德国的药物研究，当时发明了"606"和"914"，曾作为治疗梅毒的特效药物，对世界上流行病起了抑制作用，但是也帮德国帝国主义在亚非地区扩张了势力。非洲地方流行一种睡眠症(由蚊虫叮咬传染的)，除了德国保密的一种药物可治之外，其他国家都无法医治，德国利用这一先进技术到非洲去抢占市场甚至扩充政治势力。西方国家的科学技术不仅是造福于本国人民的工具，也是侵略别国的资本，他的这一思想和教导，对我们树立好好学习、救亡图存的思想，是起了激励作用的。

毕业后杨先生留我在西南联大当助教，帮他辅导药物化学课，并加入他研究抗虐疾药物的研究组。杨先生的爱国民主情，全部倾注于他的教学科研之中。我跟他在当时简陋的实验室里，做了几年的药物研究工作，深深地为他结合实际、寻找中国传统草药有效成分的努力所感动。1945 年我被录取为留美公费生，学习药物化学，杨先生就是我的留美学习导师，他帮我选择美国学校，选修研究生课程，后来他到了美国，还亲自过问我的学习情况。在我获得博士学位后，他还介绍我到美国礼来药厂去找药理研究室主任——他的清华老同学陈克恢先生，安排我在那里实习药理研究。他对我的关心和培养，我永远忘不了。

杨先生对学生的厚爱并不仅仅倾注于我一人身上，在抗日战争期间，他本人生活虽很清贫，还不时接济一些贫困的青年学生，凡是在联大学习过的学生，如唐敖庆、申泮文、陈天池等都异口同声称赞杨先生的爱才恩德。

杨先生在新中国成立后为中国科学院化学所、南开大学不遗余力地招揽人才，化学所的钱人元、蒋明谦，南开大学的何炳林、陈茹玉，都是受他的感召回到祖国的，他们在各自的单位都做出了突出的贡献。杨先生在共产党和人民政府的领导下，为党的事业尽心尽力，他在当全国人民代表和南开大学校长的几十年时间里历尽艰苦把南开大学办成国内第一流大学。我们作为他的学生，感到无上光荣，一辈子要学习他的好作风、好品德，处处接近群众，为党和国家培养优秀人才。

我到他家里去看他时，他总是埋首于化学期刊书堆里，搜罗学科的发展情况，他在三十余年前创建了全国第一个大学研究所，他亲切地召见高振衡，陈天池、何炳林、陈茹玉和我，共同商讨成立元素有机化学研究所，他在这以前已经开展了农药的研究，像当年他致力于药物化学研究一样的热情。他说当前农业的生产是国家的重点，如何推动农业向高产方向前进，农药是很关键的，不成立专门的研究所，师生的研究力量不能集中。“繁荣学科，发展经济”，这是他成立研究所的目的，作为他的学生，我们都深刻理解他所指出的国家迫切需要科技的情况，而且都佩服他把握科学研究方向的魄力。

在 20 世纪 60 年代，他选用了不少有政治热忱和精明强干的科技人员，配置了第一流的高档仪器，在不到两年的时间里，元素有机化学研究所已成为国内大学中的有机化学重点实验室，为农药的科研和生产做出了巨大贡献，杨先生的言传身教，永远铭记在我们的心头。

杨先生在行政和业务方面的卓越领导才能在于他知人善任，能充分发挥属下的专长。他本来要我在药物化学方面发挥作用，曾经让我担任天津药物研究所的顾问，到1959年南开大学化学重点移向元素有机化学方向，他征求我的意见，元素有机化学的药物可拓展的前景不大，能否从事更基础的金属有机化学，我说我愿意放弃药物化学的研究，以免干扰农药研究大方向，改变自己原有的专业方向，把金属有机纳入元素有机化学范围内，杨先生很赞成。从此南开大学的金属有机化学成为全国金属有机化学的创始校之一，我至今要感谢杨先生的支持。

杨老的教诲永记心头

李正名

近半年来，杨老身体一直不好，但是万万没有想到杨老突然离我们而去。当在病房里看到杨老那慈祥的遗容，作为杨老培养的学生，心情万分悲痛。杨老的逝世是我国教育、科技界一个重大损失。

杨老历经清朝、民国和新中国三个历史时期，饱尝了旧社会的辛酸，深感新中国来之不易。新中国成立初期，当我国教育事业开始复苏时，杨老即以全部热情和精力投入新中国的教育事业。给我印象最为深刻的是，在新中国成立初期杨老即积极地动员他在国外的学生先后回国。南开大学化学系，即有陈天池、王积涛、何炳林、陈茹玉诸位教授相继从海外归来，这充分说明了杨老对新中国前途所具有的坚定信念。他经常以旧社会知识分子在国内生活无着、在国外深受欺凌的亲身经历告诫我们，一定要珍惜党对知识分子的信任和关怀，只有在新中国，知识分子才能受到重视，才有用武之地。杨老曾身兼中央、地方十多个职务。在担任我校校长的繁重工作时，还长期兼任我所所长，为我国的教育、科学事业日夜操劳，以一个优秀共产党员的模范行动真正做到了鞠躬尽粹、死而后已。

杨老德高望重，在我国学术界享有崇高的声誉，是我国化学界受人尊敬的老前辈。即使在远隔重洋的美国，不时也能听到一些美籍华人对我国的著名教育家、化学家杨石先教授的热情赞扬。例如在美国医学研究中心举行的一次报告会上，遇见一位头发灰白的老化学家蔡麟博士，当他知道我来自南开大学时，就情不自禁地谈起杨老在西南联大时对学生谆谆诱导、严格要求的一些往事，并一定要我向杨老转致亲切的问候。著名的物理学家任之恭教授在追忆当年创建西南联大过程中所遇到的种种艰难，详细地叙述了杨老任劳任怨、艰苦卓越地为中华民族培养未来科技人才的动人情景。任教授还对我说过：杨石先先生是他一生中最为佩服的有数几个学者之一。杨老在工作中的光明磊落，谦虚谨慎，办事公正，遵纪守法的言行经常为全校师生所传诵。杨老对名利淡泊，不时教育我们要注意克服知识分子的一些弱点，要搞好同志间的团结，要以大局为重。在十年浩劫中，杨老坚持党的原则的浩然正气更令人钦佩。我清楚地记得在“文化大革命”中我所将被拆散时，杨老不顾当时处境的险恶及个人安危，拍案而起，找“工宣队”面陈力争，并上书中央，坚决反对当时不可一世的极“左”路线，使得我所侥幸地得以保存下来。在“文化大革命”中，我所前副所长陈天池教授被迫害致死，其家属因而受到残酷的迫害，杨老不断上书各级领导，终于三次修改了这件冤案的错误结论，落实了其家属的政策。杨老早在 1981 年主动辞去校长、所长职务。他的带头行动在全国引起了很大反响，杨老忠党爱国的赤子之心受到大家的爱戴，是我们所有知识分子的楷模。

杨老毕生呕心沥血，为祖国培养人才是他对党和祖国的十分突出的贡献。杨老在南开和西南联大执教六十余年，在他教过的学生中不少是国内外各学术界的著名人士，其他的教学和科研骨干更是不计其数。新中国成立后杨老除带领教师和研究生积极从事教学和科研活动外，在 20 世纪 50 年代为选派留苏进修生也花费了很多的心血。近年来在新的形势下，又为派遣出国访问学者的工作而操劳不已。杨老还十分重视研究生的培养，使学校能为祖国四化不断输送各种急需人才。在“文化大革命”后，面对学校百废待举的局面，杨老高瞻远瞩，立即抓紧人才的培养，除将在“文化大革命”中分散全国各地技术骨干调回学校外，还不顾年事已高，多方奔波联系，输送一批中青年教学科研骨干出国深造，为今后我国的教育科技发展打下基础。有一次我校某单位在讨论选拔出国人选时，有人反映某同志已在申请调往他校，因此不拟考虑。杨老认为我国教育事业刚经过十年浩劫，人才开发刻不容缓。他说，将来这个同志即使调离我校，他学成之后还不同样是为国家做贡献？从此一例，可见杨老培养人才不计较一个学校的利害得失，而是着眼于党的教育事业的全局利益来考虑的。如果没有一个真正忠诚于祖国教育事业的胸襟，这一点是不容易做到的。杨老经常用周总理曾对他讲过的一段话来勉励我们:"你们应当踩在我们老一辈知识分子的肩膀上,赶超世界水平。"去年病重,杨老还对我所科研人员提出,应尽快地让一些中年同志独立承担任务,并要求在一些文章中不要再写他的名字了(实际上不少科研题目是杨老首先提出来的)。这里凝聚着老一辈知识分子多么殷切的期望!

杨老治学严谨,重视实践,毕生强调科研工作要和祖国的社会主义建设事业结合起来。新中国成立后杨老兼职过多,行政工作十分繁重,时间常常被例行的公事所侵占,只好把节省下来的时间用于科研工作上。他经过多年的调查研究,在 20 世纪 50 年代提出了将当时尚为我国空白点的农药化学和元素有机化学作为我校化学研究的主要发展方向。经过多年努力,在中央的支持下,1962 年杨老创建了我国高等学府中第一个化学专职研究机构——元素有机化学研究所。在建所以来的 22 年中,每一点成就都灌注了杨老的心血。在杨老的领导下,元素所和化学系协作先后开拓了元素有机化学、有机农药化学和金属有机化学等新学科的科研工作。经过其后二十多年实践的考验,证明了有机化学学科中这两门新的分支是具有强大生命力的。新中国成立后的二十多年中,杨老除领导、组织科研人员开展有机磷化学研究外,还不断地开拓农药化学中的各类前沿课题,使得我们的科研工作与教学工作和工农业生产日益紧密地结合起来,推动了有机化学学科的发展,并为我国的科学事业的发展做出了重大的贡献。

杨老深感我国教育、科研事业由于在一个时期内受到"左的"错误的危害,加大了与国际水平的差距,因此近年来他积极地推动各种国际学术交流,争取一些外国学者来我校讲学和进行科研协作,促进了中外学术交流,增进了各国科学家间的友谊。

杨老一生孜孜以求的是新中国的繁荣富强,作为他的学生,我应该永远记住他的教诲,秉承他的遗志,将他的遗愿付诸实现,在校党委的领导下,与同志们一起将元素有机化学所办成出人才、出成果的重要基地,这是对杨老最好的纪念。

杨老毕生对我国教育、科学事业的丰功伟绩将永载史册,杨老的遗志将由遍及全国各地的学生来继续完成。杨老,您安息吧!

学界楷模　风范永存

胡国定　邓汉英

杨石先先生是我国著名的化学家和教育家。先生毕生致力于科学、教育事业，为化学科学事业和南开大学的发展做出了重大的贡献。

值此杨先生诞辰一百周年之际，缅怀往事，历历在目。回忆天津解放前夕，当时国民政府布置学校南迁；南迁不成，则向杨先生等一些教授家分送机票，动员他们南飞。在这转折时刻，杨先生毅然决定，留在天津，迎接解放。杨先生等一些教授的这个决定，对于稳定人心和帮助地下党组织师生员工胜利完成护校、迎接解放的工作，起了很大的作用。

1949 年天津解放后，学校由校务委员会领导，杨先生出任校务委员会主席，后又任副校长、校长，直至 1981 年因年老辞去校长职务。先生主持领导我校教学、科研、校务历三十余年之久。在先生的领导下，南开大学在很多方面取得了长足的进步和飞速的发展，这都是先生的正确领导和辛勤工作的结果。

先生在办学中，十分重视对学生的基础教育，重视基础课程的教学质量，严格要求对学生的实验操作技术的训练。重视基础，重视质量，多年来成为我校的一个传统。南开的毕业生走上工作岗位，多有基础比较扎实，适应能力较强的好评。先生不仅重视基础教育，同时也十奋重视开展科学研究，主张把高等学校办成教学和科研两个中心，使教学和科研互相促进，共同发展提高。新中国成立以后，先生为了国家发展农业的急需，主动改变自己的研究方向，由原来的药物化学转为农药化学。这时先生已年届花甲，还能因国家的需要，毅然放弃自己从事几十年的研究方向，实为难能可贵。在先生的主持领导下，农药化学的研究，1958 年从两个简陋的农药生产车间起步，逐渐发展，在周总理的关怀、支持下,1962 年我校建成元素有机化学研究所,进行元素有机化学和农药化学的研究,先生亲自兼任所长。先生在校长工作之余,亲自查阅文献,收集研究资料,对研究所每个阶段的研究工作做出安排布置。先生要求研究所的工作紧紧赶上国际先进水平,强调应用、开发的研究要和基本理论的研究紧密结合,不可偏废。在杨先生的领导下,几十年来,研究所在农药的研制和元素有机化学的研究方面取得了一系列重要成果,为发展农业解决了不少重要问题,受到国家多次嘉奖。同时,在工作中,培育了一支实力雄厚的科研队伍,为我国农药和元素有机化学的研究奠定了坚实的基础。

杨先生前后执教六十余年。六十余年来,先生一直关心人才的培养。先生没有门户之见,不分校内校外,不分学校工厂,凡有勤奋好学、求助于先生者,先生无不热情关怀,悉心指导,多方给以帮助。在我国科教界学有成就的学者中,曾经受到过先生的教益或帮助者,当不乏其人。

杨先生学识渊博,德高望重,在科教界深孚众望。新中国成立后,担任了一系列重要领导职务,为发展我国的化学科学事业,做了大量的工作,发挥了巨大的作用。

我们深切怀念杨石先先生,他的崇高品德和光辉业绩,永远是我们学习的榜样。

悼石先师

伉铁儁

五十年前，我在南开大学化学系读书，石先先生教我有机化学，他治学的严细态度，对学生的严格要求，至今仍历历在目。没有他在实验上的精心培育，我就不能掌握半导体晶体的生长技术，没有他在考试时的严格要求，我就不能在科学研究中更好地搞清变化的规律。他虽然教的是有机化学，但对学生的英语要求极严。我没有忘记，在我的有机化学试卷上由于英语语法上的错误所扣的分。我没有忘记，在我的有机化学试验报告上的批语，它激励着我十分重视化学实验的基本功。我没有忘记，五十年前对学生的严肃而在三十年前由于学生们的成长而换来的微笑。我没有忘记，在第三届和第四届全国人民代表大会上共同讨论国家大事的情景。我没有忘记，周恩来总理接见我们的前前后后。我没有忘记，二十年前许多南开化学系毕业生和石先师共同进餐时的谈笑风生。我更不能忘记，在我入党后，石先先生亲口叫了我一声“同志”。半个多世纪以来，石先先生为祖国培育了千百个弟子，他们都在继承着石先先生的遗志，勤勤恳恳地为中国人民的建设事业服务，特别是十二届三中全会之后，在伟大的改革事业的进程中，怎么不使我们痛悼这位著名的化学家的仙逝！怎不使我们痛感我国科学事业的巨大损失！

深切怀念杨石先先生

杨敬年

杨先生逝世快15年了，但是他至今还活在我的心中。我仿佛见到他依然端坐在东村43号家中的书桌旁，他依然在大中路上散步，音容笑貌，一如往昔。我想他也活在他的成千上万的学生和朋友的心中。

司马迁《史记》中赞颂孔子说，“《诗》有之，‘高山仰止，景行行止。’虽不能至，然心向往之。”人人景仰杨先生，但我自己却有不同的向往之心。

首先，杨先生是一位热情诚恳的老师。我是学社会科学的，没有上过杨先生的课，只能算是杨先生的私淑弟子。我初次认识杨先生是1945年夏天在重庆沙坪坝南开中学内何廉先生家中。当时杨先生正要去美国讲学，我则正在等候去英国留学。午宴过去，杨先生和我都留下来，共进晚餐之后，杨先生和我共居一室。虽是初交，杨先生却和我谈得很晚很晚，谈南开大学，谈西南联大，谈治学，谈做人，谈国家的命运。杨先生的热情和诚恳，深深地感动了我。当时我只在南开大学经济研究所读了一年研究生，“七七”事变后就随南开各位老师在贵阳、重庆等地工作了七年，才有机会出国。听了杨先生的话，使我对南开大学、对教育事业有了较深的理解，这对我后半生终老南开是很有影响的。

第二次见到杨先生，是1948年10月在天津南开大学东村何廉先生家中，我是应何先生之邀在牛津大学得到博士学位后回校任教的。但何先生只做了两个月的代理校长，为学校准备了一些应变用的粮食和煤炭，就由上海回美国去了。这是我和他战后第二次相逢(第一次是我在广州和陈序经先生同去香港迎接他由美返国)，也是最后一次见面。何先生对我说“你还年轻”，又见他拉杨先生避开我说了些什么，事后猜测,可能是托他照顾我。

不久天津解放,我的妻子和女儿由湖南来到学校,杨先生请我们全家在他家中吃饭,我见到了杨师母和他们的大姑娘耆荪(当时还在清华大学读书),以及耆荀兄弟。不久,天津军管会聘任的南开大学校务委员会成立,杨先生是主席,我也是一个委员,还奉命创办财政系,兼系主任,会上会下,自然和杨先生有多次接触。1957 年后我被划为右派,1958 年处理右派时我被法院判处管制三年,变成了人民的敌人,朋友们都不和我来往,我自然再也不敢去看杨先生,怕给他惹麻烦。但是杨先生并没有忘记我。1974 年我的老伴因脑出血左半身瘫痪,卧床不起,杨师母提了起士林的点心来家看望。1976 年我的儿子在学校因急病去世,二三好心人致送赙仪,其中也有杨先生。我当时觉得自己正在沙漠一片的人生道路上踽踽独行,由此获得了一丝温暖的春意,增强了求生的意志。1978 年后我恢复了清白,杨先生是见到了的,这使我感到安慰。至于我在 1987 年入党,那就是他走了以后的事了。

其次,杨先生是一位有执着专一的有事业心的教育家。1923 年杨先生中断在美国康奈尔大学的学习,在南开大学当了六年教授。1929 年二次赴美,在耶鲁大学完成化学博士学位的学习后,又于 1931 年回南开大学教书。中经"七七"事变,杨先生积极参与转移学校图书仪器,指挥师生疏散,以后代表南开,参与长沙临时大学和西南联大的筹建和管理工作。1945 年杨先生第三次去美,在印第安纳大学做访问教授和研究员,由于他在合成有机化学方面取得的成绩,被美国化学学会推选为荣誉会员。1947 年他谢绝了该校的挽留,仍旧回到南开大学任教。当时大学教授是聘任制,可以在各校之间自由流动,许多著名学者是先在南开任教一两年,然后就转到国立的北大清华去,待遇和地位似乎都有不同。杨先生两次在美国也都有留下来工作的机会。然而杨先生却始终眷恋着南开。他初次到南开教书时,学校成立才不过 4 年,到他永远离开时,学校已经发展壮大,成为规模宏伟的社会主义新大学。作为南开大学的历史创造者,老校长张伯苓而外,首推杨先生。

再次,杨先生是一位踏实工作的教授。他的一生,虽然担任校内外的各种领导职务,兼任各种政治社会工作,但他始终坚持讲课、著书、指导研究生、培养中青年教师,始终未脱离教学科研工作实践这种教授的本职工作。他治学严谨,修业勤劳,不尚浮华,不图虚名,总是不断地用新的知识丰富自己的头脑。与此相反,不论国内外,有的教授一旦身居领导岗位,就不再安于教学科研的寂寞,本末倒置,轻重失衡,越来越落在世界学术新潮的后面。这和杨先生的精神形成了鲜明的对比。

杨先生度过了 20 世纪的绝大部分时间,亲眼目睹了旧中国的贫穷落后和新中国的一步一步走向繁荣富强。他为他所选择的教育救国和科学救国的道路艰苦奋斗了六十多年,做出了卓越的贡献。我们今天提倡科教兴国,应当说杨先生从 20 世纪 20 年代起,就是科教兴国的身体力行者,虽然他自己并没有提出这个口号。

古人认为立德立功立言是人生的三不朽,杨先生的道德、事业和著作将永远铭刻在中国人民的心中。

忘年之交　其淡如水

邢公畹

1942年，和石先先生在昆明就相识了，但没有什么来往。没有来往的原因一者是杨先生为知名的前辈，我是一个刚踏进学术界的年轻人，年龄上有差距；再者杨先生是很有成就的化学家，我是文科的一个无名小卒，业务上差距大。虽然我家住翠湖北路，杨先生家就住在隔街对面的一所宅子里，但没有来往。后来我搬到西仓坡教员宿舍，杨先生家也搬进了这所"大杂院儿"，只是我家住在极南的大门边一座屋子里，和吴大猷先生是紧邻；而杨先生住在极北的一个角落里，好像和潘光旦先生是紧邻。住得远，没有什么接触。倒是由于吴大猷先生的夫人重病，我和妻子常常帮他家一点儿小忙，两家相处反而亲切些。

1946年，复校到天津，和杨先生家都住在学校的东村，早晚相遇总是打个招呼。杨先生喜欢种花，宅子前的院子虽然很小，但他安排得枝叶扶疏，花团锦簇。有一天，我和华粹深先生从系里开会回来，经过杨先生门前，看见一种长长枝条、开满黄花的植物，不知叫什么名子。杨先生提了一把水壶正在浇水，我们就进去问他。他说："这叫荼蘼花，是一种蔷微科植物，春天完了才开花，'开到荼蘼春事了'嘛。"我一听到他说这个断句时候的语音节奏，就知道他对中国古典文学是有素养的。这事引起我对他的极大兴趣。有一天，我去看望他，和他谈起我生长在安徽，可以算是安徽人。

他说："我也是安徽人，是安徽石埭人，石埭旧属池州府。"我赶紧问："清朝末年，池州有位杨仁山先生和您是不是一家子？"他说："是我们家的先辈。"我这才明白为什么一位在美国学自然科学的老先生却对中国传统文化有很深的素养的原因。原来这位杨仁山先生是清朝末年最有名望的佛学家，属法相宗。杨仁山的弟子是欧阳竟无，欧阳的弟子是吕澂。他们在南京创办了“支那内学院”,院内就是仁山先生埋骨处。杨仁山著有《论孟发隐》,以佛学解释儒家经典,但他以大雄无畏、生死解脱之义号召世人,所以有许多革命志士在他的学说影响下都能慷慨赴义,谭嗣同就是其中之一(谭嗣同所提倡的“仁学”就是杨仁山学说的发挥)。杨石先先生一生,胸中只有祖国人民和祖国的教育事业、科学事业;办事认真负责、刚正不阿,这些抱负和作风都是渊源有自的。

1948年末,为了护校工作的方便,由石先先生任教授会会长兼代校长,黄子坚先生任总务长,率领全校师生员工,集中住到城内南大东院,在地下党组织默契配合下,完成了艰苦的护校工作,迎来了天津解放。

新中国成立后,我的妻子陈珍考取了《天津日报》的记者,报社要一份类似介绍函件的证明书。报社里有些同志是知道我的,就给我出主意说:你找南开大学校长写一封证明陈珍是你的爱人(这是新中国成立后的新词语,即指妻子)的证明书不就行了吗!于是我就给校长办公室打电话,电话接通了,我问道:“杨校长在吗?”回话说:“杨石先在听电话。”我是第一次听到这样的回话方式,既严肃,又有礼貌,很能表现杨先生的风格。我就把我的要求说了一遍,杨先生好像不明白是怎么回事,我又说了一遍。大概杨先生考虑到要证明的是一件明摆着的事实,当然是可以办的,于是就给我写了一封证明信。可是消息传开来就变成杨校长可以在新社会写信介绍工作。于是许多教授太太不愿意再“围着锅台转”,要出去工作,就纷纷来找杨校长写介绍信,弄得杨校长无法应付,只好在每周一次的师生员工大会上声明:“陈珍同志是自己考取《天津日报》记者的,我写的是证明信,证明陈珍同志是邢公畹同志的爱人。我没有能力介绍工作。”

新中国成立后的石先先生全力投入高等教育事业的重建工作,得到毛泽东同志和周恩来同志的赞扬。特别是他听从了恩来同志的建议,放弃了进行了几十年的药物化学研究,改道进行农业化学的研究,填补了我国农业科学技术的一个空白。可见石先先生心里头所想的只是怎样才更能造福于人民这个问题。周恩来同志是总理,对这个问题当然看得最清楚,所以石先先生听从了周总理的劝告。

1953 年，我奉命到莫斯科大学任教，行前向杨校长辞行，杨校长说："莫斯科大学当然不能不去，可是你从苏联回国后，一定要仍然回到南开来。"我答应了。跟对方订的合同是两年，可是后来对方要求再延长一年。三年之后我回到北京，到高教部报到。高教部的一位领导问我："你愿意到哪一个机构工作呢？"当时我很想到北京的一个科研机构去工作，可是我想起对杨校长的承诺，就说："我还是回到南开吧。"我是 1956 年回南开的，转年到了 1957 年，我就开始了以后十几年的老知识分子都知道的"奇异"生活。

"十年浩劫"之后，石先先生已经年过八十了。1979 年，中央重新任命他为南开大学校长。他不顾年迈，依旧担负起整顿学校、培养人才的重任，每天连续工作十几个小时。

就在这一年，有一天，学校一位同志到我家里来，告诉我："学校要在马蹄湖中心岛上立一座纪念周总理的碑。碑的正面镌上周总理亲笔写的'我是爱南开的'六个大字，是从 1919 年他给留日南开同学会的信上引来的。正面左上角嵌上总理的浮雕半身铜像。碑阴刻上一篇纪念文，碑文已由杨校长拟好，他叫我送来交给你，请你看看是否还有须要改动的地方。"这样重要的文章，校长居然要我来斟酌，在我确是"受宠若惊"了。我连夜把碑文初稿读了好几遍。文稿分为四段，言简意赅，朴质条畅，是大家手笔，唯有第四段可以略加修改润色。第二天，我把修改稿交给李国骥同志，一再说，杨校长是很会写文章的，全文当由他最后敲定。后来定稿，第四段就用了我所修改的。

纪念碑建成后，我去看了，碑座用花岗岩制成，约半人高；碑身是汉白玉的。阴面碑文是杨校长写的，笔力遒劲，字体工整，八十多岁的人了，真不容易。碑文如下：

> 周恩来同志一九一七年毕业于南开学校，九月赴日留学。一九一九年四月回国，九月入南开大学，为我校第一期学生。"五四"时期，领导了天津人民反帝反封建爱国运动，并创建了觉悟社。翌年七月离校后赴法勤工俭学。
>
> 抗日战争期间，周恩来同志在重庆常到沙坪坝我校经济研究

所和南开同人宿舍，纵论天下大势，宣传我党方针政策，激励师友团结抗日。

解放后，周恩来同志肩负千钧，日理万机，仍始终关怀南开大学的发展，曾于一九五一年二月、一九五七年四月和一九五九年五月三次重返母校视察，并作了重要指示。

兹值建校六十周年，全校师生员工追怀往事，誓承遗志，建设祖国，实现四个现代化。为表对周恩来同志热爱之忱，谨立碑永志。

南开大学　立

杨石先　书

一九七九年十月十七日

碑树立在马蹄湖的中心岛上，苍松翠柏，环绕周遭。1985 年 2 月，石先先生逝世，遗命把自己的骨灰洒在岛的周围、松柏根下。

1994 年 11 月，我的妻子陈珍也逝世了。某一天早晨，我信步走到马蹄湖中心岛上，四围高树森森，天上晓风残月，面对着石先先生手写的碑文，觉得先生和我可以说是忘年之交了，然而其淡如水。先生圆满地完成了他的工作，对得起人民，对得起祖国。他的骨灰撒在南开园的平凡的泥土里，就在我的周围。“如此生平如此死”，低头默想，潸然泪下。

我所敬仰的一代宗师杨石先先生

王玉哲

我国著名的教育家、化学家杨石先先生逝世已有十四五年了。杨先生一生为中国的科教文化事业做出了巨大贡献，尤其是为西南联合大学和南开大学的建设奋斗了一生，赢得了全国教育界人士崇高的赞誉和由衷的敬仰。

在西南联大期间，他是联大化学系教授兼系主任，还曾一度任联大的教务长。在当时联大的具体情况下，这个职位还是最崇高的、最受礼重的，而且工作又是极为艰巨的。要说清这个问题，必须从西南联大的组成说起。

西南联大是北大、清华、南开三校组成的。1937 年 7 月 7 日卢沟桥事变后，南大的校舍连续几天被日军轰炸，这个天津私立的最高学府变成一片废墟。不久，北平与天津华北两重要城市，被日军完全占领。这时，不但天津的南开大学因校舍被夷为平地无法继续办学，连北平两所名牌大学北京大学、清华大学、由于所在地沦为敌占区也被迫停办。1937 年 9 月南京政府采纳傅斯年先生的建议：令国立北京大学、国立清华大学与天津私立南开大学一同迁往湖南，在长沙合组为“国立长沙临时大学”。后来随着上海、南京相继失守，长沙也从后方逐渐变为前方，接连不断地遭到日军飞机的轰炸。学生天天跑警报，哪有心思安心上课。经北大蒋梦麟校长亲自到武汉与临时政府当局磋商，最后决定“临大”迁往云南昆明。

1938 年春，“临大”历尽了千辛万苦，师生经过两个多月的长途跋涉，终于迁到昆明。这时，学校已奉命改名为“西南联合大学”。学校决定；暂时把四个学院分开办学，工学院、理学院留在昆明，而文学院、法学院再南迁距昆明四五百千米的蒙自，租借一海关旧址和一洋行楼房，成立联大文法学院，半年以后才又重返昆明。

联大在长沙、昆明和蒙自三处校址，是由北大、清华、南开各派一人先到那里去负责筹建的。其中的艰苦周折，真是一言难尽，杨石先先生就是筹建人之一。

西南联大这个在教育史上有名的大学，1938 年在云南正式开学，当时的物质条件十分简陋，而生活又极为艰苦。但三校师生怀着光复中华、振兴祖国的大志走到一起，集中了北大、清华、南开三校有名的学者，又继承了三校的优良传统，在艰苦环境中风雨同舟，合作互助，互相学习，融为一体，发挥其优势，因而西南联大在抗战的 8 年中，能够培养出一批在世界上有名的学者科学家，是与当时联大有一些好领导分不开的。

三个学校联合在一起办学，在当时具体的情况下，可也真不容易，也曾经过一段艰苦磨合的过程。最初三校的教师，学生门户之见颇深，互相排斥。学生与学生之间、教师与教师之间，互不服气的磨擦事故时有发生。在一个多校联合的大学当领导，无论是院长、教务长还是系主任等，都不是容易的。其人选必须在学术上有声望、地位，在人品上要正大光明、办事公道，能把一碗水端平，这才能团结三校广大的师生，才能在艰苦的抗战期间，使祖国的高等教育和科研事业胜利前进。

杨石先先生在联大被选为化学系系主任和联大的教务长，就是由于他一贯的正派作风，而且又有学术地位。平时大家就对他非常敬佩。他在任期间，确实做到发扬学术民主，事事顾全大局，倡导相互谦让，并做到以身作则。所以，他赢得了人们的称赞。举一个具体事例以见一斑。比如当时联大工学院与理学院分在两地，距离有五六千米之遥，又没有交通工具，工学院的学生有化学课，理学院化学系的教授们由于两地徒步往返太劳累，谁也不愿教这门课，所以这成了一个老大难的问题。杨先生在理学院的系务和课业本已很忙，遇到这个情况，他仍以身作则，带头到工学院去上课。这种精神感动了其他教授，也相继接受了这个任务，问题才得到圆满解决。

西南联大之所以能做到三校师生消弭门户之见，团结起来，群策群力，在艰苦的抗战八年中，弦歌不辍，这是与联大有一批像杨石先先生这样的一心为公的领导人分不开的。

杨石先先生在联大虽然久负盛名，可是当时我这个文科的学生，一直没有与先生接触过，当然也就没有认识的机会。抗战胜利后，我又在南方一个大学里教书，为了照顾在天津的家人才于1948年秋转到天津南开大学来工作。南开大学那时实行教授治校，学校一些重大事项，往往先在教授会上讨论。我与杨先生还是在教授会上才开始认识的。

杨先生平时为人态度严肃，令人不敢轻易接近。可是一旦接触之后，才发现他是一位平易近人、和蔼可亲的长者。我和杨先生过去都住东村，并且又是前后院的近邻。有一次在他门前相遇，我对他门前所种的花卉极为称赞，尤其欣赏在他房间墙壁上一种形似爬山虎、花为深红色的喇叭花，茎上有卷须，能附着在墙上，红红绿绿非常美观。他见我喜欢，便说"我挖一棵送你"，一面说着，一面很快地回家中，取出铁铲，亲自在地上精心地为我掘出一分棵，并告诉我说这种花很好栽培，不需要什么技术。我道了声谢，即捧回家，栽在我的门前。遗憾的是，也许由于我管理不善，这株花仅仅存活了一个月便枯黄死去，我心中一直感到内疚。

我仅从一个历史角度做些回忆，来纪念杨石先先生，他确是一位德高望重、受人敬仰的一代宗师！

缅怀著名化学家、教育家杨石先先生

刘忻年

荏苒韶光不我留，　甲子重周忆旧游。　负笈南开研数理，　杨师亲诲一春秋。
阶梯教室传化学，　预习朝朝临课桌。　一生受用在此时，　严师精神最绝卓。
春风化雨及时来，　为民为国育英才。　留校蒙荐斐陶斐，　殷殷谕我见关怀。
奖学金请巴巴拉，　惊传烽火遍中华。　留学未成始入滇，　与师同校见师难。
辗转陇原从教育，　此后睽隔各一天。　校友会开重谒师，　佳肴美味庆团圆。
执手殷勤频话旧，　殚心竭智惊消瘦。　犹为国家惜俊才，　一代宗师应永寿。
飘忽韶华八四年，　校庆寻师入医院。　垂老同钦赤子心，　无言相对泪如溅。
忆昔曾作纪念碑，　长系师生情不断。　自后因事入津门，　故居每作心香奠。
怀师夜静泪栏干，　空对当初贺年片。　浩渺无垠视太空，　严师笑语长如见。

今年是杨石先先生诞辰100周年。先生离开我们也已12年了。1933至1934年我一年级时，在思源堂阶梯教室听先生讲授《普通化学》课，他虽然只是教过我一年，但以后我同他仍保持着联系。他的言传身教，使我永记在心，终身受益。

杨先生对学生要求十分严格，决不允许他们有半点懈怠。他特别强调学生要进行课前预习，认为这是提高教学效果最有效的途径。为此，他每节课必布置课外作业，其中就包括预习，并用讲课前三分钟进行随堂测验，以督促检查。这使学生普遍提高了听课效果和考试成绩，增加了学习化学的兴趣，增强了学好化学的信心。我走上数学教学岗位后，也一直采用这种方法，收到了很好的效果。

杨先生对学生严而不厉。十分关心他们的成长，生活上也经常予以帮助。在我毕业前夕，他为我申请到了美国巴巴拉奖学金，后因抗战开始，未能成行。他是斐陶斐名誉学会的创立会员。在1937届毕业典礼上，他亲手给我颁发了毕业证书和斐陶斐会员证书，事后还勉励我继续深造，不断充实自己。

粉碎“四人帮”后，我每次赴津都要去看望先生，师母总是亲自为我准备可口饭菜，关怀备至。1983 年元旦，我意外地收到了先生的贺卡，此时他已是 86 岁高龄，使我深受感动。1984 年秋，我代表甘肃南开校友会参加母校 65 周年校庆，方知先生病重住院，我是校友总会选派看望先生的三人代表之一。次年 2 月 19 日先生与世长辞，那次见面竟成永别。

先生逝世一周年时，我曾请人特制一个小型石碑，赠先生的公子耆荀夫妇，放置在先生遗像前，永志记念。在先生诞辰 100 周年之际，我们深切怀念他。

毕生做学问　寒暑育英才

南开大学元素有机化学研究所

正当我们为中华崛起、巨龙腾飞努力奋斗之际，我国著名的教育家、化学家杨石先教授与世长辞了。他的逝世，是我国教育界和科技界的一个巨大损失。南开儿女和科技界的同行们无不为此万分悲痛。大家深深地怀念他。

几十年来，杨石先教授以研究学问为终生事业，以培育人才为无上职责。他为振兴中华，呕心沥血。他德高望重，功绩卓著，在教育界和科技界享有崇高的声誉，堪称为一代良师和老前辈。

一

杨老在南开大学执教六十二载，就时间而论，尚属罕见。他学而有成，教而有方，为他的学生和同仁们所一致公认。他讲课深入浅出，生动形象，令人向往。他启发学生，指导自学，着重培养学生独立从事科研工作的能力、作风和思路。他关心学生的学业，更关心他们的成长，针对各人特点，引导他们在特定的领域里发展成才。

他不但惦念在校学生，而且还惦念毕业在外的学生，帮助他们在各自的岗位上发挥所长，许多南开和西南联大的校友有今日事业的成就，是同杨老的辛勤培养和关怀分不开的。他既注重学生基础知识的深度，又注重他们基础知识的广度。主持教学期间，他要求教师不时查阅资料，向学生讲授科学发现的新进展、新动向，让学生学到新知识。他十分重视学生和青年教师的外语学习，把外语看作教学和科研必不可少的工具。他要求本科生起码要掌握一门外语，研究生必须学习第二、第三外语。南开大学元素有机化学研究所几度掀起的外语热，很大一部分是受他的影响和鼓励。

杨老一贯强调理论和实验的结合。他认为，实验是第一手材料，真正的知识要从实验中获得，任何理论或假设都必须通过实验来加以验证。他向大家讲述他在美国当研究员期间，亲眼目睹有的学生由于不会实验操作而被迫改换专业这样一些事情，以此来告诫学生，不要只读书本，而忽视实验。为此，他任教之后，亲自从国外购置仪器，充实完善实验设备，选派得力助教去辅导学生的实验，并经常亲临实验室指导和检查学生的实验。见到有的学生实验不合要求，他就当场演示，帮助学生提高实验技能。为使学生的实验能力达到一定水平，他和助教一起制定出“实验室规范”。近几年来，他针对教学和科研中不重视实验的时弊，又多次重申上述主张。由于他的努力倡导和躬亲示范，重视学生实验技能的培训已成为南开大学几十年来师承的传统。

杨老一贯认为“办好一个大学，主要体现在培养学生的质量上”；“提高教育质量必须首先提高教师的水平”，“办好学校的关键主要在教师”。十年浩劫，使得南开大学教师队伍后继乏人，培养新的人才刻不容缓，面临这一困难，他主张：“采取在职学习、脱产进修、出国培养等多种方式，其中主要的还是结合教学、科研逐步提高师资水平。对学术造诣精深的老教师要积极为他们配备助手，充分发挥他们的业务专长及对中青年教师的传帮带作用。经过二三年的努力，使大部分讲师的业务能力达到指导研究生的水平，使青年教师能胜任教学、科研的基础工作。”他还鼓励老教师们多招研究生，遴选优秀的研究生出国深造，然后回校任教。他身体力行，不顾年迈带头收了 15 名研究生，亲自安排师生出国进修，亲自聘请外籍教师来校讲课，并亲自出面联系南开大学与欧、美、澳、日等地的著名大学建立校际合作。可以说，在解决南开大学在“文化大革命”后缺乏师资问题和开创南开大学国际教学合作新局面方面，很大程度上是由杨老起了决策和推动作用。

杨老倡导师生关系融洽，不要存在距离。一位美籍华裔学者在回忆他 20 世纪 30 年代大学生活曾写道：“南开大学不仅是一个教育组织，而且是一个大家庭。师生间的距离可以说是没有的，杨石先老师的化学课，对我说来，并不是本系的课程，而是五六十人的大班，但是杨老师对每个学生单独的关怀，过了几十年的长远时间，想起来还是历历在目。”杨老与学生间的这种融洽关系充分体现了后来为人称道的南开的一种优良校风。

新中国成立后，杨老自觉接受党的领导，积极支持党在教育方面的许多改革。他服从真理，却不盲从谬误。他用科学家的严谨态度从事着教育领导工作。20世纪50年代我国各大学均以俄语取代英语，当时他就指出，这种做法非常狭隘，将来由于语言上的障碍势必要造成我国科学发展上的极大缺陷。对于一个时期高等教育忽视质量、盲目追求数量的做法，他也曾表示过极大的不安，并为纠正这种错误倾向，积极支持制定《南开学则》。

二

杨老一向坚持：高等学校应担负教学和科研的双重任务。1954年他在《科学通报》上发表文章就指出：“高等学校是国内具有最雄厚的科学研究后备力量的机关，应发挥科学潜力积极开展研究工作。”20世纪80年代他再次重申：“大学既是教育中心，又是科研中心，这在国外早已经是人人皆知、毋庸置疑的了，因为许多研究工作都是首先从大学搞起来的。”当有人说他这是多中心时，他反驳道：“教学和科研是一件事情的两个方面，是不应割裂分离的。不但理科和工科是这样，文科也是这样。”“教师一面进行教学，一面开展研究，教学的理论可以指导研究，研究的成果可以丰富和提高教学，所以科学研究是教师岗位工作的一部分，而且是不可缺少的部分。”他经常回忆：同时注重教学和科研是南开的优良传统。新中国成立前尽管南开是个规模不大的私立大学，“却有一个经济研究所，一个应用化学所，开国内大学从事科研之先河”。正是在这两个中心的思想指导下，从20世纪50年代初开始，直到他逝世，他把后半生的主要精力放在科学事业上。他参加新中国成立以来历次科学技术规划会议，会上还担任重要职务，直接参与规划的制定工作，为我国科学技术的发展做出了重大贡献。1962年，他根据国家的需要，受周总理委托，在南开大学创建我国高校中第一个化学研究机构——元素有机化学研究所（以下简称元素所）。聂荣臻副总理和他详细地讨论了元素所的规划和研究方向。他坚信并遵循周总理的“把力量集中到科研工作中”的正确指示，带领几十名科研人员，两年内便取得了荣获国家科技奖的可喜成果，填补了我国农药科研上的空白。同时，在他的指导下，经过全校师生员工的努力，南开大学无论在规模上，还是在教学、科研上，都得到了空前发展和提高，成为我国教育和科研体系中的骨干力量之一。

但是，十年浩劫中，这位受人尊敬的老校长也未能幸免于难。他被扣上了许多莫须有的罪名，被批斗，被“改造”，他费尽心血创造的元素所也要找“婆家”被砍掉……他忍无可忍，据理抗辩，当面严辞斥责“四人帮”在天津的死党破坏党的科学事业的罪行。杨老以党的事业为重，冷对猖狂，蔑视强权，表现出一个老科学家的高风亮节。在那人人自危的岁月里，周总理对他十分关怀，指示天津市委要保护他，师生们也很尊重他，关心他。当人们问他有什么需要保管时，他说：“旧字画不要保管，一定要把我长期积累的几万张科研卡片保存好。”杨老的这种视资料胜珍宝的崇高事业心在南开久诵不衰。他不愧是我们的楷模。动荡之年，尽管搞科研成为一种罪过，但他仍倾注全部精力从事研究工作，密切注视农药研究领域中的进展，为迎接科学春天的到来寒暑不怠地辛勤劳作。

“四人帮”被粉碎后，他参加了邓小平同志召集的著名教育家、科学家座谈会，看到了几乎濒于毁灭的教育和科学事业开始萌发生机。已到耄耋之年的杨石先教授一回校，就开始治理南开大学，劝导他当年的学生吴大任副校长“出山”抓教育，他本人则着手医治“文化大革命”给元素所造成的创伤。经过多次努力，他相继调回一些科研骨干，收回农药中试车间，成立毒理、激素、剂型三个室组，健全了农药科研体系。为了指导全国农药科研工作的恢复和发展，他亲自译书编书。人们无不为他精神所感动，为他锲而不舍的行动所震惊！

三

杨老从事科研领导工作多年。科学要为国民经济服务，结合国情搞科研，这是他的一贯立场。早在 1954 年，他在《化学通报》上发表文章就主张：“结合生产建设需要，积极开展研究工作，必须使化学研究工作与国家的社会主义建设密切配合起来。”他指出:“配合需要,联系实际,在过去我们是做得非常不够的。”多年来,杨老一直抓农药研究不放手,正是配合国家需要,联系实际的最好例证。同时,也体现他注重应用科学的立场。对于基础理论研究的成果,他也主张要在社会上积极寻找和推广它的使用价值。

杨老注重应用科学,但对基础研究也不偏视。他强调,应用科学要有实用价值,基础研究要有学术上的指导意义和科学水平。他在谈到高校科研时说道:“高等学校是国家科学研究的重要基地,根据国家需要和学校条件,在研究方向上,理科应以基础科学为主,兼顾应用科学和新兴科学技术;文科应同时兼理论、历史、现状三个方向。”他对人工合成胰岛素和核糖核酸这类纯理论的基础研究持赞同态度。1966 年,我国首次人工合成结晶胰岛素,在国际上处于领先地位。但科学界对此有分歧,有个别人认为:“花了好几亿,不如母鸡下个蛋,是得不偿失。”对于这种错误看法,杨老在胰岛素鉴定会上,以评审领导人的身份和科学家的眼光予以批驳。他充分肯定这项成果的政治意义和学术价值。

杨老对科学管理极其重视,他说:“只有搞好科学管理,才能充分发挥科学技术的作用。如果不懂科学管理,会使优秀人才的作用得不到充分的发挥,使很好的技术设备可能糟蹋掉,造成很大的浪费。因此,应该从战略转移的需要来认识科学管理的重要性。”他认为,我国与世界先进科技水平相比差距较大,科学管理的水平差距就更大了;那么,对我国来说,赶超世界科技管理水平的任务,比赶超科技水平,还要艰巨得多。他建议:“我们在努力学经济、学技术的同时,要重视学习科学管理。”为此,我国第一个科学学杂志《科学学与科学技术管理》一创刊,他就为它写稿贺祝,并为在南开大学增设管理系出谋、尽力。

科学需要民主,是杨老学术上的指导思想。科学要获得繁荣和发展,必须有民主作为它的前提和保证。杨老为此曾专门撰文论述,他写道:“没有学术上的民主,无异于取消科学研究,实现科学技术现代化,自然也只能告休于天下。因为很难设想,在长期的思想禁锢下,会有科学的春天。”他又写道:“科学研究是一种探索性、创造性的劳动,发扬学术民主，提倡独立思考，开展自由讨论，是科学工作本身的客观要求。”因此，他建议在科研中，要解放思想，破除迷信，敢想敢说敢做；要服从真理，不承认任何特权；要允许犯错误，允许改正错误；要坚持“三不主义”，积极开展自由争鸣，力戒用行政命令的方法对待学术问题。众所周知，20 世纪 50 年代，由于学术上的争鸣，不少人在“反右”扩大化中被错划，杨老曾为这些人进行过申辩。化学家曾昭抡先生被错划为右派后，他第一个要曾来南开大学工作，因极“左”思潮设置禁令，调动只得告吹。杨老为此事曾向有关人士当面抗议。

在科研上，杨老反对搞个人小天地，主张发挥集体力量。1954 年，他就著文强调：“组织起来，紧密的团结一致，群策群力，发挥集体的作用。……放弃过去自高自大个人英雄主义的作风。……要合作，要协同作战。”20 世纪 60 年代，他把这种协作具体化了，即“小配套，大协作”。二十多年来，元素所在完善研究体系的同时，大力开展同外单位的合作，包括互接对方题目，互送技术、情报，联合攻关等。

在科研人员的编制上，杨老早在 20 世纪 50 年代就在实验室实行老中青三结合的科研梯队，做到了后继有人。他敢于把青年人放在主要的岗位上，认为这是锻炼青年人的最好方式。光明日报对此曾做过报导。

杨老非常重视科研上的学术交流和实地调查。他时常用周总理的“科学研究上我们要踩着别人肩膀走”的指示来教育大家。几十年来，他带头搜集资料，积累卡片，多次不辞辛劳地参加国际和国内的学术会议，亲自派遣人员出国做学术访问或实地考察，并亲自邀请外国专家来校做学术报告和指导科研，从而推动了南开大学国内外学术活动的开展。同时，他还不顾八十高龄，亲赴农村观察药效，把实地调查当成他选课题的第一手材料。

实事求是是杨老一贯的宗旨，同时也是他的科学态度。他认为，科学研究反映事物的现象和本质，来不得半点含糊，更不能有虚假。为此，对于实验数据，他要求极严，必须达到：成功的让人能重复，失败的要找出原因，并要有具体数据来加以说明。他时常深入实验室检查实验记录，发现问题立即指正。他最反对不做实验、凭经验下结论的空谈。他本人科学素养很高,仅以论文署名即可看出。有人想排他的名字发表论文,他不同意。后期和别人合作论文,他主动把名字放后。最近几年,因他年事已高,不能到实验室指导实验,连名字都不让写,并特意给元素所送来了书面声明。

了解杨老的人,都深知他的为人。他从不居功自傲,也不以长者自居。他一向待人宽,对己严,为人师表,连生活细节也不让人挑出毛病来。他一生在信件来往上从未出现接信不回的事情,甚至连小学生来信,他都亲笔回复。他身兼数十职务,大量的社会工作和繁重的行政、教学、科研工作,使他无暇专注于更多的书籍,他为时间对他吝啬而深感惋惜。

四

杨老是我国有机农药研究的先驱。20 世纪 50 年代初,他就开始植物刺激剂方面的合成和生测科研。后来,又从事杀菌剂、杀虫剂、除草剂等品种的研究,取得过多项成果。他的农药研究基地虽在南开,但他所肩负的工作和所起的作用却是全国性的。多年来,他总是定期的用书面材料向有关部门提供适合于我国研究和生产的品种,为我国农药研究指出了科研方向。我国农药研究该如何搞,他有一整套理论和设想。创仿结合,普筛品种。高效低毒是他在 20 世纪 60 年代的主张。70 年代,他又加上低残留。70 年代末、80 年代初,他又主张向超高效和无公害的仿生化方面进展,为此,他多方联系,80 年代初就派遣助手去美国农业中心学习,这也是美国农业部接待的第一位中国访问学者。

杨老在农药科研上的学术成就,集中地表现在化学结构与毒性、生理活性的关系上,以及对这一关系的系统认识和规律总结,从而有力地推动了我国农药研究和农药生产的进展。

化学化工界人士都知道:世界上有机农药起步较晚,在我国就更晚了;它既是一门年轻科学,又是一门综合性科学。搞一个品种,往往需要很长时间,花费大量的人力和物力,据统计,西方的一个品种至少要花 40 万美金,时间也要 8 至 10 年。由于周期长和部分农药对环境的影响,有一部分人就主张用生物农药来取代化学农药。杨老列举世界上农药生产逐年增加的速度，又以若不使用化学农药全世界农作物的产量将剧减30%～40%这些事实，严肃地指出："一些生物农药虽具有选择性高、不易污染的优点，但化学农药收效快、且有易于大规模生产的特点，单用生物农药不足以大面积地防止病、虫、草害的突然袭击。"他还指出："生物农药说到底仍是一些具有不同结构的有机化合物，弄清有效结构后，通过有机化学技术完全可以合成结构相似、性能更优越的化学农药。现阶段一些化学农药的缺点，可以通过新旧品种交替或混用来加以改进，不应取消。"他殷切地希望，从事有机化学、生物化学和分子药理学的工作者，相互合作，相互渗透，以期研制出高效、高选择性、降解完全的无公害新农药。

在农药科研的基础上，杨老于20世纪50年代就开展有机化学中的新分支——元素有机化学的科研工作。他是我国元素有机化学的开拓人。学术成就突出地表现在有机磷化学上。他抓住磷酸酯类结构的改变会带来生理作用变化的这一特点，克服了某些有机磷产品不易分离和毒性大的困难，对硫代磷酸酯类、磷酰胺类、磷连杂环类、磷酸酯类和含磷杂环类等，系统、深入地进行了研究；对有机磷化合物的互变异构现象和水解动力学、有机磷离子交换剂、有机磷化学的反应机理等，特别是在有机磷化合物结构与生理性能间关系方面积累了大量数据，探索到一定的规律；对含磷的不同价键的稳定性及其生理活性的影响，也有一些规律性的认识。

杨老在有机磷研究中，涉及范围很广阔。他先研究硫代磷酸酯类（一硫代、酮式、醇式、二硫代、不同取代基），接着研究含磷杂环化合物，搞了环磷类，又搞含磷高分子；后来把含磷研究扩展到石油化学中。

五

杨老的一生，是育人的一生。他一生中培育了几代化学人才，早已桃李满天下。仅新中国成立前培送出国留学的就有二百多人，其中有诺贝尔奖金获得者杨振宁、李政道等人；在国内就更多了，他们当中有的是我国的化学家，有的是部门领导人，现中国科学院院士中有13位是他的学生。新中国成立后，杨老为国家培育的人才不可胜数，20世纪50年代的学生，现在是科技骨干，60年代的是科研中坚，七八十年代的正是我国寄寓希望的青年科技人员。为培养人才，他花费了毕生的心血。

杨老把每个人都看成有用之材，希望自己的学生超过自己。他经常勉励大家："你们应当踩在我们老一辈知识分子的肩膀上，赶超世界水平。"这种甘当人梯的精神是值得讴歌、值得学习的。

早在20世纪40年代，杨老发现学生陈天池不但业务好，而且有一定的组织能力。于是，他就送陈出国深造。50年代初，陈一回国就成了他的得力助手，施展出卓越的组织才华。"文化大革命"中，陈被迫害致死，他拍案顿足，老泪横流，大声疾呼："毁灭人才呀！"试想，与他朝夕相处，相依为命，支持他事业的老伴去世，他能强忍悲痛，没有掉泪，相比之下，是何等感情，何等珍惜人才呀！这里已充分地反映出他视人才如乾坤的人才观。

又如，元素所有一位中年科技骨干，来南开大学之前，在一个专业不对口的单位工作，杨老与她素不相识。但杨老从侧面了解到其人基础知识和外语较好，觉得有识之士未尽其用。于是就费尽周折地把她调入南开，第二年就送她二次出国学习。此人果然不负众望，短短几年之中，取得了多项研究成果，在国内外学术刊物上发表论文二十余篇，两次出席国际学术会议。最近，她深有感触地说："杨老是我的恩师，是他支持、培养了我。"类似这种情况还有许多许多。

杨老培育人才不光为南开，他首先想的是全国。在那"读书无用"论的高潮时期，一位东北青年向他求教化学，他不顾身处逆境，给这位青年寄去了书籍。近几年当中，他不厌其烦地为甘肃、内蒙古、北京、广东和石化部等省市和部的有关单位推荐了几十名素不认识的人出国进修，深得这些单位的普遍赞誉。最值得指出的是：1978年元素所有一位同志就要调他校工作，在他的出国学习占南开指标的问题上，有的领导持异议。杨老得知后说："我们是在为国家培养人才嘛。"正是这句话，解决了这位同志的出国问题。该同志在国外的学习和生活上遇到了困难，杨老备加关怀，予以支持，回国后这位同志就调到北京去了。这里还需指出，杨老不仅帮助联系推荐，而且还给每个出国学习人员制定选修方向，叮嘱他们的衣食住行等一系列问题。做这项工作，有时在家里，有时是趁会议的休息时间向这些人叮咛一番。

杨老在使用人才上有许多独道之处，20 世纪 70 年代末，他就放手让中年教师协助他带研究生，从选题到实验，从不定框框。他让这些人在实际工作中发挥骨干作用。这些同志得到导师的信任，工作上十分卖力，带出的研究生质量并不比老教师的逊色。由此可以看出，杨老具有高瞻远瞩的眼光和善于用人的技巧。

现在，杨老已经离开我们长眠于九泉，但我们眼前时刻浮现他为国为民沤心沥血的工作情景。他没有死，他永远活在我们的心中。

装三根火柴的火柴盒

——怀念化学教师杨石先教授

吴大观

晚上，我听外孙女给我念她的课文——《七根火柴》："那红红的党证里，端端正正地装着七根火柴……""装着七根火柴"，我听着这熟悉的词句，使我回忆起1938年在西南联大学习的一件事，瞬时充满我的头脑。那清晰的杨石先教授的庄严形象，也出现在我的眼前。

那时我刚刚从长沙到昆明踏进西南联大的校门，由于全国抗日战争烽火方炽，学校在那种环境下，开始教学，穷困的日子是难以想象的。不用说同学们生活艰苦吃饭难，就连那日常必需品——寸把长的几根火柴，也是十分珍贵的。

二年级第一学期上化学实验课，课堂上每两位同学为一组，火柴盒里仅给装三根火柴，实验做完以后，按规定要把火柴盒连同借用的仪器一起还回去。我在一次实验课上，做完实验以后拿起火柴盒摇了一摇，三根火柴已经用完，便将空盒毫不介意地顺手丢到靠门的垃圾堆里去。当实验保管员追查我火柴盒为什么没有归还时，我却回答说："一个破火柴盒还要它干吗！"

第二天下午，化学老师（化学系主任）杨石先教授把我叫到办公室。我走进屋子，一眼就看到那桌上放着那个火柴盒。哎呀！糟了，我心里一怔，知道坏事了，没有办法，只好挨训吧。说实在的，我还是第一次在大学里受老师的训斥。

杨先生真的生气了，他紧锁眉头，眼睛冒火，毫不原谅地指责我不知国家在抗日战争中的困难，办学不易。他一口气跟我讲了许多做人的道理，大多我已记不清。但是，有一句话，我却记得非常清楚，杨老师批评我说："你要什么大爷脾气，我要停止你的化学实验……"老实说我那时并不懂得“大爷脾气”的含意。我心慌了，只是低头承认自己的错误。

是呀！要什么大爷脾气，在抗日战争的那个艰苦岁月里，一根火柴都十分珍贵，何况一个空火柴盒？正是杨石先老师，他教育我如何爱惜公物，如何勤俭节约，如何过穷日子、苦日子。就从这个小小的火柴盒中，我悟出了一个当代中国人生活的真谛，使我在大学毕业后50年为祖国的航空事业工作和学习中，牢牢记住。这空火柴盒给我的教育和启迪，真是令我受益匪浅。现在来回忆起在昆明西南联大的一段学生生活，我要衷心感谢在大学里教过我的老师们，他们既教书又育人，同时，我也从心中涌起几丝对杨石先教授的怀念，几丝对杨老师的敬仰。

永远的怀念

陈汝馀

我是1940年接替姚玉林学兄应聘到昆明西南联大(南开加聘)提任石先师的助教职务的。那时候化学系在昆华北院附近一带的简陋平房里。石先师曾兼任西南联大教务长、理学院院长及化学系主任,工作比较忙。化学系的日常行政工作,他基本上交给张为申先生和我两人负责办理。他只抓重大决策及他所担任的教课任务。石先师的特点是一身正气,满腔热情,办事民主,肯放手让大家大胆工作,善于调动大家的积极性。我俩就按照他的原则指示,进行具体工作。当时西南联大化学系除石先师外,还拥有高崇熙、黄子卿、张青莲、邱宗岳、曾昭抡、朱汝华、苏国桢等著名化学、化工教授。助教层则有张为申、陈光旭、高振衡、曹本熹、刘维勤、唐敖庆、钱人元、陆迪利、沈淑英、陈天池和我等人。在那抗战疲惫、兵荒马乱、生活艰苦、思想苦闷的年代,石先师对大家在生活上关心照顾,同甘共苦;在工作上民主协商,求同存异,敬业互助。他以身作则把大家团结成亲密无间、虽苦仍乐的坚强集体,人人愉快地工作,共同顺利而出色地完成全系的教学任务。

石先师一贯注重培育青年后辈,他鼓励、支持、督促我们助教在做好教学工作的同时,要努力进修业务,特别要钻研基础理论,打好扎实基础。我们就在这样好学成风的环境中度过那空袭警报频繁的岁月。

1942年秋天,当时的"教育部"公开招考留英公费研究生。我们化学系就有曹本熹、陆迪利和我3人在石先师的鼓励下报名应试。后来发榜共录取8名。其中经济学科1名,由西南联大经济系助教张自存夺冠录取。此外工程技术7个学科各录取一名计7名,除电机学科由上海交通大学毕业生孟庆元夺冠录取外,其余6名都由西南联大理、工两学院助教全部囊括。曹本熹、陆迪利和我都被录取了。8名之中西南联大占了 7 名，化学系独占 3 名，足见当时西南联大学习风气之浓盛，由此亦可见在石先师领导下培育青年的卓越成效。

1947 年夏天我从英国回到上海，到江苏常州一印染工厂从事生产技术工作，从此脱离了教育界，但与石先师仍时有通信联系。

约在 20 世纪五六十年代，石先师曾一度到南京讲学，我们才又见了面，看见他身体矫健，步履沉稳，我很高兴，曾陪游南京名胜玄武湖、莫愁湖，畅叙别愫，恍有隔世重逢之感。当时我的在小学读书的女儿有幸认识了石先师，最使她难忘的是石先师后来赠送给她一套精美的科普（物理、化学）读物，启迪了她对自然科学的浓厚兴趣。数年后，我女儿从农村插队回来，以至后来读大学、考研究生都得到石先师的鼓励和指教。

20 世纪 80 年代，我有一次出差去京，曾专程赴津看望石先师，那时政府和南开大学已对他采取保护措施，不轻易见客。因我是从外地前来的学生，才被准许接见。当时石先师尚在书房看书写作，晤谈了一个多小时，讵料这次晤面，竟成永诀。每念及此，不胜哀痛。石先师到晚年，仍笔耕不辍，在科技期刊上发表农药方面的论著，终生好学不倦，令人钦敬。石先师不仅是我们的化学老师，他的为人处事，更是我们永远学习的榜样。

最后，不计工拙，敬献俚词一律，以抒怀念之衷：

乱世遇昆明，时艰国难深。弦歌凝学子，办校聚群英。

孜孜严为学，谆谆善育人。滇池诚浩淼，不及石师情。

爱国·勤奋·正直

娄　平

我早就知道杨石先同志是全国几位知名的化学家之一。他们都是抱着科学救国的理想去留学的。面壁十年图破壁，学成回国。他不仅爱国，还爱社会主义。耆年加入了中国共产党。

他主攻农药，为发展我国农业起了重要作用。周总理非常器重他，为他提供许多科研条件，其中包括在南开大学化工厂建立农药中试车间。周总理为了充分发挥科学家的作用，要求保证他们“六分之五”从事科研的时间。可是杨石先同志的六分之五很难保证，他在校外兼职很多，辞也辞不掉，开会又多，根本保证不了六分之五。他是校长，我们几个副校长尽量具体事务不麻烦他，他也放手让我们工作，总还是有大事要找他，分他科研的精力。纵然这样他在科研方面还出了很多重要成果。

他需要配备助手，人事部门给他配备了，但那是从行政工作角度配备的，根本不合他用。外边找他的人多是解决科研问题的，行政秘书插不上手。即便懂些科研的人也不能完全代替他，所以回复这些函件都得他亲自动手。这纵然算作六分之五以内，也大大增加了他的负担。

他对“文化大革命”中红卫兵冲击科学家、老干部非常反感，但自顾不暇，回天无力。

幸好由于周总理事先有要保护他的指示，红卫兵对他还算客气些，没有什么大冲击。虽然如此，他的科研也无法进行了。“文化大革命”后他的科研才得到恢复，鞠躬尽瘁，死而后已。

“四人邦”倒台之后，我又受“四人邦”余波的伤害，他很关注，询问我的问题怎样了。这既是同事之间的关心，也是长者对幼者的关怀——他恰好长我 20 岁。

他不仅在学术方面受人推崇，在人品方面也受人崇敬，是爱国主义、社会主义科学家的典范。

一代宗师

范恩滂

从1948年第一次听恩师杨老的课——药物化学，后来又在他的指导下做毕业论文，到1960年在他的直接领导下，在校长办公室工作；再到1979年又在他的直接领导下，在元素有机化学研究所工作，前后将近四十年，亲聆恩师的教诲，他的道德文章、言谈举止给了我极大、极深的教育，使我受益终身。

杨老为南开大学倾尽一生心血，他时刻关心着学校的一切。杨老心中有一个明确的办学目标：把南开大学办成一所有一定规模，有一批高水平的著名教授，培养出高质量的学生，不断取得高水平的学术研究成果，为国家建设和社会发展做出贡献的研究型的知名学府。为此杨老六十多年如一日地奋斗不息。这个过程是极其艰苦、曲折、复杂的。抗战时，南开被日寇炸毁，这是对杨老的极大打击。新中国成立后南开获得了新生，然而在全盘照搬苏联模式的院系调整后，南开实质上被削弱了。它名为综合实为文理大学，只有三千多学生的规模，剩下调整后的数、理、化、生、文、史、外、经几个老专业和一条狭长的校园。杨老心中甚是不快。杨老反对照搬苏联模式，多次向国家领导，特别是高教部反映，不被采纳，杨老随即保持沉默，不再与外人道及。杨老对许多事情都是如此，有意见就提，有想法就说，直抒胸臆，没有掩盖，从来反对"风派"，也不做"歌德派"；意见被否定、被拒绝，就保持沉默，不再公开议论。由此可见杨老作为一位大科学家的正直、坦诚与严谨。

院系调整到"文化大革命"之前的十余年，杨老奋力工作，力图使南开发展壮大起来。杨老一贯重视教学工作，从抗战前的南开教授、到抗战中的西南联大的系主任、教务长；新中国成立前南开的代理校长，到新中国成立后南开的副校长，杨老始终站在教学第一线，而大部分时间是教基础课。他主张教学一定要严格，要打好基础，掌握基本技能和语言工具，知识面要宽，适应性要强，独立工作能力要强，学生一出校门就能适应国家社会之所需。至于更高质量的人才则必须经过研究生阶段的培养，所以他历来力主扩大招收研究生的数量，使之保持在一定的规模。

不过，新中国成立后的一个很长时期内杨老亲自抓得更多的是培养和引进学术带头人以及科研工作，这是战略性的根本措施，也是实现杨老办学目标的根本措施。

杨老认为办一所学术水平高的知名学校，必须有较齐全的学术水平高的学科；而要建设这样的学科，无论新老，都必须有几位站在学科前沿的学术带头人，否则就谈不上高水平。所以远在抗战以及抗日战争胜利后在美国做访问学者期间，杨老即有计划地着手为南开的化学、物理、生物等学科培养学术带头人，一方面派他的学生赴美留学，学成后回校；一方面延聘国外留学生来校任教，其中以化学系成效最大，比如何炳林、陈茹玉院士。院系调整后，杨老继续抓紧这方面工作，陆续聘请了一批学有专长的教授。同时，积极向高教部争取留苏生的名额，尽可能多派青年教师留学苏联；并且争取聘请苏联专家来校。这就大大增强了各学科的实力，新学科也逐步建立起来，学校的规模、实力、水平日益扩大、加强、提高。

杨老还特别重视科学研究，可以说新中国成立后南开的科研工作完全是在杨老的规划、组织、推动下开展起来的。

新中国成立前，思源堂里第一个身穿白大褂忙碌于实验室中的是杨老。在他的带动下，化学系的教师纷纷起来搞科研。院系调整后有一种观点，认为教学和科研有矛盾，似乎二者不可得兼，似乎高校培养学生就是教学。经过一番争论后提出来一个要以“教学为主”。杨老不同意何为“主”、何为“辅”，坚决主张高校应该是“教学、科研两个中心”。杨老认为即使为了提高教学质量也必须搞科研。多年一本老讲义，怎么提高？培养研究生更无从谈起。他认为高校不搞科研根本办不好；高校教师不搞科研根本不能胜任、不合格。

由杨老倡议，早在 1954 年学校就成立了科学研究委员会，以计划来推动科研工作。1955 年，杨老主持校务会议通过《关于开展学术上的自由讨论和批评的决议》以活跃学术研究。同年又召开全校性南开大学第一届科学讨论会，杨老做了重要讲话。从此，科研工作有计划、有组织地蓬勃兴起，学校向着“两个中心”迈进。

这一年，杨老被选为科学院学部委员兼化学组组长。次年，杨老亲自参加了我国第一个科学规划的制订；同时，他不断地在各种会议上讲话，在报刊上发表文章论述高校开展科研的重大意义和方针、方法。他明确指出国家有三支科学生力军：一是科学院；二是高等院校，三是企业的研究部门，其中以高校实力最雄厚、学科最齐全。当时高校教师有三万多人；而科学院只有两三千人；企业的研究部门更是凤毛麟角。所以他力主院校密切合作，重大项目共同攻关，一定要充分调动和发挥高校科研方面的积极作用。他又指出高校应该从事科研工作有三个方面：一是基础理论问题；二是国民经济中的重大问题；三是新科学技术问题，对基础理论的研究绝对不能忽视放松。这些远见卓识，今后仍有指导意义。

最有深远影响的是元素有机化学研究所的建立。20 世纪 40 年代后期，杨老将其原来的研究方向药物化学转到当时新兴的农药化学和元素有机化学方面。自 20 世纪 50 年代中期起，经杨老的组织发动，化学系很多教授和重要骨干教师都参与了这两个方向的研究，有机农药、磷、氟、硅、硼以及金属有机化学逐步全面发展起来。在周恩来总理和聂荣臻副总理的关怀和支持下，1962 年正式建立高校化学学科第一个研究机构——南开大学元素有机化学研究所。其间，杨老几次去前苏联，与那里的科学院签订合作协议，请那里的专家来校合作进行研究。杨老为了开辟农药和元素有机化学研究领域，建立研究所，殚精竭虑，宵衣旰食，投身实验，奔波异国，终于取得重大突破，获得一系列丰硕科研成果。

然而好事多磨，正当杨老率领一批年轻研究人员在崎岖的科研道路上不断前进时，史无前例的“文化大革命”开始了，仅仅三年多艰难而又光辉的办所历程戛然而止。杨老只有默然长叹。1968 年，不学无术、以整人为业的“宣传队”进校。它不仅召开全校大会两次批判杨老，给杨老戴上几顶“帽子”,给杨老以极大的人格污辱和精神迫害,还要摧毁杨老毕其心血创造的事业。先是要拆掉农药中试车间;继而摘掉牌子,砍去经费,搞什么所系合并,意欲彻底拆毁元素所。杨老对批判的污辱保持沉默,而对这些摧残科研事业的倒行逆施,怒不可遏,先是不顾个人安危贴出他的第一张大字报,坚决反对、严词斥责拆掉中试车间;后又上书周总理,申诉保存元素所。经过奋不顾身的较量,正义终于战胜邪恶,元素所得以免遭毁灭。

1978年,科学的春天到来。杨老在中央的座谈会上力陈教育、科研的重要性,应当采取的重大振兴措施。在学校,杨老大力推动学校和元素所的恢复和拨乱反正工作。然而,杨老已届耄耋之年,颇觉精力不足,特别是副所长陈天池教授在“文化大革命”中被迫害致死,使杨老深感失去最得力助手之痛。

1979年,杨老在北京开会,约我用饭,席间杨老让我回校帮助做元素所的管理工作。我当时真是思绪万千,心情复杂之极。我很激动,很感动,因为恩师对我很关心、很信任,何况我在校外浪迹多年,现在可以回到母校为恩师效力。我又很惶恐,我深知自己的才识不足,力不胜任,如果搞不好、搞不下去,会影响杨老和元素所的声望。我还不禁悲从中来,有些伤感。我和恩师没有见面已八个寒暑。面前的恩师虽仍思想敏捷,谈锋仍健,但经过“文化大革命”的磨难,已不复当年的神采奕奕,而是满头灰白,面容消瘦,显出老态。我不禁想起批判会上的杨老,闭口无言,昂然而立,但眼光凝重。我不知他在一片狂噪的喧闹声中想什么,是对邪恶势力的鄙视,是对缺乏人生阅历、被愚弄的青年的怜悯,还是对历经劫难的南开园历史沧桑的感慨?现在阴霾散去,光明重现,暮年的恩师,壮心不已,还在努力冲刺,真是鞠躬尽瘁,令我万分感动。那顿饭我也不知道是怎样吃完的。最后,我下决心遵照恩师的嘱咐,尽一切可能做好我这个过渡人物应做的一切工作,让可以接班的人尽快接上班。

在元素所工作的阶段,杨老和我谈的、要我做的最多的工作是怎样解决人才断层问题。杨老早就预感到这个问题的严重性,改革开放一开始,他立即派骨干研究员到国外进修。我到元素所时,金桂玉教授刚去德国，李正名院士去美国农业部的手续正在办理。杨老提出六个字“派出去，请进来”，让我赶快搞个大致的计划，争取几年内将所内的主要骨干轮流派到国外做访问学者，进修一至两年，以开阔眼界，具体了解世界先进水平。为此，所里办了几期英语辅导班，也办了计算机普及班，辅导班每期座满；普及班则听众寥寥无几。杨老亲自给国外写信联系和推荐；对失去联系多年的学校，想方设法重新建立联系。杨老又指出这只是权宜之计，根本的办法是多招研究生。经过培养，择优送到国外继续攻读学位深造，成为科研骨干的后备力量。但当时生源极少，直到有了正规大学毕业生后才得以扩大招生名额。可是一些研究生和青年教师出国后回来的很少，“断层”依旧，这是始料不及的。杨老还多方联系国外的老朋友、老学生、请他们回国帮助教学、科研，定居加拿大的姚玉林教授就是这样在元素所工作两年的。

杨老办学，一生都在培养学生、研究生、骨干教师、学术带头人，可以说就是一切围绕抓人才，办所依然如此。尤其他在晚年，面对人才断层危机，更是尽了最大力量去解决这个严重问题。这是对我们后人的重要启示，这个危机正是当前亟需予以正确解决渡过的。

元素所的建立、成长、发展，标志着南开大学在农药化学、元素有机化学的研究在国内领先地位的形成。如今元素所已经发展到有了国家重点实验室和国家农药工程中心的新阶段。饮水思源，人们对我国农药化学、元素有机化学的先驱者、奠基人——杨老倍加崇敬。

杨老有许多人们应该认真学习的思想、品德、作风。比如杨老在1980年率先提出辞去16项兼职；翌年又率先提出辞去校长职务，刊诸报端，引起全国反响，这为选贤与能，提携后进，知老而退，做出了表率。

杨老对学生、晚辈关心照顾，鼓励帮助，提携奖掖，无微不至，这类事不胜枚举。虽然有人反映杨老不苟言笑，比较严肃，不好接近，实际上，杨老心是热的，比如申泮文院士调回南开大学，杨老给予很大的支持和帮助，先以元素所的名义调回，并尊重他个人意愿再定其工作去向。又如“文化大革命”后，杨老将因种种原因散落在全国各地的10名科研骨干人员列出名单，经方毅副总理批准逐个调回学校。杨老对许多学生、晚辈（其中包括我的同学、同事）调动工作，推荐出国留学，推荐提升学术职务，推荐担任领导工作，乃至介绍工作、解决工作和生活中的种种问题，都给以及时的支持帮助。杨老的学生满天下，大家对这位德高望重的老师无不抱以最大的尊敬。

杨老为人谦虚、诚恳，与朋友交，以信义为重，善于团结人，所以他的知己很多。每届化学学会，在众多的化学精英中，大家总是公推他为理事长，无人能代之。

杨老备尝得天下英才而教之之乐和执教鞭生涯之清贫；饱经攀登科学高峰之艰辛和攻克难关、获得丰硕成果之喜悦。他最懂得教育，最懂得科学，最懂得人才之难得。所以，他最尊重教育，最尊重科学，最尊重人才。他是大教育家、大科学家，是人们永远怀念的一代宗师。

一代名师　丰绩永存

王大璲

杨石先教授是我国教育界的一代名师，是中国化学领域中的元勋。他早年从美国学成归来，一直在高等学校从事教学和研究工作。抗日战争期间他还兼任过西南联合大学教务长的行政工作。新中国成立后就提任南开大学校领导，又任命为校长，主持校务近三十年。他的爱国敬业的崇高品德，严肃认真的工作作风，一丝不苟的科学态度和关心爱护，培养提高年轻一代的导师风范，受到了南开大学历代师生的衷心敬重和爱戴。我从 20 世纪 50 年代起就搞行政工作，杨校长严于律己，公正无私，言行一致的人格力量不但教育着我，感染着我，还使我们这一代人都深受其益。

记得在 1967 年“武斗”期间，两派在第一教学楼内外进行火攻，殃及杨老住宅，大家都很关心其安全。偶然间我在校内银行里见到杨老，向他问候。他说：“还好！家里没有什么大的破坏，只是厨房被水泡了。”然后，他关切地问我火攻的化学药品是不是从危险品库弄的。我那时也是“靠边站”的干部，可以自由活动，知道原设备处处长郭钟毓同志虽然“靠边”，但他很负责任，每天来校与有关同志日夜值班，不让任何人进入，两派又都同意遵守。所以我告诉杨老药品可能是由化学系实验室得到的，不可能是从危险品库里弄出来的。杨老听后还叮咛说：“你请郭钟毓同志要管好气瓶，千万不能让人抢走，事关学生生命，事关国家财产的严重破坏。”混乱年代身处逆境的杨老依然关心国家财产、学生安危，这事让我和郭钟毓同志很受感动，我俩按照杨老的意思尽己所能，促联合，保安定。但善良的愿望岂能阻止“四人帮”操纵的动乱局面？

“四人帮”垮台后，全国恢复了高考，天津医学院朱宪彝院长提出希望南开继续招收医预班。吴大任副校长积极支持,并让教务处具体落实各项工作。一天,杨校长找我谈医预班事。他说:"朱院长在市里开会时谈到现代医学教育问题。他讲,国外医学发展很快,要求学医的大学生必须有坚固的基础。现代医学的重要基础一是生物学,二是化学,三是心理学。朱的话很有道理。现在我国只有两所大学设有医预,咱们必须办好。教务处请化学系一定要重视此事,保证各门化学课、化学实验的教学质量;生物学方面不应当成问题,但要向生物系讲清楚,心理学是否有人开?如有困难,早与医学院共同商量解决。"杨校长他处处都是从中国的发展高度去考虑问题,尊重专家意见并组织实施。

十年动乱、唐山大地震对南开大学来说有如雪上加霜,外伤、内伤严重。校舍破坏,房屋倒塌只是外伤;而十年停课,教师业务荒废,研究中断,人才断层的内伤则较难恢复。面对此种种艰难局面,杨老毅然接受国家任命,挑起了重建南开大学的千钧重担。全校师生人人振奋、满怀信心,团结在杨校长领导下,力求早日医好创伤,再现雄风。杨校长一方面积极恢复正常的教学、科研秩序,一方面大力培养、提高师资水平。师资水平的提高是办好学校的关键。为此,他请老教师担负起培养青年教师的任务,组织进修,开展科研工作。同时他积极推动加强国际校际交流,经过多方努力,南开大学在几年内就与美国、日本、南斯拉夫、法国、加拿大等十个国家的20多所大学建立起联系,派遣了大批师生出国学习、进修。虽然杨校长非常重视此项工作,但他在处理外事时又严格按实事求是的原则去办。我印象中,1978年美国印第安纳大学曾致函杨校长表示愿意与南开合作。我们具体工作人员非常希望促成此事。但是杨校长亲自复函,如实介绍了南开大学当时情况,说明"文化大革命"中学校完全没有进行教学、研究工作,加上地震的破坏,损失较大,进而明确地表示我校目前条件较差,待各方面改善后再进行联系,研究合作事宜。虽然我们在下面感到惋惜,可是又对杨校长的实事求是的精神、敢于承认自己不足的科学态度由衷地敬佩。还有件事也对我教育很大。杨校长曾经专门找我询问外事情况,最后他对我讲,听到校内有些人议论国外某所大学水平如何如何,南开不应与其建立联系,这是不好的。每个学校都有自己的特色,只要对我校有帮助,就可以合作，相互取长补短，不要妄加议论，这会影响校际关系。校长对我的批评和他对事的态度，让我认识到如何平等待人，体会到什么是科学家、校长的风范。

杨石先校长德高望重，凡是与其接触者，无不有着深刻印象，他更是使人肃然起敬。他将毕生的精力投入祖国的高等教育和研究事业，为发展我国的化学科学进行了不懈地努力，为南开大学的建设做出了不可磨灭的贡献。他的业绩永存史册，他的风范长留人间。

风范永存

魏宏运

在迎接 80 周年校庆之际，老校长杨石先先生的事迹浮现在我的脑海之中。杨校长德高望重，他将自己毕生精力贡献给南开，贡献给中国教育事业。

1937 年“七七”事变爆发，平津沦陷，北京大学、清华大学、南开大学在长沙组成联合大学，杨先生就以其学术地位的非凡，担任联大化学系系主任。

新中国成立，杨老肩负起建设新南开的重任。

我从 1951 年留校任教以来，和杨老接触不下数百次。学校开大会，自不必说，总能见到杨老，他经常做一些传达报告，三四个人的谈话，或者十几个人乃至三四十人的工作会议，杨老都莅会，我因工作关系，得以聆听教诲。“文化大革命”前会议多在第一教学楼会议室。“文化大革命”后，会议完全在行政楼。杨老的发言，言简意赅，主旨明确。即使每学年在马蹄湖边大礼堂举行的开学典礼上，杨老的讲话也从来未超过 20 分钟，一般 15 分钟即告结束，是自然科学家的风范，非常珍惜时间。

杨老的住宅是东村 43 号平房。这样的平房东村有三排，是 1930 年建造的，建筑优雅别致，门前有花坛，房后有庭院。日本轰炸南开后，东村和西村住宅区，与思源堂、芝琴楼成了仅存的“硕果”了。杨老每天早晨穿得整整洁洁、夹着公文包、踏着稳健的步伐，到行政楼去上班，看上去就是一位有修养的学者，透着“gentleman”的风度。1957 年我也迁入东村，住 46 号，因为是同一排，和杨老是近邻了，见面的机会自然无法以数计了。我更感到杨老的举止是很有规矩的。

记得 1952 年院校调整时，关于地界之争，杨老的处置态度是很明确的，当时天津市把六里台到八里台建设成为文化区，这一地带原属南开校园，现在要把六里台到七里台划归新成立的天津大学，南开三分之二的校园被“割让”了，而自己只剩下东西窄长的一个长方形地区，且地势低洼，杨老和吴大任先生从市里开会回来对此决策在感情上都难以接受，提出了异议。市里负责规划文化区的领导说，你们就让一让吧，将来南开如有发展，可将河南面的地段（指靠近水上公园的地区）拨给你们。此事虽未再听到杨老有何怨言，但可以推测其内心是不平静的。有趣的是，这位领导后来调到南开任职，他说，早知我要来南开，我就不会那样划分天南大的界限了。

南开大学教师宿舍，20 世纪 50 年代就很紧张。1952 年著名历史学家郑天挺先生从北京大学调到南开，没有住处，杨老就从自己一套房子中腾出一间给郑老，郑老一住就是六七年，两位享有盛誉的学者就是这样相处于东村 43 号。杨老有一颗广阔善良的心，他对待自己西南联大时的老朋友的尊重、理解和热忱的爱心，是知识分子的楷模。

杨老积极支持历史系新学科的发展。20 世纪 50 年代，郑老经常带我去北京，曾几次到北海团城见到国家文物局局长郑振铎，见到历史博物馆研究员沈从文，他们都建议南开成立文博专业，郑老回校后，和杨老商议此事，杨老和他的两位得力助手吴大任和滕维藻先生商议后，1959 年这一新专业的建设正式启动。为做好学术上的准备，历史系派两位青年教师去北京文化学院进修，还曾两次请沈从文来南开讲学，可惜这个专业于 1961 年国家实行“八字方针”调整时，下马了。当时全校下马的还有地理系，物理系的原子能部分调到兰州大学。经过努力，只有哲学系保存了下来。

“文化大革命”结束，国家实行对外开放政策，旅游业发展起来。南开历史系学友席潮海，适逢任职国家旅游局办公室及政策研究室主任，我们共有一个愿望，就是在南开成立一个旅游专业。旅游局愿向南开资助 270 万元，建造一座大楼。杨老指示应做好论证，滕维藻副校长引用国外有关资料，说明这一专业颇有发展前途。这一专业于是建立起来了，成为全国高校的首创。

杨老一生可贵之处是不断补充丰富自己的知识，不仅对自然科学，对中国古典文学,他亦喜爱。据滕校长回忆,他们外出开会,晚上休息时,杨老常读李清照的诗词。“文化大革命”期间,1975 年的一段时间内,杨老天天到图书馆去查阅英文化学期刊,整日如饥似渴地学习,不少教师看到他如此执着,也以此精神鞭策自己前进。

杨老是我国化学领域的学术权威人士,全国都很尊重他。他又是一位著名的教育家,先后担任天津市文教部部长的梁寒冰和王金鼎,每隔一段时间总要去看望杨老,向杨老请教。

杨老是一位受人爱戴的老校长。他虽走了,但风范长存。

深切缅怀杨石先校长

石玉民

杨石先校长是我国著名的教育家、科学家，又是一位优秀的共产党员。他担任过中科院化学部主任，是学部委员（院士）；是天津市科协的负责人。杨老一生从事教育工作和科学研究工作，他是化学界的一代宗师，教泽四方，桃李满天下，他德高望重，深受大家的爱戴。

南开大学早已是国内外闻名的高等学府之一，有良好的校风，拥有一批品质优良的教师队伍，杨石先校长一直从事着学校的领导工作。

我从 1958 年来校工作二十余年来，一直没有离开他的领导与关怀，受教匪浅。在我所经历和看到的，他那种科学严谨的治学精神，诲人不倦的高贵品质，以及对国家高度负责的精神，使我深深地体会到，在他的思想观念中，始终贯穿着一条基本思想，那就是忠实地遵从党和国家的基方针政策，以国家的需要为重，努力发展教育事业与科学研究事业，把南开大学办好，为国家多培养高质量的人才，研究出更多更高的成果。

根据党和国家的规定，学校中实行党委领导下的校长负责制。杨石先校长模范地实现了这个光荣的职责，充分地发挥了校长的职能，推动了各项工作的发展，提高了教学与科学研究水平，体现了一位老科学家长期担任校长职务的特有的高贵品格与责任感，并且做得非常出色。

他在工作中，除坚持以主要精力从事教学工作和科研工作外，还十分重视行政领导工作方面诸多重要问题。他重视校务委员会的工作，坚持定期召开会议，及时解决各项工作中的问题。他对学校的财务工作，除听取预决算的汇报、注意文理科合理安排、保证重点与照顾一般的问题，还特别强调，要在经费有限的条件下，精打细算，防止浪费。他还常常讲到注意图书杂志的问题。在有些新项目上马而经费遇到较大困难时，他还亲自到高教部去争取。他十分重视学校的外事工作，主张加强与扩大对外联系和交往，以提高教学水平和扩大学校的影响。他注意选派外出人员学习深造，更强调聘请外籍教师来任课。他常亲自出面接待外籍教师，甚至邀请他们到家中作客，向他们介绍有关情况，听取他们的意见，使一些外籍教师感到很受教育和鼓舞。

杨校长在生活和工作上都很艰苦，凡自己能勉强解决的问题，从不让学校或别人给予什么照顾，相反，当学校或别人遇到某些困难，有时还得到他热情帮助。例如以前学校有有两位单身生活的教授老太，因住处较偏僻，附近又无能关照的人，深感不安全。这个问题，学校一时又难以解决。对此，杨老就把自己的住房腾出来两间，把这两位老教授——朱剑寒和钟湞荪安排住在他家，还在生活上常常给以帮助。这种事情还不仅这一次，以前郑天挺副校长始来南开大学时，因学校没有适当的住房，也在杨老家居住了一段时间。由于杨校长在国内外的声望，有许多人给他来函来信，多数的是向他询问或请教科研或教学的问题，也有些是联系和交往的事务；有的是中文的，有不少是外文的。看阅和回复这些信函，每月要花费很多的时间和精力。这些事在很长时间内是杨老亲自处理的，只是到后期，学校才强行给他调配兼职外文秘书。杨老热情帮助别人的事例还得多。有一次有位妇女找到杨老家中，请帮她找到某种治癌症的药品。杨老在问清她的要求后，便亲自领她到办公室来，直到把这件事交给办公室的人以后才回家去了。

我所写的这些情况，只是杨校长全部工作和光辉业绩中的点滴，只用以聊表寸心于万一。

杨校长的一生，他的全部心血，无私地奉献给南开大学，奉献给国家的教育和科学事业。

杨校长虽然离开我们乘鹤西去，已有十多年了，他的辉煌业绩和无私奉献的精神，永远铭记在我们心中。

南开精神永存　杨老音容常在

李万华

南开大学走过了光辉的八十年，杨石先校长为南开大学奉献了一生。老校友申泮文院士曾经把南开大学几十年来，有不朽贡献的严范孙、张伯苓、杨石先、黄钰生、吴大任誉为“南开五贤”。严范孙、张伯苓创办了系列南开学校，形成了一套完整的教育思想——南开精神。杨石先、黄钰生、吴大任青少年时代受南开教育，受南开精神的培养熏陶，后来又执教于南开大学，工作于南开大学。“允公允能，日新月异”如此简明地概括了南开教育的培养目标、教育方法的，实属罕见。随着时间的推移，时代的转变，社会的嬗替，“允公允能，日新月异”又不断被赋予新的精神、新的内容。今日的“南开精神”与党的教育方针完全吻合。社会道德和文化传统是有继承性的。可以这样说，杨石先、黄钰生、吴大任三位南开的先贤，他们是南开教育的体现者，是南开精神的继承者和南开精神的传播人。

从 1923 年受聘为南开大学教授到 1985 年去世，杨石先为南开大学工作了 62 年，奉献了毕生精力。南开大学八十年的历史中，经国家任命的校长共有 6 位，任期有长有短。任期最长的是张伯苓校长，除了一段时间因特殊原因未担任校长外，可以说是终身校长。任期最短的一位校长（1978 年 2 月至 1978 年 12 月）不足一年。1946 年学校复员天津（即从昆明迁回，当时称“复员”），杨老任南开大学教务长、代理校长，1949 年天津解放后任南开大学校务委主席和校长，直到 1985 年担任名誉校长时逝世，杨老任南开大学校长的时间长达 36 年。

南开大学在杨老任校长的 36 年里，经历了两次历史性的大变化，第一次是由旧中国的南开大学转变为新中国的南开大学，第二次是从“文化大革命”时期遭受巨大破坏的南开大学转变为拨乱反正、改革开放、迈向新的发展的南开大学。这两次大的变化在学校发展史上，具有深远的意义。

1946年南开大学从昆明迁回天津，张伯苓校长长驻南京，学校由教务长、秘书长、训导长实际负责。杨老代理校长又任教务长，直到1949年1月15日天津解放(1948年11月至12月不到两个月的时间内，何廉曾被委任为代理校长，但实际上他并未到职)。

1950年学校实行校务委员会制，没有任命校长，杨老受任为校务委员会主席。上级党组织决定派王祖陶同志和我作为杨老的秘书到校行政部门工作，王祖陶同志任行政秘书，我任人事秘书。我第一次有幸能在杨老身边工作。

新中国成立前，我是文学院哲学教育系的学生，没有听过杨老授课，也很少见到杨老，得到的印象是杨老严肃、不苟言笑，对学生要求十分严格，使人敬畏，有难以接近的感觉。当秘书就要经常向杨老请示汇报工作。刚参加工作时，学校没有宿舍，安排第一教学楼(当时称胜利楼)杨老的办公室和会客室(也是唯一的一间会议室)近旁的一小窄道室作为我的宿舍兼工作室，因此我与杨老见面的机会更多了。在工作的接触当中，我从未见杨老发过脾气，也没见他声色俱厉地训斥过人，什么情况下与人交谈都是态度和蔼，轻言细语，内容简练。每遇到他不高兴或不同意的事情，只是紧皱眉头。但人们都"怕"他，他有一种不怒自威，让人产生尊重敬畏的心理的气质。

1952年，天津三大学院系调整，王金鼎、刘披云同志先后到校，学校领导力量大为加强，杨老任校长，刘披云任副校长，王金鼎任南开大学党总支书记，成立党委后任党委书记。他们之间互相尊重，亲密无间，使学校的建设迅速地展开。原本，南开大学1946年复员天津之后，是一个零散残破的局面。经过院系调整，南大六里台北院和甘肃路东院又全都划归其他单位。只剩下八里台南院的胜利楼(第一教学楼)和思源堂(第二教学楼)，加起来不足一万平方米的教学和办公用房。就在八里台这一片被日军炸毁焚烧的废墟之上，要重新规划、建设新的南开大学。经过几年的艰苦努力，几幢教学楼和图书馆，几幢学生宿舍，食堂、游泳池和一片片教职工宿舍拔地而起，南开大学，这所综合大学才初具规模，为后来的发展奠定了基础。

经过十年的“文化大革命”，加上1976年的大地震，天灾加上人祸，把学校破坏得不成样子，到处是地震棚和“文化大革命”中“武斗”的痕迹，哪里像所闻名中外的大学，简直就是一个破烂脏乱的大杂院。1977年天津市委派以王金鼎为首的工作组到校，经过一个阶段的艰苦工作，情况有所改观。接着张再旺同志到校，新的南开大学党委成立。1979年1月杨老重新受命，担任“文化大革命”后首任南开大学校长。新的领导班子，面临百废待兴的局面，学校进入一个恢复元气，重新发展的新阶段。

杨老重新出任校长，他首先考虑的是学校的建设和发展，他不断地写信或利用开会汇报的机会向教育领导部门反映南开大学由于“文化大革命”和地震灾害所造成的困难，希望教育部能给予更多的帮助，把南开大学办成国家的重点大学。教育部领导也同意在可能的情况下给南开大学更多的帮助。记得在此后的一个时期内，我校经费指标在综合大学中算是最高的。

杨老在学科建设、师资队伍的建设、科学研究工作、与国外大学的学术交流和人才培养等方面更是不遗余力。他给当时的教育部长蒋南翔写信，提出为培养国家的急需人才应尽早派优秀研究生出国留学，并对如何培养自然科学接班人的问题提出具体的建议。杨老为建立南开数学研究所聘请陈省身教授回国任教给党中央胡耀邦、方毅同志专门写报告，得到了国家的有力支持，愿望终于实现。至于提掖后进、推荐师生出国深造、争取调动教师干部进市入校等等感人事迹，不胜枚举。

20世纪80年代初，我又调到校长办公室工作，又有幸接近杨老，受到教诲。此时，杨老已进入耄耋之年。虽然他体质很健，但常感精力不济。他常说，不愿外出开会了，兼职太多，因为健忘，许多认识的人叫不出名字，有的在会上刚刚介绍过，转身又忘了，又不好意思再问。1981年杨老向党中央提出辞去南开大学校长职务和减少社会兼职，经中央同意免去校长职务，任南开大学名誉校长。

杨老虽不任校长，他仍时时关心着学校的发展，也时常有人去问候、采访，或荐医送药，或借机求助，使得老人不得安宁，为此我特去看望，企望求得一个解决的办法。这一次，杨老给我讲了许多，讲南开的历史、掌故，讲学校工作中应注意的问题。在我的记忆中，这是杨老单独和我谈话时间最长、涉及的内容最多的一次。最后，杨老特别叮嘱："为什么对你说这么多呢？就是要你们知道这些事情，你们都要记住。"我去的时候没有这样的思想准备，没想到杨老谈得这么多这么重要，也没带纸笔做详细记录。回来想，可以再专门找人去请杨老讲，进行录音或笔记，还想，杨老身体素质好，以后有的是时间。没有想到，不久我就被调去筹建经济学院，再也没有机会亲聆杨老的谈话。万万没有想到，1984 年秋，杨老因患感冒住院，而到 1985 年 2 月就因心脏病不治去世。

杨老把一生都贡献给南开大学，贡献给我国的科学、教育事业。他在世时是南开的光荣和骄傲。他去世了，是南开最大的悲痛和损失。他的遗体曾被安放在图书馆让南开人瞻仰、哀悼这位对南开大学做出了不可磨灭贡献的科学家、教育家。这样的举措和荣哀在南开大学的历史上是绝无仅有的，就像是发生在昨天。

杨老的音容永在。

高山仰止　景行行止

——回忆杨石先校长对我的教诲

孙君坦

在迎接南开大学校庆八十周年之际，杨石先校长的生平，他对国家和学校的重大贡献，他在教学和科研工作中的卓越业绩，常常萦绕在我的回忆之中。

杨石先校长在南开大学工作六十多年(1923－1985)，他把自己的一生和南开大学的建设和发展联系在一起，对南开大学怀着满腔的热情。他毕生勤恳工作，努力奋斗，为把南开办成国内外著名的高水平的大学，做出了历史性的贡献。

要把南开办成教学和科研的中心

20 世纪 60 年代，我曾被调到学校教学科研部门工作，在这一段时间里，我对杨校长领导全校教学科研工作的指导思想，具体实践和创造贡献，对他的言传身教，有了较多的接触和学习的机会，使我受到很多的教育。

杨校长非常重视教学工作。他认为：提高教学质量，首要的一环是提高基础课的教学质量，必须加强对学生进行基本理论、基本知识、基本技能的教育和训练。为此，他一再强调要由有经验的老教师上教学第一线讲授基础课。在 20 世纪四五十年代，他就是亲自这样做的。他多年在化学系讲授有机化学基础课，后因校内外任务繁忙，该课就改为由其他有经验的老教授讲课了。他还曾建议要培养青年教师打好教学基础。譬如化学系的青年教师应该将无机化学、分析化学、有机化学和物理化学轮流辅导一遍，这样打下了巩固的教学基础，就会更利于帮助学生学好基础课。他不仅重视基础课的教学，而且还同时强调对学生实验操作能力的培养和训练。他经常到实验室巡视，查看学生进行实验的情况。有一次他看到有一位学生做实验洗玻璃仪器时，为了图省事，竟将三个大小不同的烧杯套在一起洗，他当即给予严肃的批评和耐心的指正。他曾多次举例告诫说，根据用人单位反映，有的学校的大学毕业生使用天平竟还发生错误，这不能算是合格的。因此，他要求在校学生一定要正确地熟练地掌握天平的使用操作。他还主张：学生在实验中损坏仪器要实行赔偿制度。回想我上学做化学实验时，学校就采取损坏仪器赔偿制度而且是行之有效的。我们理解这样做不仅是为了节约教学经费，更重要的是通过赔偿进行实际的思想教育，培养提高科学素质。

由于南开培养出来的学生，具有系统牢固的基本理论，掌握较为广博的专业知识和受到严格的实验训练，在工作岗位上能很好地独立工作，发挥作用，受到社会上的公认和各方面的欢迎。这已成为南开几十年来教学的光荣传统。

杨校长在领导教学工作中，还深入教学第一线，进行调查研究。如1961 年贯彻调整、巩固、充实、提高八字方针，学校要大力提高教学质量。杨校长亲自带领一个小组，到化学系，用较长一段时间进行调查研究。他亲自主持召开座谈会，认真听取情况和意见，他在笔记本上详细记录，会后进行分类整理和总结。后来，他在学校召开的会议做了系统的调查报告，对当时我校教学质量的提高，起了很好的推动作用。

杨校长特别关心科研工作。他认为：高等学校必须以教学为主，同时要积极开展科学研究。科学研究工作的积极开展，对提高教学质量、培养研究生和加强师资队伍建设都有着极为重要的意义。他多次提出要把高等学校办成教学和科研两个中心的观点。由于我在 20 世纪 60 年代初期那一段时间接触较多是科研工作方面，想就杨校长对元素有机化学研究所的建立和发展、对高分子学科的关心和支持为例，列举一些他所进行的卓有成效的活动事实。

元素有机化学研究所是在 1962 年 10 月成立的。杨校长兼任所长，陈天池教授任副所长。1963 年 1 月 3 日至 11 日，教育部高等学校科研工作会议在北京举行。我校有杨石先校长、吴大任副校长、崔澂教授和我前往参加会议。这次会议是为贯彻《科研工作十四条》和《高教六十条》而召开的。教育部杨秀峰部长、蒋南翔副部长和国家科委韩光副主任到会并做了重要讲话。在会议进行讨论中，杨校长根据我国“以农业为基础”就开展农药研究的重要性、国际国内发展趋势、我们的奋斗目标(包括长期规划和近期安排)，以及需要采取的具体措施等都提出积极的建设性意见和切实可行的方案。他慷慨陈词、滔滔不绝、热情洋溢。他如此关心祖国科学的发展，使与会者深受感动。会议简报专题刊载了他的发言。蒋南翔副部长和韩光副主任在大会讲话中对杨校长在南开开展的农药研究及其工作建议给予了充分的肯定和鼓励。在这次会议上宣布了教育部批准的18个研究单位，其中有两个研究所，元素有机化学所是其中之一；其余均为研究室。会议最后一天，高教二司于世胄副司长来到杨校长下榻的房间里，与杨校长还有我谈话说：“南开元素有机化学所实际上是已做了工作的，挂牌子是拿得出去的，让人无话可说的……元素有机化学所和化学系、教研室的关系还缺少经验，要好好总结……今年教育部向国家争取到的科研经费共有2000万元，包括直属高校和非直属高校。初步确定拨给南开100万元，其中50万元是拨给元素有机化学研究所的。这是强调要重点拨给有基础的学科、支援农业的项目，而不是撒胡椒面儿……拨给南开1963年科研编制35人，有重点，才有政策，要多给元素有机化学所多配备些。对崔澂教授、何炳林教授的项目也要适当照顾。”杨校长当场对如何勤俭办科学事业(例如要搞半微量合成)、对如何培养和充实科研人员(例如可采取派人出国留学、聘请专家、自力更生在实践中锻炼提高以及增加研究生等办法)发表了具有远见卓识的意见。在这次会议拨给南开的科研经费，同其他直属高等学校相比，数额是排居前列的。

这次会后，由于杨校长的努力争取和高教一司副司长黄辛白、国家科委九局副局长赵石英的大力支持，经过和有关部门协商，元素有机化学研究楼的使用面积由1962年的1500平方米增加到4500平方米，全楼都已可供实验研究之用。在杨石先所长、陈天池副所长和全体工作人员的努力下，元素有机化学研究所的工作不断地开拓前进。1964年在西南村建立了生物测定站，调入了一批生物、农业等专业的技术人员，开展生物测定工作。1965 年在南开大学化工厂西侧又建成了农药中间试验车间。在此期间，还建立和充实了仪器分析室。根据杨校长"要以现代的先进仪器装备实验室"的要求，1963 年配备了盼望已久的第一台 DS—301 红外光谱仪；1964 年又添置了 JEOL40 兆赫核磁共振谱仪。化学法元素分析也得到了充实加强。至此，元素有机化学所已初具规模，并开始取得一项又一项重要科研成果。1965 年至 1966 年上半年期间在天津和湖南召开了农药科研成果鉴定会。元素有机化学所研制成功的除草剂和有机磷杀虫剂获得了国家科委颁发的科研成果奖。以上就是 1966 年 6 月以前我所耳闻目睹的元素有机化学所建所初期的朝气蓬勃、欣欣向荣的发展景象。

高分子学科也是在杨校长的关怀、鼓励下，成长壮大起来的。高分子学科的学术带头人是何炳林教授。早在西南联大时期，杨石先教授担任化学系主任，那时何炳林先生是杨老的研究生，1947 年赴美国留学。20 世纪 50 年代，杨老就给何先生写信告诉他新中国发生的巨大变化，希望他学成回国，参加社会主义建设。何先生曾多次对我们说过"杨老是我的老师，我非常尊敬他。杨老给我发出"金牌"，他要我回南开工作，我一定听从召唤。"何先生回国当时，还有中国科学院化学研究所、上海有机化学研究所、长春应用化学研究所和广州的中山大学等许多单位都争取他去，但他都一一回绝了，1956 年他毅然回到南开大学。先在化学系有机化学教研室从事农药和离子交换树脂研究。1958 年在杨校长的关心和帮助下创建了高分子学科。在离子交换树脂研究取得一系列重要成果的基础上，由二机部投资，我校自 1958 年至 1960 年，建成了南开大学化工厂。在此期间，杨校长召集化学系教授开会时，每次何先生提出的问题都得到满意的回答，使他感到兴奋和愉快，并受到很大鼓舞。

1966 年初，国家科委韩光副主任要听取南开关于离子交换树脂研究成果的汇报。因为当时何炳林先生在河北省沧县参加社教运动，就由杨校长亲自带我们去北京国家科委汇报工作。韩光副主任认为，离子交换树脂研究成果的应用前景广阔，要大力宣传推广。当即确定举办一次展览会和学术讲座。经过化学系和化工厂有关人员积极筹备，在国家科委科技情报所大楼 8 楼举行了展览会，杨校长主持开幕仪式，韩光副主任亲自前来观展，各部委、各单位的代表也都前来参观了。与此同时，在友谊宾馆科学会堂由化工厂工程师程光钟做了学术报告。这两项活动都收到了预期的效果。杨校长自始至终亲临现场指导，他不辞辛苦，数次前往北京，给我们莫大鼓舞。

20 世纪 70 年代后期，杨校长曾接到来自江西樟脑厂的一封信，来信请教能否用离子交换树脂代替硫酸作催化剂进行莰烯水合反应来制备异龙脑再进一步生产樟脑。杨校长答复说采用离子交换树脂作催化剂的方法是可行的，并请何炳林教授组织高分子教研室研究人员会同化工厂与江西樟脑厂开展协作研究。经过反复实验探索，该方法取得了成功。

1984 年 8 月 30 日他为高分子化学所创办的刊物《离子交换与吸附》(反应性高分子)亲笔题词："提高我国的离子交换树脂的科学技术，努力赶超世界先进水平。"在杨校长的指导精神鼓励下这个期刊自 1985 年创刊至 1998 年已有 14 年历史，发行中文版 77 期，英文版 8 期。

高分子学科于 1998 年 8 月隆重庆祝了创建 40 周年。看到学科的建立、发展和壮大，我们怎能不忆起杨校长的关怀和鼓励、倾注的心血和寄与的期望？

杨校长对分子生物学研究所，数学研究所的建立，对物理学、光学项目研究，对文科各系的科学研究(包括经济研究所，外国研究项目)的关心和支持，这也是众所周知的，在这里就不一一具体列举了。

德高望重，办事公正

杨老是我国化学界的老前辈。多年来，他担任中国化学会理事长(1956—1982 年，1982 年后任名誉会长)，中国科学技术协会副主席，中国科学院数学物理学部学部委员和化学组组长，在我国科学界有很高的威望。大家赞颂、称道他热爱祖国，献身科教；坚持真理，追求进步，大公无私，品德高尚；学识渊博，治学严谨，办事公道，作风民主；工作勤奋,精力充沛;严于律己,宽以待人;春风育人,关怀青年;学者楷模,人之师表……等等,我觉得这些都是很恰当的,体现了他的德高望重。

我常听到人们说:“化学界专家发生意见分歧矛盾不好解决时,总是请杨老出面调停,他不分亲疏、不分远近总是秉公处理,大家都能心悦诚服。”所以有人说:“杨老,在化学界唯有您能孚众望。”

杨老在校内,同样以办事公正著称。我记得在一次校长办公会上,讨论 30 名科研助手的配备问题,对有关部门提出的初步分配方案,在讨论中还是有些具体的不同意见,最后经杨校长寥寥数语,就迎刃而解了。这是由于他办事公道,正直无私,所以大家都信服他。

杨老的学生都非常尊敬他、爱戴他。1963 年我随同杨老在北京新侨饭店开会时,见到兰州大学一位教授报到后第一件事,就是毕恭毕敬地前来拜见老师,杨老后来告诉我这位是刘有成教授,1982 年我去南京参加中国化学会 50 周年学术会议,一位在南京从事植物工作的同志,特意送来一盆培育的新品种吊兰,托我带回天津,送给杨老,并转达他的敬意和问候。1976 年地震时,一位在天津人民农药厂工作的杨老的学生,主动派人送来搭抗震棚用的荆笆,以表示关心和慰问。

当我在工作中需要得到他的指导和帮助时,他总是有求必应,热心周到。为了准备南开大学第六届科学讨论会,拟邀请知名学者前来我校做报告,我前往杨老处请求写邀请信。他当即应允并给中国科协负责人范长江、中国科学院副院长吴有训写亲笔信。当我到吴有训副院长办公室,递交了杨老的信,说明来意后,吴副院长给予我亲切热情接待,并对杨老的科研工作高度赞赏。我每次向杨校长请示工作,他都认真听取,提出指导意见,随后还常常顺便给我介绍些化学领域新发展如核聚变、昆虫信息激素……我感到很受启发,增长了知识,开阔了眼界。他还向我建议最好用活页笔记本做笔记,这样便于日后的分类整理,我觉得这是很好的经验谈,对我的工作和学习都很有帮助。杨老看起来似乎面孔严肃,不苟言笑。实际上,经过和他接触之后,就会感到他是那么平易近人,和蔼可亲。“望之俨然,即之也温”,杨老就是这样令我尊敬爱戴的长辈和老师。

学而不厌，诲人不倦

科学总是不断向前发展的。杨老几十年如一日，坚持阅读化学文献，如饥似渴，孜孜不倦，日积月累，从不间断。他密切注意国内外化学发展的方向，及时搜集各国的资料，亲自摘录文献卡片，分门别类，陆续整理，并定期在学术会议和学术刊物上发表文章。

他特别注意发现新的科学领域、边缘交叉学科的发展和最新技术。他特别善于抓住学科的生长点，如早在 20 世纪 50 年代就提出要开展元素有机化学研究、结合中国国情开展农药研究等，这些都是远见卓识，由于看准方向、长期坚持、逐步开拓，形成特色，后期就取得了丰硕成果。

20 世纪 70 年代，有一次北京农展馆举办全国农业展览会，他坚持要前去参观学习，主要是为了解中国农业的发展和现状。他不顾旅途劳累，乘校车和我们一起在京津公路上往返颠簸了 7 小时。他这种学习精神，是永远值得我们学习的。

20 世纪 70 年代，天津市计划生育委员会给南开下达口服避孕药——前列腺素的研制任务。杨老认为实行计划生育是我国的国策，积极支持这个项目的研究。在严寒的冬天里，元素所资料室因暖气供应不上，室内也很冷。只见杨老穿着皮大衣和皮靴，坐在那里专心致志查阅抄录资料。当他将查到的有重要参考价值的内容抄录成几十张卡片，亲自走上楼送给该科研小组人员供他们参考时，大家都深深地受到了感动。此外，为了该课题研究，他还专门托人从国外购买科技书籍，供科研小组阅读。杨老如此学而不厌、诲人不倦的事，我见到很多，不胜枚举。

珍惜时间，严于律己

杨老办事认真，一丝不苟，还表现在时间观念上。守时也是他的好风度的一部分。

每天早晨，杨老总是衣着整齐，夹着公文包，迈着稳健的步伐，准时沿着马蹄湖东侧，向着行政楼走去，这是我在上班时，经常遇见的。

杨校长所主持的会议，如校务委员会、校长办公会，不但自己的发言或总结言简意赅、主旨明确，而且准时开会、按时散会。杨校长在全校大会上的报告也是简明扼要、铿锵有力，学生们总是报以热烈掌声。对于校内各种会议和活动，他都按时参加，这是大家有目共睹的。

1953年初，经过院系调整之后，教育部召开各校教学工作汇报会。我校由杨石先副校长、吴大任教务长、学生会代表和我赴北京参加会议，我们头天晚上住在教育部招待所。当天早上吃过早饭，杨副校长就率领我们到达会场。会议于8时开始，此时会议室内还空无一人。我们说“南开是第一个到达的单位”，大家都很高兴，会心地微笑了，好像认为这是发扬了南开的精神和风格。这个会议由杨秀峰部长主持，南开又是在会上第一个做了系统汇报。

1963年我随同杨老去开科研会议那次，我发现中午当其他人午睡时，杨老还在阅读书籍和会议文件。后来我才知道，他从青年求学时代起，一直到老年都不午睡。这是他坚持一生的良好生活习惯。在别人午睡时他不午睡，他能赢得多少宝贵时间！杨老如此珍惜时间，是值得我学习的榜样。

还有一次，为了科研工作我随杨老去北京出差。当时火车票很难购买，为了赢得时间，只好乘硬座车前往。在拥挤的硬座车厢里与杨老谈话，得知他当年68岁，还是这样严于律己。

辛勤耕耘，培育桃李

南开园里的春天景色是美丽的。最初是“春天小雨润如酥，草色遥看近却无”；很快，柳树枝条就吐出新绿了；紧接着桃花、梨花、迎春花、榆叶梅等就陆续开放了，真是繁花似锦，满园芬芳。以前，每年这时候，我就可以看到杨老在他住宅前的花坛里为月季花剪枝、喷洒农药的身影。杨老真是爱花、育花、培养理想之花啊！在他的宅前，杨老种植有各色各样的月季，还有紫竹、石榴、丁香、西府海棠，以及盆栽的一品红、四季桂……他住宅后还有学校种植的一排排白杨树和洋槐树。这也是我心目中南开春天百花园美景的景中景。

杨老就像辛勤耕耘的园丁培植花木一样，培育了遍于天下的桃李英才。当我看到杨老宅前的月季花茁壮成长、枝繁叶茂、鲜花盛开，宅后的白杨树越过屋梁、钻天耸立的时候，当我得知杨老所培养的门墙桃李、一代一代的优秀人才，已成为国家社会的栋梁之材的时候，我总是怀着眷恋、崇敬和仰慕的心情，深深感激他为把南开办成教学和科研两个中心，创造形成人才济济、硕果累累的大好局面所做出的无私奉献。

杨老的一生是服从国家和人民的需要、为科学兴国陶铸英才而光辉奋斗的一生。

高山仰止，景行行止。杨石先校长的光辉业绩和崇高形象，永远铭记在我心中。

忆杨石先校长二三事

王柏灵

杨石先校长离开我们已经整整 14 年了。他为南开大学的兴旺发达贡献了毕生精力，至今他的音容笑貌仍清晰地留在我的记忆中。

我是 1947 年考入南开大学的。那时南开刚从昆明迁回天津复校不久，当时南开大学在总体规模和水平上虽比不上清华、北大，但是做为后起之秀有自身特色，有几个系确是独树一帜，在全国名列前茅。其中经济系在国内外久负盛名、成绩卓著，而工学院的化工系则更是以整齐强大的师资队伍著称，教授大部分是美国著名的麻省理工学院毕业的高才生，整体实力被公认是全国第一。理学院的化学系也很有特色，受到学术界的称赞和重视。其中杨石先先生的个人因素起着重要作用。

新中国成立后，杨先生先后担任南开大学校务委员会主席、副校长、校长等职。1954 年，我从校外调回学校，在人事处工作，对杨老的了解逐步加深，知道他不仅担负学校工作，而且还参加大量的社会活动。多年来，他一直当选全国人大代表，担任全国政协委员、常委等职，而且还担任全国化学界的一些重要领导工作。由于杨老德高望重、作风正派，深受群众的爱戴。人们把杨老和天津医学院创办人朱宪彝教授等人看作天津知识分子的代表。在化学界他也是资深望重。我曾见到我国当代著名化学家唐敖庆教授给杨老的一封信，信中执弟子之礼，言语间满含着对杨老的敬仰之情。

“二五”期间，国家为落实科学发展规划纲要，加速我国科技事业的发展，曾对我国的高级科技人才分布做过调查统计，发现我国高级科技人才有三分之一集中在高校。为了调动这一大批人才的潜力，1962 年中央决定在高校建立独立的科研所、室。高教部具体落实决定，在全国范围内第一批建立18所科研所(室),其中包括南开大学元素有机化学研究所(简称元素所)。同年10月元素所正式建所。杨老亲自兼任所长,陈天池教授任副所长,主持实际工作,我任办公室主任,在他们的直接领导下做些具体工作。这样,直到1966年“文化大革命”开始前的近4年间,我和杨老有了较多的实际接触机会。

元素所建立之后,工作发展迅速,受到了上级领导和有关方面的注意。我曾多次听到当时高教部主管科研工作的领导说:第一批建立的18所科研所中,发展最快的是清华原子能所和南开元素所。为此聂荣臻副总理曾亲自发出过支持杨石先工作的具体指示。当时国家科委领导张有萱、赵石英等曾亲自来南开元素所视察,并组织有关人员来所参观交流。至1966年“文化大革命”开始前,元素所无论在人员队伍、设备还是工作开展等方面,都具备了相当规模,其仪器设备之先进达到了当时国内的最好水平。

南开元素所之所以能如此快速发展、直线前进,其决定因素是多方面的。就自身工作来讲,杨老的高屋建瓴的指导思想和正确决策是首要的因素。据我的切身体会和观察,杨老的工作风格很有特色,不仅是深思熟虑、高瞻远瞩,而且饱含智慧,富有睿智哲理。回溯南开建校初期,为了较快发展化学系,迅速赶上当时老牌名校化学系,杨老和当时的理学院院长邱宗岳教授深思熟虑,正确决策,根据化学学科的发展趋势,集中力量发展化学学科中的有机化学专业。果然,这一决策不仅使南开大学有机化学专业一枝独秀,受到学术界的肯定,而且带动了化学系的迅速发展。

在有机化学专业取得长足进展之后,杨老又进一步把学科引向实际应用、巩固和发展成果。杨老敏锐地观察到第二次世界大战期间发展起来的有机磷农药的发展趋势,结合我国实际需要,不失时机地开创了我国农药化学研究的新领域,在高校建立了化学农药的研究开发队伍。

他这种工作思维和作风,在元素所创建过程中再一次得到了体现。1962年杨老创建元素所时,并未照搬前苏联科学院元素有机化学研究所的模式,而是从我国的实际出发,重点加强了农药研究的份量。

元素所当时共有 8 个研究室，他把农药室列为第一室。当时正值我国经济困难、粮食严重供应不足，粮食产量很低。而根据当时农业部门统计，全国粮食产量由于病虫害每年损失 10%，棉花等经济作物损失 20%。果品损失则达 30%。在这种形势下，1963 年底，杨老决定对元素所机构设置做进一步调整，裁并了三个研究室，进一步充实加强农药研究室。

农药研究是一种综合性的系统研究工作，它既要高效(对病虫害)，又要低毒(对人畜)。农药研制有其自身特殊规律，它涉及学科面广，周期长。针对这个现实，为了加速农药研究开发，杨老充分显现了其驾驭事物的能力，提出了“小配套、大协作”的方针，也就是由元素所充实和建立所内相关机构，使之配套，能健全工作。如设立生物测定室、建立小型车间等，这样元素所能够独立地、较快地完成化学合成、分析、生物筛选、提供小批量供大田实验用的样品等系列工作；然后再由协作单位进行大田试验、农药毒性测定以及制定化工生产流程等，这样调动了各方面的潜力，大大缩短了研究周期，达到快出成果、多出成果的目的。

正当元素所蓬勃发展、科研成果不断涌现之际，那场史无前例的“文化大革命”发生了。陈天池教授不幸被迫害致死，元素所的一批科研骨干被调走，中试车间也被拆散了。这给元素所造成了难以弥补的损失，使工作陷于瘫痪。在那时，杨老对“四人帮”的倒行逆施进行坚决的抵制和斗争，坚持真理，坚持继续科研。粉碎“四人帮”后，他为拨乱反正，为元素所的振兴和发展，又做了大量的有益的指导性工作。所幸元素所后继有人，他们没有辜负杨、陈两位前辈的教育和期望，继承和发展了他们所开创的事业。如今元素所已发展成为全国农药工程中心，为国家提供着一批又一批研究成果。可以告慰它的开创者！

镌刻在心　音容永存

王端菁

1954至1960年我在科学研究处的科研科工作，在几件工作上与杨石先校长有过接触，聆听到他的教导，也对他严谨的工作作风有深刻的感受。追忆往事以抒发我对杨校长的缅怀心情。

杨校长在科学、教育界有崇高的威望

1957年春，一天校长办公室通知我，晚上到杨校长家去一趟，因杨校长患病，预定在北京召开的会去不成了，让我出差北京。当晚到杨校长家，杨老及夫人都因重感冒卧病在床。杨老说：我们都发烧了，防止传染，你就坐在靠门边处，隔着段距离谈吧。我很感激杨老的细心。杨校长说："科学院原定在明天召开个会，我应该参加，但高烧不退，去不成。"杨老让我次日早些去北大，先找到周培源先生说清情况，让我参加那个会，把会议情况仔细记下来。翌日，我带着这个使命进京。

会址在北京大学校园深处司徒雷登的故居一个大厅里召开。我是头一次忝列科学界最高层次的会，很拘束，周培源先生把我介绍给一位高教部的年岁稍长的女同志。我沾了杨校长的光，当她知道我是杨校长派去参加会议的，对我热情照顾，不但给我介绍这类会议的情况，而且到会的每一位专家的姓名都是她一一告诉我的，记得有吴有训、钱三强、华罗庚、傅鹰等十来位。会上大家对重点学科的设置、科研条件、人力、物力等问题争论很厉害，甚至有的专家不容他人讲话，争论不休。我是第一次见识这种阵势，看到了专家学者们急于把科研、教学搞上去和抢挑重担的急切心情；心里却也有点儿替主持会议的周培源先生为难，觉得有的专家少了点平心静气的气度。会间休息时，高教部的那位女同志带我参观司徒雷登的故居，在湖畔我悄悄地问她：以往开会也是这样争论吗？这样能讨论出个结果吗？她笑笑说：也不都是这样，不过大家的意见都反映出来了。她还说：你们杨校长在会上可不是这样。会议结束后，我又请示周培源先生，说："会上的情况我都尽力记下来了，回校给杨校长汇报，您还有什么事要我转告杨校长吗？"周先生说："会上的情况你都看到了，这次会什么大问题都定不下来，事情不那么好办。你们杨校长威望高，大家都很尊重他，能听他的意见，你回校一定转告杨校长，如果健康状况允许，下次会务必请他出席。"这趟出差，让我进一步领略到了杨校长在科学教育界的崇高威望和举足轻重的讲话份量。

由于杨校长文理兼通，既渊且博，在校内更是深孚众望。在 20 世纪 50 年代每年校长都要听各系科研工作的汇报，杨老不光精于化学学科，对理科其他各系以及文科、财经各系的科研工作都能给以精辟的指示，足见杨老在学术上涉猎之广、功底之深。那时有一两个系的领导，有时怨言不少、意见很多，但杨校长听汇报做指示时，都能令他们心悦诚服，就连平时不大能听旁人意见的个别系领导，也都能尊重杨老的意见。

学习杨校长严谨的工作作风

1955 年召开全校第一届科学讨论会，会前要为杨校长准备一份大会的开幕词。事先我虽去人大、北大等校学习过筹备科学讨论会的经验，但针对我校具体情况，执笔草拟这个报告，深感心余力拙，反反复复好几次，搜索枯肠，字斟句酌，但限于自己文化科学知识浅薄、文字水平低，很难写出个像样的东西，带着缺憾勉强写就，最后自己念了一遍，觉得还算"顺嘴"，交上去请领导审改。待杨校长批改回来，有的同志说看看杨校长怎么批改的，粗看之下他说："改得真细致，连这么多标点符号都给圈出来了。"我仔细看过之后，愧疚难当，原来许多画圈的地方，都是我为了"顺嘴"，过多地在很多处句尾都用上"了""的"等词。有关科研工作情况部分，杨校长以其博古通今的远见卓识，改写得很具体且针对性强，一改我写的那种一般化、口号式的拙劣面貌，真令我大为折服。

还有一件事，也可看出杨校长严谨的工作作风。1957 年 5 月中、下旬，搞大鸣大放，各系、各单位提出不少意见。我后来猜想，当时校领导也不知道这是引“牛鬼蛇神出笼”、引“毒草出土”的“阳谋”，所以忙于整改，临时抽调了几个人组成“材料组”，把各系、各单位提的意见，整理分门别类，由领导上看过之后转各有关单位以利及时改进工作。我们有时到系里参加会议，会把记录带回来，更多的时候是集中在办公室里整理材料。上面说杨校长在北京开会，让我们“材料组”在杨校长办公室工作。各处送来的材料越来越多，我们就分别摊在桌子上、椅子、沙发上，甚至也摆在地上，反正一直要持续干，每天下班都整理比较麻烦。一天早上，杨校长来到办公室，看到桌上敞着口的墨水瓶、横七竖八的钢笔杆、到处都是的纸张，立即紧皱眉头。我们赶紧站起来，心想这下可糟了，一向整齐清洁的办公室让我们搞得这么乱，恐怕杨校长要发火了。可是，杨老只说了一句“屋里怎么可以搞得这么乱”，就皱着眉头转身走了。杨老作风严肃，不苟言笑，但我从未见到他疾言厉色地批评人。我想那紧皱的眉头，算是最严厉的批评吧。

杨校长去世，我们都拥到图书馆一楼大厅，向杨老遗体告别，杨老离开南开走了，但其德、其才恩泽永垂南开。

绍曾先生百龄追思

梁吉生

人的感情是很奇怪的。很熟悉的人或许未必留下淡淡的思念，而对一个虽然接触不多却很敬重的人，往往有着难以忘怀的深情。我对绍曾先生就有如同后者的体味。

余生晚矣。当我着一身粗布衣裤，手拎一个铺盖卷，从河北农村踏进南开大学时，绍曾先生已是年逾花甲的老人。第一次见到他，是在开学典礼大会上。他作为校长坐在主席台中央，方阔的脸型，戴一副眼镜，穿一件灰色的中山装。先生独特的气质一下子吸引了我。这气质绝非靠华贵的服饰或显赫的地位便可以做出，那是一位学者丰饶内心的外在体现。先生当时的讲话内容已经淡忘，但那略带杭浙口音的普通话，从容明快，疏缓得宜，使我强烈地感受到他那恬淡豁达的胸怀里跳动着一颗多么炽烈的心。

大学五年中，再没有听过他几次讲话。据说，先生很忙，总是在北京或其他地方参加会议，或出席全国人大会议，或参与国家科学技术发展规划的制定，等等。我真正走近绍曾先生是十年浩劫之后。1979年，适逢南开大学建校60周年。我从历史系调到学校撰写学校六十年发展史。“文化大革命”的破坏使学校历史档案资料残缺不全，我们只得一一拜访南开的老人，收集口碑资料。当时绍曾先生刚刚重新被任命为南开大学校长。他以81岁的高龄担此重任，恢复整顿被“四人帮”破坏了的学校，其工作的繁劳是可以想象的。

那是7月中旬的一个上午，我应约来到行政楼校长办公室听绍曾先生谈南开校史。他坐在宽大的办公桌后面，灼热的阳光透过窗纱把一抹金晖洒在他的脸上，尽管岁月已经染白了头发、松弛了肌肤，但那雕塑般的身躯使我感受到的仍然是生命的勃勃生机。他以极平和舒缓的语调回忆过去，那透过镜片的目光悠远凝重起来，沸腾活跃的思绪也仿佛化作固定的符号。

绍曾先生与南开不解的情结可以追溯到辛亥革命以前。1897 年 1 月 8 日杨绍曾出生在杭州城内横河桥边一个世代书香之家；11 岁那年随父母迁来天津，入天津民立第二小学；1910 年小学毕业后报考南开学校，上了两个月，才又去北京清华学堂；经过 7 年多寒窗苦读，以名列前茅的成绩完成了清华的学业；1918 年夏，抱着教育和科学救国的理想，颠簸万里负笈美国；起初在美国康奈尔大学学农，后转攻化学；1922 年攻读博士学位，但不久家庭生活发生困难，父亲寄居北京安徽会馆以卖文鬻字为生，他只好中断学业回国。

在归国的轮船上，不期邂逅李济和赵乃抟的哥哥。他们分别邀请绍曾先生去南开大学和浙江大学执教。李济原是他在清华的同窗，在哈佛大学取得博士学位后已受聘于南开大学，后来成为中国著名考古与博物馆学家。李济告诉他："南开大学校长张伯苓办学很出色，他那里正缺化学教授。"绍曾先生被张伯苓的办学精神所感动，毅然选择了他少年时代生活过的天津，执教于南开大学。

1923 年秋，绍曾先生来到八里台南开大学新校址，住进刚刚建成不久的柏树村教员宿舍，与邱宗岳教授一起白手起家建设化学系。那时，南开创建不久，学生只有二三百人，教职员五十多人，化学系学生更少，直到他来南开的这年才有一位毕业生。绍曾先生教授普通化学、有机化学和实验课。他英俊潇洒，风度翩翩，上课时西装笔挺，语言生动，条理清楚，富于启发性。他把现代化学的最新成果带到课堂，引起学生浓厚的学习兴趣，颇受同学的欢迎。

一个完整的人生需要一种执着的追求。绍曾先生在化学教学中融入了深深的人生感悟。他把敬业、爱生作为人生价值的坐标，他把钟情化学作为对科学的挚爱和对自己人生道路的选择。他决心再次出国进修。绍曾先生的想法得到张伯苓校长的支持。他以南开教授学术休假的第一人，得到学校的资助，很快赴美国深造。

绍曾先生明白张伯苓校长用心良苦，他对南开的感情更加深厚。他在美国耶鲁大学研究院进修两年，获得有机化学博士学位，并被推选为美国“自然科学研究荣誉学会”会员。他的博士论文得到德国著名化学家、诺贝尔奖金获得者威朗教授的赞誉,威朗盛情邀请先生到他的实验室工作。能到世界一流的实验室去从事科学研究,对一个青年学者来说是难得机遇。但他从没有忘记伯苓校长让他学成回国的嘱托。他再一次选择了南开。

“九一八”事变前一天,绍曾先生回到了天津。这时,日本加紧侵略中国,华北形势日益紧张。他回国后,担任了南开大学理学院院长,他与同仁一起把南开教育推向辉煌。1937 年上半年,伯苓校长派绍曾先生等三人赴成都为南开大学选觅新的校址,预做南迁准备。几个月后,他刚回到天津,便经历了日军轰炸南开的劫难。他和留校师生冒着生命危险保护校产、疏散人员,当他本人撤离被毁的校园时,除了身上的一套单衣和一架照像机外,其他个人财物荡然无存。

1937 年 8 月他化装成商人离开论陷的天津,到秦皇岛乘船到达香港,辗转到达长沙,参加北大、清华和南开三校合组长沙临时大学的筹建工作,不久又被派往云南昆明选择新校址。西南联合大学成立后,绍曾先生不避危难,不怕吃苦,站在教学第一线努力工作,担任化学系主任,兼联大师院理化系主任,1941 年又被选为西南联大教务长,全面负责教学工作。他以团结同事、正派无私、办事公道、以身作则、肯于负责博得好评。

抗战胜利前夕,张伯苓为准备南开大学复员北迁,派绍曾先生去美国考察教育、聘请教师。张伯苓十分信任地对他说:“所聘教师,你同意者苓亦必同意也。”绍曾先生在美国两年,除在印第安纳大学当访问教授外,广泛考察了化学研究工作的新发展,并为南开大学聘请了高振衡、肖采瑜、綦秀惠、陈天池、崔澂、王积涛等十几名留美青年学者,为南开大学的发展准备了有生力量。

绍曾先生回国时,解放战争正在激烈进行。美国朋友执意挽留他。他们说:“你的国家正在打仗,华北就要成为战场,你们国家没有科研条件。”绍曾先生坚定地说:“我的国家需要我,南开大学需要我。”他毅然放弃美国的良好科研条件和优厚的生活待遇,回到天津,迎接新中国的诞生。

新中国成立后，绍曾先生把全部精力投入南开大学的建设和新中国化学事业的发展中。他担任南开大学校委会主席，1952 年任副校长，1957 年任校长，1960 年光荣地加入中国共产党。绍曾先生是继张伯苓之后南开大学任期最长、建树最大、威望最高的一位校长。在他主持南开大学工作期间，坚持把学校办成教学与科研两个中心，创建了高校第一个化学研究的专门机构——南开大学元素有机化学研究所，亲自兼任所长，以他渊博的有机化学、无机化学、农药化学及园艺学等方面的学识，领导科研人员研制出一系列重大科研成果，多次获得国家奖励。他是我国农药化学和金属有机化学学科的开拓者和奠基人。

绍曾先生是一部巨大的书，他的谈话只是向我展示了他与南开的篇章，他所诉说的只是一个智者自平凡中走来的故事，但这些叙述，不仅使我重新看到了绍曾先生所亲自经历的那个时代，而且看到绍曾先生那个时代的人所拥有的值得珍惜的价值——爱国、敬业、执着、勤奋、奉献，使我感到一种巨大的文化穿透，犹如走进一个晶莹透明的世界，那种久违的激动再次撞击着我的心扉。

绍曾先生与我谈话后，又过了两年，他在全国高校率先辞去校长职务，获中央批准，并被中央任命为南开大学名誉校长。1985 年 2 月 19 日因患心脏病逝世，享年 89 岁。党和国家领导人邓颖超、聂荣臻、方毅致电哀悼，李瑞环、倪志福等亲往吊唁，著名科学家周培源、华罗庚、严东生、唐敖庆、金善宝、柳大纲、王梓坤、谢希德等送来花圈。3 月 4 日，初春里的南开园一片寒意，万名师生员工胸佩白花，向敬爱的老校长告别。

献身科研自强不息，教书育人栽种桃李。绍曾先生的教育生命还在延续着。

怀念杨老

姜丁铭

我新中国成立前原在南开大学学习，因接触革命较早，一直参与学运活动。校内我与张义哲办《火》壁报，还与魏宏运、王祖陶等从事地下党的外围组织“革青”的活动；在校外与鲍凯搞护厂、护仓库、护航运等工作。新中国成立后，我由天津军管会分配去海关，但海关负责人说不用人，又将我的关系退回军管会组织部。回校后，我被委托为属于四野的哈尔滨外专招募学员，完成任务后，又被分配去参加庆祝天津解放大会筹备工作。当时我的想法是革命已经成功，我应回到读书和搞学术的路上去。为搞外语本行，我转学到北大学习俄语。从北大毕业后，我被分配到中共中央编译局工作，参加对《列宁全集》的翻译。1957 年整风运动中我被划为“右派分子”，送山东实行监督劳动，后在泰安中学担任英语教师。1979 年平反后，我被告知可以回北京，以后又改为回天津。为此我为调回天津而多方奔走。但由于我以前被划为“右派”，被一些单位和人看成政治“贱民”，均避而远之，不敢收留，因而调动问题屡屡碰壁。原以为平反后由中央编译局出面应该无问题，但档案送到南开大学，南大因没有进入指标，无法调入。接着我又找到天津市计委主任、卫生局长、天津市政法委书记、市人事局等许多单位和领导联系，结果都如石沉大海渺无音信。后来才了解到是因为我的原岗是中学，不能调进大学，而且我是由中央机关打成“右派”的，天津人事局办理发调令的人认为，原则上在哪里打成“右派”，由哪里负责安排。而天律市被打成“右派”的有两三千人，安排的指标尚不够用，更谈不上安置别处的人了。这时我如五雷轰顶，不知所措，几个月的调动已把我累得精疲力尽，而前途则一片渺茫。恰在此时，我所在的泰安中学又因我是请假办调动的，停发了我的工资，真使我雪上加霜，使我有位 83 岁老母、9

岁儿子和妻子的家庭更陷入了困境。正在悲观绝望之际，我的老同学告诉我，现在国家正强调尊重知识、尊重人才，你不如设法请学术界的名人为你推荐一下，而不要单纯地在官场繁文缛节上兜圈子。于是我找到了南大的老同学范恩滂，他答应带我去见杨老。于是我带上了我的译著《列宁选集》和论文，以及在山东时编写的《英语语音》《英语语法》等书见到了杨石先校长。杨老得知这一情况，甚表同情，欣然命笔，立即写信以推荐人才的形式请天津市文教委主任路达同志鼎力相助。我持此信找到路达主任后，他说他之所以出面办理，主要是因为杨石先校长的崇高威望和人格魅力，他是当代科技与教育的泰斗，文教委信任他的推荐，路主任还表示他要亲自去办。后来我又从南开大学组织部王柏灵同志处，了解到杨老写信给市文教委要求调我来津后分配到南大工作。但后来由于阴差阳错，天津市文教委最终将我分配到天津理工学院工作。后来滕维藻师主持校务，也曾主动派人联系欲调我到南大，李万华学长也从中力促，均因理工学院坚持而未能如愿。但我对南大师长尤其是杨老的大力支持、竭诚帮助和同窗们给我的支持厚爱与革命情谊永志不忘。

我来天津后，与杨老有了较多的来往，特别是在李万华学长推荐我到南大兼课后，有幸第一次接触托福教材，其中科技和语言问题，也常向杨老请教。杨老的学问博大精深，科技与教学的成就，不乏专家学者的论述。我只从我亲历的点点滴滴上谈谈我的体会。

我在讲托福课时，常与鲍凯探讨语言问题，当我告诉他杨老对于英语的用法上的问题，如一系列单短语后动词是否必用单数等，都回答得斩钉截铁、绝不含糊。鲍凯表示，他不感到意外，他从杨老赠给南大的图书中，看到许多英美文学名著，鲍凯很惊异于一个化学家竟对英美文学有这么深厚的功夫。鲍凯到南大后，说有两位学者，令他从心头钦佩，一位是冯文潜先生，他从以前在南大教学的英国人斯宾凯教授得知，冯先生的外文修养极高，斯宾凯认为如德文和其他文字等都堪为其师，而一个英国教授说这种话是极为难得的。另一位是杨石先校长，一位化学家，又是指导全校的教育家，能够如此广泛涉猎英美名著，这也是他道德学问一身正气的广阔背景了。杨老对旅游也表现出极大的兴趣，并说，他一生只新疆没有去过，而与鲍尔汉和赛福鼎均有交往，他们都专门约过他，但都或因去京开会或是南大有事，都未去成，言下颇有憾意。杨老一谈到旅游，就喜形于色。他说，旅游可以锻炼身体、考验意志，尤以观赏大好河山，心旷神怡，是一种美的享受。他因而认为除德智还要有音体美，这是一个人有所成就的基础。

在谈到做学问时，杨老说，贵在专，但应在广博的基础上，如数学和外语都是必备的工具；选题要精，要探讨新课题，而且应注意发挥一己之长，不以自己之短去和别人竞争。他举例说，当初在考虑南开向哪方面发展时，就是从这种观点出发的。总的来说，当时南开在化学、数学与经济上较强，学校就拟定发挥这方面的优势，走出特色道路。如化学方面，搞有机的少，而搞有机则与国计民生的联系较广，就把重点放在发展有机化学上。杨老还指出，在发展各种专业时，还要眼睛向外，学习欧美的先进东西，走出去学习，不能固步自封。同时眼睛还要向内，向北大、清华学习，与北大、清华展开竞赛，这就更要发展自己之长，避开自己之短。长与短是相对的，北大、清华已搞多年且有成绩的，就不要去碰，重复了不但徒劳无功，而且也是浪费。南开的文史其实也适用这种做法，院校调整后，文史、外文都是人才荟萃，但也应与北大、清华分工，有所为，有所不为。南开以“公能”为主，“敬业乐群”这个特色应保持发扬下去。要有为国家、为民族、为人民献身的精神，还要学好本领，钻研科学，刻苦读书，勤于动手，让学生参加各种科研、学术与公益活动，培养热爱自己专业的、又善于走群众路线的像周总理那样的人才。

还有一件关于译名的小事，我也向杨老请教过。如马萨诸塞州的理工学院，现在都称为“麻省理工学院”，可是没有称“加省理工学院”的，而是自然而然地叫“加州理工学院”。杨老说，这个译名是个历史与现实的问题，以前把美国的州误译为省，到 20 世纪三四十年代已经改过来，但“MIT”译为“麻省理工学院”后，事实是，因中国大多数的科技界名家多出自该院，这些人是科学家而不是翻译家，谁也不去考虑一个译名问题，就这样约定俗成地传下来。我说，目前按标准译名应为“马萨诸塞理工学院”，简称为“麻州理工学院”，这已应是照顾通用了，实际上人们还是都用“麻省理工学院”。杨老认为这个译名,会随着改革开放的深入,随着现代化的全面发展,在不知不觉中走上正轨。但如生活上或实际上改了反而不如不改好,则不必非强改不可,如香港与澳门的拉丁化译名,就不如老译名。马萨诸塞州理工学院毕竟是芝麻大的小事,实在难以提到国家的日程上。杨老的这后一句话,却使我想起,以前对“各尽所能,各取所值”“各尽所能,各取所需”改译为“各尽所能,按劳分配”,“各尽所能,按需分配”这两条关乎社会主义与共产主义的分配译名时,确实是中央花了很大力气,集中全国各方专家研究探讨制定,并由出版机构颁布,全国书报刊必须加以遵守。杨老听了,觉得这更看出大小事之分。不过杨老却由此发出感慨说,一个名词有关国计民生时,国家才有可能花这么大力气,可见只有国家行为,统一纪律、统一行动,才能发挥无坚不摧、战无不胜的作用。“文化大革命”把国家和党的权威摧垮,道德也因之衰败。现在的人们特别是青年一代,不能只想个人为所欲为,丝毫不考虑国家和民族的利益。所以正在提倡的两个文明建设,这确是中国现代化所迫切需要的。

我记得进入 1984 年后,见到杨老时,都说身体感觉不适,牙齿治好后,吃喝还是乏味,我对杨老身体进一步衰退没太放在心上,还说九十高寿您会达到的。有一天大约是 4 月 29 日,杨老拿出一本他担任顾问的《科学与生活》并签名送给我,我对杨老给我签名的题款说,我是您的学生,您称我为老师,我实在太不敢当了。9 月间,有一次我再访杨老时,陪伴服侍杨老的妹妹杨允齐老师告诉我,杨老病了,但他病前给你写了一首诗。我看是一首李白的《早发白帝城》。我的感激之情,实在难表。但对我的称呼,没有用老师,我倒感到亲切和热乎乎的,这首诗是李白经过艰难的岁月后迸发出的一种激情,全诗充满迅猛快捷、豪情欢悦的气氛,一向被世人视为珍品,杨老赠我此诗意在鼓励我奋发有为、开拓前进,实在是一种鼓舞和鞭策。杨老在我调动工作万难几疑无路可走时,毅然伸出援助之手,敢于承担责任、出面推荐;调工作后,又不断勉励敬业,鞭策我前进。在我所著的分析托福句型的《托福辅导》一书中,也有杨老的点拨和释疑,该书出版后,杨老虽已仙逝,我仍在序言中,记录这一事实。在杨老石先校长百年诞辰之际,他留给人们的是一位化学家和教育家的完美形象。他的教科成就和高贵品质将永远活在人们的心中，我仅以在杨老逝世后我写的挽联，作为本文的结束，以寄托我的哀思。

尽瘁科教跨二代研农药泽惠华夏堪称人民师表

献身南开越六秩树丰碑扬清神州争艳北大清华

谁言寸草心　报得三春晖

陈庆华

在我书桌的玻璃板下，放着三张我和杨石先先生的珍贵合影。每当夜深人静、伏案工作之时，我总是会习惯性地凝视片刻，看一看沧桑岁月在自己和最思念的恩师身上留下的深深痕迹，想一想走过的人生道路和曾经的指路人以及未来的跋涉之路。这三张普通的照片铭写着一位著名的科学家、教育家和他的一名学生近半个世纪的深情厚谊。第一张是两寸（约 6.67 厘米）见方的黑白照，新华社记者摄于 1961 年 12 月的南开大学化学系资料室，杨先生容光焕发，精力充沛，正耐心细致地执笔指点着身旁一位初出茅庐的学生，这张照片被刊登在《人民日报》《光明日报》上，那位学生正是年仅 24 岁的我，那时刚刚被幸运地录取为杨先生的研究生；第二张彩照摄于 1983 年的春天，同样是南开校园，我从美国留学回国后特地到杨先生的家中探望，二十几年过去了，无情的岁月把先生的发鬓染白如霜，他已是八旬老人，我亦人到中年，我俩并肩而坐，促膝倾谈，如同父子一般；第三张照片上的我却是站在已成为白色大理石雕像的杨先生旁边，周围是南开园的茵茵草坪和青青松柏，正值 1998 年夏天，我怀着无限的思念和追忆之情，参加国际华人有机化学学术会议，再一次来到先生的身边，可惜老人已于 1985 年 2 月离我们而去……

往事历历在目，至今仍然萦绕在我的记忆深处。

1961 年，正值国家三年困难时期即将结束之际，教育战线在中央制定的“调整、巩固、充实、提高”的方针政策指导下，开始逐步走上正轨，萌发生机，决定恢复研究生制度。这一年的 6 月，经过五年的努力学习，我以优良的成绩毕业留校。有一天，化学系有机教研室主任王积涛先生告知我，经过系领导的研究，决定让我免试攻读杨石先校长的研究生。这个消息使我又惊又喜，我知道杨先生20世纪20年代曾留学美国，后来获得耶鲁大学的博士学位，并毅然回国报效祖国，任教于南开大学，当时是南开最年轻的教授。他德高望重，学识渊博，治学非常严谨，对学生要求严格，能够成为他的弟子，正是我梦寐以求的理想。

第一次拜见杨先生的情景仍记忆犹新，9月初秋高气爽的一天，刚开学的南开校园生机勃勃，我满怀喜悦和崇敬的心情踏进了门前弥漫月季花香的杨老家中，他正在书房等着我，亲切慈祥。师母很快为我端茶倒水，问寒问暖，她那温和平易的笑容使我倍感慈母般的关怀和厚爱。杨先生虽已65岁，但仍身体健康，精力充沛，显得老当益壮。他仔细地询问我的家庭、身体和学业等情况，以自己的亲身经历告诉我要勤奋学习，加强自我修养，坚持锻炼，培养良好的生活习惯，发扬敬业、实干、献身的南开精神。他要求我培养自学能力的同时重视实验动手能力；叫我认真学习外语，掌握学科发展动态和前沿。杨先生还亲自指点我如何阅读和收集最新的文献资料。

当时南开大学元素有机化学研究所刚刚筹备成立，国家急需各种杀虫剂、杀菌剂、除草剂等高效低毒的农药和植物生长剂，杨老接受了国务院农业部门的委托，以此研究项目为自己的重任。在陈天池、陈茹玉、李正名等诸位先生的共同努力下，元素所的全体人员终于研制出一批水准相当高的新农药，为国家农作物的病虫害防治及粮食增产发挥了巨大的作用。

记得杨先生为我定的研究生论文课题是“含萘磷酸酯类高效低毒杀虫剂的研究”，并草拟了整个课题的研究大纲，又把平时查阅到的有关资料给我，语重心长地说：“你们年轻人，只要勤奋、踏实、苦干，一定能做出贡献，为国家争气。”杨老这些对年轻人充分信任和鼓励的言语一直成为我的座右铭，鼓舞我在今后的岁月里克服重重困难，兢兢业业专心于本职工作。在那个“以阶级斗争为纲”的年代里，南开园也同样笼罩着紧张的气氛，要想做实验，不仅要忍受有机磷化合物的臭气和毒性，还要坚定信念，艰苦奋斗，埋头苦干，顶住来自外部恶劣政治环境的压力。现在想起来，如果当时没有杨先生的不断鼓励和指点，恐怕我很难完成研究生阶段的学习任务。每当我做出新的化合物，杨老就敦促我把它送到北京中科院动物研究所做生物活性的实验，进行分析鉴定。正是在杨先生和元素有机所的陈天池等老师的悉心指导下，我终于合成了45个含萘磷酸酯类新化合物，并全部通过了结构鉴定。毕业论文答辩安排在杨先生书房里进行，记得当时有陈天池、高振衡、陈茹玉、王积涛等教授参加。在那样的以“运动”为主的岁月里，能组织起如此规模的答辩会实在不容易。这是与杨老先生的关心和努力分不开的。

1965年6月我顺利完成了学业，依依不舍地告别了挚爱的杨老和南开校园，来到北京工作。不久，史无前例的“文化大革命”开始了。我们每个人的命运都和共和国的命运息息相关，经历了血与火的考验。像许多知识分子一样，我被打成“臭老九”，下放到五七干校劳动。在最困难的时期，杨老的谆谆教导和刚正不阿的气节常常在我的脑海中闪烁，使我坚定信念，在逆境中顽强挣扎拼搏，克服困难，战胜自我。

漫漫长夜过去了，1978年国庆前夕，八旬杨老到北京参加全国人大代表会议，住在友谊宾馆，他利用休息时间把我叫去。阔别多年，师生相见，有谈不完的倾心话。杨老希望我回南开工作，可我由于家庭各方面的缘故，终未成行。不久，他介绍我去中科院杨允植教授主持的研究所工作，又亲自写推荐信给著名的高校负责人，让我到教育岗位发挥作用。在先生的积极关照下，我到了北京师范大学化学系任教。党的十一届三中全会开始了伟大的历史转折，教育领域也充满了欣欣向荣的新气象，长期封闭的国门打开了。尽管我不在南开工作，杨老依然十分关心我的工作，再次为我到国外深造写推荐信。我有幸在美国的埃默里大学化学系著名教授Padwa的实验室工作学习，完成了光化反应及环加成新反应的研究课题，掌握了这个领域的新动态、新技术、新方法。学成回国，我特地回到南开向杨老汇报学习收获。先生听完后非常高兴，嘱咐我一定要把在国外学到的知识和经验带回来，坚持开展工作，切勿半途而废。经过十多年的埋头苦干，我在[3+2]、[4+2]环加成反应和不对称合成等方面做了一些基础性的工作，连续承担了国家自然科学基金资助项目，取得了一定的成绩，并培养了一批研究生，他们中不少人出国留学，并在各自的教学和研究领域中发挥着骨干作用。1993年2月至1994年5月我接受中西政府双边协议，作为高级访问学者在西班牙圣地亚哥大学与西方教授合作从事紫杉醇的研究工作，为中西两国学者之间的交流以及中西两国人民之间的友谊和了解做了一些有益的工作。

岁月如梭，往事悠悠，转瞬之间尊敬慈爱的杨先生离开我们已经十多年了，他一生为之鞠躬尽瘁的南开大学也在20世纪末迎来了80周年华诞。对于从南开之路走过来的我们这辈人来说，杨先生是一座灯塔，照亮了几十年的坎坷艰难之旅；对于现在和未来的南开莘莘学子来说，杨先生是一座丰碑，将永远地守护着他从未离开过的青青南开校园，鼓舞着一批又一批的后继人。

学者楷模

蔡一江

我是1962年从武汉大学毕业、考入南开、成为杨老的研究生的，往事虽已过去三十多年，然许多情景仍历历在目。

研究生的学习是紧张的。10月末天气转凉时我患了咳嗽，校卫生所大夫按感冒治疗不见好转，咳嗽越来越重，转到天津市中心医院做胸部X光透视，诊断为胸膜炎，经对症打针服药，很快痊愈。病好后去见杨老，他特别嘱咐我要注意锻炼身体，只有身体好才能完成好学习任务，才能胜任将来繁重的工作。他还以自己作为例子，对我进行鼓励，说他在清华念书时，一开始身体比较瘦弱，人家都以为他有病，于是他加强身体锻炼，踢足球，假期去郊外旅行、爬山，后来身体就变壮实了。在以后的多次交谈中，他总不忘提醒我要注意锻炼身体。

杨老当时担任南开大学校长、元素有机化学研究所所长，还在校外有许多兼职，所以工作很忙，事情很多。为不影响他的工作，我极少到他的办公室找他。我们谈话总是约定时间晚上在他家中进行。当我有事情需要向他汇报或有问题需要向他请教时，就给他打电话请他安排见面时间，他总是安排我在最近的晚上去他家。我如约前往，他开门迎接。进门后进入过道左侧的第一个房间，这是他的会客室，通常我们就坐在进门左手靠墙摆放的长条沙发上进行交谈。杨老总是平静地听完我的发言，然后谈他的意见，有时审看一下我带去的材料，一起做些商讨。在杨老家中谈话的好处是不会受到其他的人、其他的事干扰，谈话时间也不受限制，问题是要占用杨老宝贵的休息时间，但杨老对此并不在意，总是有求必应。

杨老是我国化学界一代宗师，但他对学生的意见是尊重的，对学生的主动精神是赞赏的。一开始杨老给我选择的研究领域是合成分子中含呋喃基的有机磷类化合物。实验中发现，由于呋喃环的热稳定性差，产品难于纯化，即使采用扩散蒸馏，也得不到纯的产品。经过多次失败后，我向杨老提出改变研究领域的意见。杨老认真考虑我的意见之后，同意改变为合成含其他五员杂环基的有机磷化合物，选择什么杂环，由我提出意见后再商定。经查阅资料，我认为含硫、氮的噻唑五员环稳定性比较好、生物活性比较好、原料也不难得到，如是系统查阅了含噻唑基的有机磷化合物资料，写出文献总结，并且提出了开展研究的设想。杨老看了这些材料后，很快就同意了我的意见。在杨老的指导下，经过约一年的努力，我合成出分子中含噻唑基的新有机磷化合物二十多个。基于这些研究，我撰写成毕业论文，杨老审阅修改后定稿，于是我较好地完成了研究生阶段的学习任务。

1967 年 4 月末我离开南开。在那个一切社会生活都遭到扭曲的特殊年代，离开前我没有向杨老告别，心中留下了一片永远抹不去的遗憾。

杨老离开我们已十多年了。他把毕生精力奉献给了南开，为南开的发展做出了卓越的贡献，在南开的光荣史册中，将永远铭刻一个光辉的名字——杨石先！

学海明灯照我行

叶挺镐

在先师杨石先先生一百周年诞辰之际，我怀着无限崇敬的心情追念着他。三十余年来的往事，又一幕幕地浮现在我的眼前。

一

1964 年我从南开大学毕业后，考取陈天池教授的研究生。不久，陈先生主动领我去见杨石先先生。记得第一次去见杨老，心情很紧张。陈先生毕恭毕敬地向杨老介绍了我。而我作为学生的学生，有点儿不知所措。杨老坐在他书房的大桌子后面，桌子上摆满书、卡片和一大叠信件。他很慈祥地问我基础课和英语的学习情况，接着问我的专业爱好。当知道我对有机磷和杂环化学感兴趣时，他便很有兴味地谈到了希拉台尔、阿尔布蜀夫，又从生物碱谈到杂环农药。其知识之渊博，引人入胜。我原先对杨老只是知其人闻其名，这次才真正感受到这位化学巨匠和教育家的大海般的内涵和磁石般的引力。这次谈话，归纳起来杨老给我三点启示：一是要学好基础课和外语；二是要培养对专业的兴趣；三是要刻苦钻研，严谨治学，为国争光。告辞出来后，陈先生对我说，杨老工作繁忙，不宜多打扰。这次引我来，是让我听听杨老的教诲，走成才之路。我对陈先生的精心安排深为感动！

1965 年下半年开始“四清”运动，到次年我从沧县四清工作队回校不久，便又开始了十年“文化大革命”。陈先生等都戴了“高帽”，唯杨老因其崇高威望和周总理的点名保护，未被触动。我常于晚间悄悄去看望陈先生，并约当过杨老业务秘书的李玉桂先生去拜望杨老。为不耽误研究生的学习和实验，我在元素所的一间实验室里坚持着实验。对此杨老和陈先生私下都表示赞许。到了 1968 年初，研究生作为“处理品”被分配。当时所有高校和科研单位都处在瘫痪状态,研究生没人要。陈先生又悄悄领我去见杨老。他很为难,并动情地对我说:“我很想留你,但我虽为校长,目前却办不成事。”他沉思良久,还是提笔给我写了两封推荐信。一封给中国农科院王君奎先生;一封是给上海农药研究所徐义宽所长。拿着杨老的信,我曾分别找到了这两位长者,遗憾的是他们当时都已是“泥菩萨”,帮不了忙。最后,我被“塞”到了中国农科院杭州茶叶研究所。

离校前我向杨老和陈先生辞行。杨老深情地说:“不管到哪里,希望你都要坚持学习,勿忘专业。我希望将来你能返回学校。”带着杨老和陈先生的殷切期望,我凄然离开了南开。

二

1969 年我到茶叶研究所不久,又奉命到丹阳湖农场接受再教育。不久又得知陈天池先生自杀的消息。我在悲痛之余立即给杨老写信。当时杨老的心情异常沉重。他为失去一位德才兼备的学生、教授,失去他在元素所的得力助手而流出了热泪。这都是后来李正名、李玉桂先生告诉我的。此后,我同杨老的联系更密切了,我一直尊他为我的直接的导师,而他也总是在一些关键时刻给我指点迷津。我们间建立了超乎寻常的师生之情。

1970 年我返回茶叶研究所后,感到很失意,由于心绪不好又患了胃出血。杨老在信中除关怀安慰我外,要我按实际情况开展工作。他指出:茶叶是饮品,种茶也喷施农药,有农药残留问题;另外,上等茶叶都有股清香,含有香气成份,这些都可以进行研究。

从 1972 年起,我同当时的茶叶所植保室主任陈宗懋研究员开始薄层层析法测定茶叶中农药残留量的研究。这在当时是一种新颖、简便、直观的微量分析方法。仅在一年时间内,我们取得了出乎意料的进展和收获。该法在国内许多部门引起反响,首先在江、浙、沪,后又在全国范围内推广应用于农药残留检测。我们的实验室门庭若市,几乎每周都要接待各地来“取经”的客人。按杨老的建议,我又撰写了《薄层层析法在农药分析中的应用进展》专论文章,刊载于化工部化工科技资料农药专册上。

这期间，我曾托人捎上一包雨前龙井茶给杨老。不久又接到杨老的来信，他对这种茶的清香很赞赏，我便很有兴味地查找了一些文献，写成了《茶叶中的香气成份》一文。其成分一般人可能难以想象，竟有数十种之多。可惜后来我离开了该所，该工作我个人没有进行下去。

1974年下半年，我调离茶叶所到温州农药厂工作。回温州前被化工部借用，筹备全国农药情报会议。经过一番充分的准备，这次会议于1974年底在杭州屏风山召开。杨老应邀在会上做了《国外农药进展概况》的报告。他在会上提到的一些新品种，后来成了国内农药的主要发展品种。我们师生终于在此会议上重逢。他祝贺我回归化学农药行列，建议我在可能范围内结合工业实际开展专业工作。

从1975年开始，我在温州带领两位同事在简陋的条件下，针对当时国内大吨位生产的农药马拉硫磷进行研究，分离、鉴定出在原生产工艺路线中存在的两种主要副产物，我将它们定名为二甲酯马拉硫磷和甲乙酯马拉硫磷。此外，还发现存在有马拉硫磷的硫氧异构物，并提出了工艺改进方法及马拉硫磷色谱分析法，陆续写成论文发表。这些研究结果对当时国内马拉硫磷的生产工艺改进和质量提高曾起了较大的影响作用。杨老对我的工作给予了鼓励。

这期间，我曾相约几位同学拟翻译费斯特的《有机磷农药的化学》一书。我向杨老请示，不久即接到杨老的复信，并附来了张立言先生的信。原来张立言先生正在翻译该书。之后我们又着手另译一本，终因时间耽搁，未能出版。后来李玉桂先生又约我共同编写《化学物质命名法和化学文献查阅法》，该稿经杨老审核后，成了南开大学化学系研究生的讲义。

1976年7月，唐山大地震波及京津。我挂念杨老和其他老师及同学们的安全，当即疾书问候。不久接到了杨老长达4页的复信。信中他介绍了这次地震对学校及整个天津的惨重影响。当时他全家都住在帐篷里，天津正届雨季，大雨滂沱，帐篷内衣物全湿。他详细描述了当时的经历。我可以想象得到，他在那样的情况下，又患有白内障，写此长信是非常困难的。信中他还提到，当时的独身老年女教授朱剑寒先生和钟滇荪先生，都因“文化大革命”期间被偷被抢无力自卫而终日惶恐。杨老又主动让出了自己的两间房子请她俩居住。而在地震期间，已经高龄的杨老还得关照她俩的安全和生活。足见杨老的品格是多么的高尚！这封信，我还完好保存着，至今读来，仍感到似有一股暖流流过全身一般。

三

1978 年 3 月，在邓小平同志的倡导下，在北京召开了著名的全国科学大会。科技界人士兴高彩烈地迎接十年浩劫后的科学的春天的来临！我从事的马拉硫磷研究项目也得到大会的奖状奖励。

大会后不久，我接到了杨老的一封令人振奋的来信。原来在会议期间，他向方毅副总理提出建议：为尽快地恢复、壮大南开元素所的科研力量，快出成果，快出人才，要求将包括我在内的以申泮文教授为首的九位同志调回元素所。方毅同志已签字同意。杨老要我做好准备。杨老还在信中谈了自己的设想：建议我回所后先工作一至两年，同时强化英语训练，然后让我们赴美进修一至两年，回所后把科研搞上去。

这封信我反复读了好几遍，眼睛不禁潮湿。我回想起 1968 年离开南开时杨老动情的话语，他多有信用、多有预见啊！

不久，我单位接到了由方毅副总理签字批发的调函，天津市人事局和南开大学人事处又专程派人前往温州市人事局和我单位人事处，联系具体调动事宜。调函中规定，我可以带全家调往南开大学，爱人的工作及子女的学习均可予妥善安排。

然而，我这时却遇到了意想不到的难题。我这几年的奋力拼搏，却使我爱人蒙受了巨大的牺牲，她的身体十分虚弱，对北方的生活不适应，岳父母又年迈多病，坚持不愿北上。

为此我三上天津向杨老解释，并表示我愿只身赴津，家庭北上容后再办。杨老不同意。他关切地对我说：“你已经有了家庭，情况有了变化，不能过于勉强。在基层也可以做出成绩，但条件有所限制。按你的基础和素质，做科研是最合适的。你留在原单位工作，我仍会支持你的。”

就这样,这次调动拖了近两年时间。我带着无限的内疚和遗憾,没有返校,而是留在原单位继续着我那艰苦的事业。

四

20 世纪 70 年代以来,我国南方水稻产区白叶枯病蔓延,粮食损失严重。杨老曾指导李正名教授等开发了氢氧化钾一步法合成防治白叶枯病药剂叶枯净的工艺路线。该药先在天津农药实验厂投产,后又推广到我单位生产。

20 世纪 80 年代初,我根据四川化工所的药试报道,开发了以双硫脲路线合成水稻白叶枯病新药“叶青双”。该药属国内创制品种。在开发该药过程中,我曾跑到母校元素所做短期的实验。杨老和李正名、李玉桂先生等都给予了关怀和支持,故进度之快异乎寻常。1982 年该药全面试验成功。由于该药有一定的内吸作用,并能使水稻返青,很受农民欢迎,不久便迅速扩大至年产 1000 吨成药规模,取代了叶枯净。杨老对我在这方面所取得的进展十分欣慰。

1983 年,我当选为第六届全国人大代表。之前杨老是第一至五届全国人大代表和第五届全国政协常委。这年他又当选为第六届全国政协常委。六届人大第一次会议结束后不久,我因公北上拜访了杨老。先生已垂垂八十七岁矣!他已辞去了一切行政职务,但精神依旧,记忆和听力仍相当好。我望着他那苍老的容颜,心里有说不出的敬重和依恋!他和蔼地对我说:“我很高兴你在艰难环境中取得了成绩。你还要争取机会出国进修,回来后能为国家做更多的工作。”我表示一定按先生的话去努力,并要求留个合影。想不到,这张合照竟成了我和先师永诀的纪念!

1985 年 2 月下旬,我接到杨老逝世的噩耗,立即赶赴母校,向我尊敬的导师杨石先先生遗体做最后一别。

遵照杨老的教诲,在李正名教授等的帮助下,1987 年 5 月,我受国务院引进办派遣赴美国南加州大学化学系进修。我在那里进行了两年余的认真的工作和学习,在活性有机磷抗艾滋病药物合成研究方面取得了进展,有多篇合作研究论文参加了国际学术交流。后来我又婉谢了美方教授的热情挽留，于 1989 年底回国，返回原单位继续着我那平凡而又艰苦的工作。

临离开美国时，美方教授曾向国务院引进办和温州市市长写信，对我的工作给予评价："叶先生在这里的工作十分高效，他已一再证明自己不愧为一个很有能力、具有献身精神、技术精湛、勤奋好学的合作者……我敬佩这位有能力的多产的同事，不管什么时候，他要回来做进一步的访问，都将受到欢迎。"

事实上，这些成绩和评价无不源于我有一位好的老师——杨石先先生。是他那崇高的品格、严谨的学风和谆谆的教诲，使我在迷途中受到指点，在困惑中受到激励，有了排除困难的勇气和刻苦奋进的力量。

杨老生前已培养了几代人。他对学生的关怀都是非常真诚、公平而无私的，就象阳光和雨露总是那样均匀地普洒人间一样。我把先师比作泰山，藉着泰山我们得以登高而观日出；我把先师比作大海，凭着大海我们可以乘风破浪自由驰骋。

这三十年来的先师的恩译，我将永志不忘。

名师指路

胡孚琛

路，对我这个生在新社会、长在红旗下的青年来说，早有“金光大道”在眼前，所以我从迈出第一步起，一直到20世纪60年代，没有“行路难”的体会。

然而“文化大革命”开始不久，我迷路了，我对走过的路开始迷惑、怀疑、反省，不知道以后该怎样迈步。我常常在南开大学校园的大路上徘徊。我将心里话告诉老校长杨石先教授。那时，“四人帮”诬陷的脏水也泼到杨老师身上，杨老师搬到我们学生宿舍，和我们同住年、同开会学习。当人们出去奔忙时，杨老师常常在宿舍里和我长谈。我从这个比我年长半个世纪的老人那里懂得，眼前的混乱只能是中华民族历史中的一个小插曲，是暂时的。杨老师劝我要利用时间，观察社会，增长知识和经验，千万不要丢掉业务，不然以后需要的时候，就拿不出来了。杨老师的话给我印象很深。

离开母校后，我就到某地一个荒僻的农场去“接受再教育”。在那里，我不断收到杨老师的信，他还将一部身边珍藏多年的善本《战国策》和郑板桥的《范县诗抄》寄赠我作为纪念。农场劳动结束后，我被留在当地工作。那里对党的知识分子政策视同儿戏，大学毕业生普遍用非所学。我不时把地方的情况和自己的苦恼写信告诉杨老师，杨老师每次都很快回信。离校十五年多，年迈的老人给我写过四十多封信。1973年，杨老师给我寄来几本英语广播讲座的小册子，叮嘱我不要丢掉外语。1974年，一个曾在我校工作过的老同志去津，顺便探望杨老师，杨老师听他谈了我在地方的表现很满意，捎信来要我谦虚谨慎，联系群众，争取早日加入中国共产党。1975年初，杨老师寄来一封热情洋溢的信，那是他老人家去北京出席了四届人大，周恩来总理作为天津的代表,在会堂的休息室里同他进行了亲切的谈话。那一年,各行各业开始了整顿,工作也有了起色。这时,我见到杨老,向他抱怨“文化大革命”中断了我的学业,问他还能否让我回校再学习一段时间。杨老师询问了我自学的情况,严肃地说:“大学生嘛,要紧的是懂得怎么学。你在大学阶段受过基本训练,掌握一些学习方法,就应把老师没教过的自学完。”杨老的话,给我敲了警钟。正是由于听了杨老的话,我不但自学完了大学的化学教材,还自学了文科几个系的教材。

1977 年,杨老师给我寄来两张照片,一张是他在写作《国外农药进展》一书时的工作照,另一张是他在黄山参加全国农药会议时在迎客松前的留影。看到老人那慈祥的面孔,我心情很激动。

全国恢复招考研究生的制度后,我想报考本校导师的研究生,但杨老师分析了我的特长和实际情况,不主张我匆忙报考母校化学系,建议我投考自然科学史、科学方法论、科学管理学方面的专业。按照他的意见,我于 1979 年考取了广州中山大学副校长、老教育家黄友谋教授的研究生。后来,当我在科研上迈出自己的步伐时,才深深体会到杨老师的这个建议所包含的远见卓识。

1981 年初,我到天津一见到杨老师,就滔滔不绝地把自己的收获向他汇报,我谈得很高兴,杨老却不以为然。老人根据我的具体情况,语重心长地说:“你现在是研究生了,应该在科研上出成果。研究生先要学会怎样研究,学会导师研究的方法,培养创造性。做学问要有扎实的功力。”杨老师的话打开我心灵的窗户,我回校后在导师们的指导下,注意培养自己的创造思维,在自然科学和社会科学交叉的领域大胆探索。写毕业论文时,由于杨老师和黄老师的关怀和帮助,我得到了本专业几乎所有知名专家的热心指导。当杨老师得知我的硕士论文顺利通过,得到国内外有关专家的肯定和鼓励时,特意来信祝贺。我知道,自己在学术研究道路上迈出的幼稚的一步,包含着杨老师和其他导师们无数心血!

1984 年 5 月 13 日,我来到杨老师家中,老人正坐在书桌旁忙碌着。那天老人很高兴。我告诉他中国社会科学院要招考博士研究生,规定须两个专家推荐才能报名,过两个月就考试。杨老师笑着说:“那你就再考一次，攻取博士学位。”他随手从抽屉里拿出纸和信封，给我写了推荐书。望着老师那慈祥的面孔，想起老师对我的培养和教诲，我心情很难平静。当迎着傍晚的夕阳同老师握手告别的时候，我万万没想到这竟是和我的恩师的永诀。

当我含着泪水写完自己的回忆，我深深地感到“老师”这个词有多么重大的含义了。

永远不忘恩师的教诲

黄山石

杨石先校长是中外闻名的化学家、教育家，毕生的精力都献给了他自己所热爱的事业，他驰骋教坛六十余年，是我国教育界一代名师，他是一位令人尊敬的孜孜不倦向科学进击的巨匠。在我国学术界、教育界享有崇高的声誉和威望。

我毕业后，每当途经天津时总是要去看看他老人家。记得 1984 年 10 月正值南开大学成立 65 周年校庆，我同范曾先生应邀回校参加了母校校庆。杨校长在病榻上，虽身体不好，但气色尚佳，万没想到未过半年，于 1985 年 2 月 19 日，竟离开了他的学生和校园，与世长辞了，我们失去了好校长、好师长！

老校长的音容时时浮现在我眼前，他还在台上讲话，在教室中，在实验室里，在学生宿舍内，在体育场，在学生和教师之中……他严于律己，是诲人不倦的典范、忠诚无私的师表，他从不以专家、权威自居，平易近人。

我第一次见到杨校长是在化学实验室里。

在 1960 年，我慕名考取了南开大学生物化学专业，第一次去化学楼上化学实验课，正在做实验时，忽然在我身旁出现了一位长者，站在我面前亲切地捉着我的手，慈祥而郑重地教我试管的拿法和摇法，最后微笑地说："小同学，一定要练好基本操作，才能把试验做准确。"事后，助教告诉我，这位长者就是我国著名的化学家杨石先校长。而今老校长的教诲仍如昨日。

他虽然年事已高，但严谨的治学精神，一如既往，始终坚持亲自授课、带研究生，培养中、青年教师。他以渊博的学识和特有的学术敏感，认识到我国是以农业为本的大国，需科学用以农业，他毅然开辟了植物刺激剂、有机磷杀虫剂、除莠剂等农药化学的研究领域,先后发表了四十余篇学术论著,为农药化学和有机磷化学研究做出了重大贡献。

在校期间,使我更为印象深刻的是他的执教思想,不仅仅注重学生的智力,而且使学生德、智、体全面发展。他经常以旧社会知识分子在国内生活无着、在国外倍受凌辱的经历鼓舞我们。他经常过问校内的文体活动,如美工团、文工团、体操队、航海队等等。一次,他曾来到校美工团座谈(我当时是校美工团的副团长),他鼓励我们要认真搞好同学们的课外美术绘画和书法活动,扩大知识面,提高艺术鉴赏能力。他愿同学们在各个方面都能得到发展。他反对学生读死书、死读书,主张教师既教书亦教人,教学相长,把校园搞得生机勃勃。

杨校长虽然离开了我们,但他那严谨的治学精神以及对党、对祖国、对人民的无比忠诚将永远是我们的榜样,永远鼓舞着我们奋发向上、竭力向前。

杨老在我的心中

滕天奎

听到杨老逝世的消息，我的心情久久不能平静。老校长的身影总是浮现在眼前，老校长那缓缓而又清晰的略带南方口音的讲话声又在耳边萦绕。

我是学物理的，除了每学期在开学典礼上可聆听到老校长的教诲外，直接与杨老的接触不多，但有几件事使我不能忘怀。

20 世纪 60 年代初，我毕业不久，担任化学系物理辅导课教师。在教学研究会上，杨老参加了我们组的讨论。开始大家因老校长坐在身边心里有些胆怯，过了不久见到老校长是那样慈祥温和、平易近人，会议气氛慢慢活跃起来。当我发言时，我看到老校长竟像一个学生似的，端端正正地坐着，用本子记录着。杨老的工作非常繁忙，竟参加一个小组的活动而且还耐心地听一个二十岁刚出头的毛丫头的没有水平的发言，使我顿时对他产生了敬意。我感到非常受鼓舞，暗下决心，一定要做一个好的教师，不负老校长的期望。

一晃十年，在那动乱的日子中，杨老遭到不幸。有人诬蔑他"篡权"。杨老义正词严地回答"是周总理让我当校长的"。那些日子，每当看到他的身影，似乎觉得他走路的步子越来越慢了。有一次我遇到他，问他近来身体可好，他老人家说，得了糖尿病，还说有一个偏方，"葵蕉"的种子可治糖尿病。我说帮他老人家搞这种子，后来我托南方的同学给杨老买，那同学问了农民，但农民说这种子有毒不能吃。我见到杨老把这情况告诉了他。以后我也自顾不暇了，再没问糖尿病的事。回想起来，这样一位著名的科学家有了病竟然得不到及时诊治，当时是怎样的天日！

杨老爱花，也会种花。他家离职工食堂不远，每当我去食堂吃饭，总喜欢在他的小院前停留，看看美丽的花朵，看看他老人家忙碌的身影。那些美丽的花朵像它的主人一样文静地开放着，吐着清香。在“文化大革命”期间，花也像其他美好事物一样被“革”掉了。每当看到杨老的门前那几棵干瘪的草木在西风中抖瑟，心里说不出的难过。一次，我发现，原天津市委书记谷云亭叔叔家里有一盆很好看的植物，那是一位同志从国外带回来送他的。它的花并不好看，但叶子在阳光下显得非常动人，绿色、黄色、红色一层层、一圈圈很是鲜艳，而且它非常易栽，生命力强。大家记不住它的外国名字，叫它“死不了”。我向谷叔叔讲了杨老已失去心爱的花。叔叔为杨老培植了一盆“死不了”。当我把这盆花转送给杨老时，杨老高兴地接了过去，小心地放在窗台上，亲切地对着这盆小草望了许久，像注视着一个多日不见的好朋友。杨老和谷叔叔如今都已作古，不知这盆花还在否？

还有一次，那是20世纪70年代的事了，我从北京带回著名物理学家、科学院高能物理所所长张文裕先生给杨老的一封信和一份材料。我从张老和杨老的口中得知这是一份远在内陆的知青写的什么文章。他们已为此事几次往还信函，这次也不是最后一次，记得杨老说以后他直接给张老去信，不用我带了。在过去，我也碰到过许多外边寄来的文章要求审查，我是很怕看这些东西的，总是硬着头皮来看的，可是这样两位德高望重、知识渊博的学者竟为一名不相识的青年花费了那么多的心血！杨老爱护青年、扶植新秀的高尚精神真值得我们学习。

前些年，怕打搅杨老的工作和休息，没有常去探望。这些年因为工作调动离开天津也一直没有见到杨老。如今我再也见不到杨老亲切的面容了，但杨老永远活在我的心里！

耋年赞歌

王学孝

人到七八十岁高龄，称作耋年。杨石先老教授年逾八十，仍为四化奋战不息。如果我有神来之笔，定为杨老谱一曲耋年赞歌；但我只记下几个音符，愿它回响在读者心窝。

枫不经霜叶不红　雪后青松倍葱茏

在南开大学的西南隅，溪流通幽的小桥旁，坐落着一幢两层楼。楼前并排横卧三间玻璃花房。花房内种植稻麦、玉米和花草，湛青碧绿，姹紫嫣红，清香扑鼻，生机盎然……

这就是南开大学元素有机化学研究所生物测定室。室内饲养着许多昆虫和动物——蚜虫、红蜘蛛、老鼠、小白兔、大公鸡，甚至还有蚊子和苍蝇。这些都是用来测定农药药效和毒性的。科学本身是严谨的，验证它的手段也必须严谨而科学。因此，即使是害虫，也得精心喂养：室内要求恒温；食料搭配奶粉；大公鸡鲜红的鸡冠，专供蚊子叮吸，因为雌蚊不吸血，就不交配产卵。这些本是科学常识，然而当年在反马列、伪科学的“四人帮”的干扰破坏下，这也竟成罪过。

那是 1970 年的一天。杨老听到有人说：“元素所那个生物测定室，是搞洋奴哲学和爬行主义的典型；花房用玻璃盖，要那么洋干吗？我们除“四害”，他们养蚊蝇，还用奶粉去喂？喂它们棒子面！”

学校还“根据上面指示，决定教育革命，就从这儿革起”。

行家听了，哑然失笑。杨老心中，如压巨石。他知道一场新的斗争，势不可免。

回顾“文化大革命”刚开始，一阵寒风裹着雪团，直扑杨老。经国务院、周总理正式任命的校长职位，未经任何手续，被稀里胡涂撤掉了。

“国民党残渣余孽”“南大特务集团总头子”的大帽子，铺天盖地飞来。有人竟以党组织的名义，到杨老家中，威逼他承认自己是“特务”，遭到杨老严词拒绝。

周总理知道后，气愤地说：“我了解南开大学。南开大学哪来的这么多叛徒、特务、反革命！”参天大树护英华，这才使杨老未成冤案的牺牲品。

这时候，杨老名义上还是元素所所长。作为一名真正的科学家，他决不会屈服于政治压力！“路漫漫其修远兮，吾将上下而求索”，可是如今，有人向元素所开刀了。科研道路被堵塞，又将如何“求索”？

在“四人帮”在天津的死党支持下，拆元素所的黑风，象瘟疫似的从生物测定室刮到农药中试车间：楼板给砸得千疮百孔；反应釜和管线被弄得七零八落。农药中试车间被改成了聚甲醛车间。杨老闻讯，心如刀绞，义愤填膺，拍案而起：“真是胡闹！胡闹！岂有此理！”他裁了两张桌面大小的黄纸，用枯瘦而颤抖的手，吃力地写道：“中试车间是国家拨款几十万元建起来，农药放大样必不可少的。你们把它毁掉，改为聚甲醛车间，糟踏国家财产，那是犯罪啊！”

杨老把大字报在小组里当众宣读后，让一位同志把它贴在化学系第一教学楼最显眼的地方。人们敬佩杨老的耿耿丹心、铮铮铁骨，却又暗中替他捏一把冷汗。好心人劝他不要贴。杨老却义无反顾地回答道：“贴！看他们能把我怎么着！”大字报贴出去了，这是一块投进死水的石子，溅起了生命的浪花；这是一颗燃在黑夜的火星，闪烁着希望的光芒。

但是，“四人帮”在天津的死党，并没有停止倒行逆施。他们无理规定元素所科研人员只准出不准进，还强行收走元素所的公章，摘下元素所的牌子……

残暴只能破坏，而创造和建设则需要勤劳和智慧。

杨老动手给周总理写信了，洋洋数千言，字字泪和血……

时间已经是1972年。1月20日中午，天色阴沉，霰雪纷洒。杨老手捧信件，跨进党委办公室，放下信件，转身离去。此时无声胜有声。杨老为人，素来光明磊落。

杨老忧国忧民，茶饭无心。听说领导找他，杨老就由元素所魏玉清挽扶着，离开宿舍去说理。

但是，得到的答复是："学校不是科学院，要研究所干什么？"杨老不止一次地听到过"四人帮"在天津的死党这么说，每次他都针锋相对地回答："世界上很多研究工作，都是从学校搞起来的；你说元素所没用，外面却等着农药急用，你知道不知道？"此时，杨老越说越激动，用颤抖的右手敲击着桌子："元素所不是学校要办的，更不是我杨石先要办的。它是根据毛主席的'以农业为基础'和'要同病虫害作斗争'的指示办起来的，是根据第二次全国科学规划会议和全国农业规划会议的精神，受周总理的委托办起来的！"杨老浑身颤抖，站了起来，左手扶了扶眼镜，右手攥得紧紧的，"国家花了那么多钱，广大农民急着要农药，可你们却千方百计要拆元素所。你们对得起谁？叫我如何向周总理交代！"

……

岁月峥嵘不寻常，是非自有历史断。风云十年，南开园里，曾见落花随水流去；而杨老，恰似经霜枫叶倍鲜红，雪后青松更高洁！

绿叶成荫子满枝　培育英才有良师

杨老是著名的化学家，也是杰出的教育家。他一生培养的英才，正如古诗所云：绿叶成荫子满枝。杨老培养陈天池，就是一个突出的事例。

陈天池是杨老在西南联大任教时的学生、助教，后来留学美国路易斯安那大学攻读化学。三十年前，杨老应邀赴美讲学和考察，在纽约，师生相逢异国，倍感亲切。他对陈天池说："我这次来美国考察发现，美国粮食充足，是与发展农药分不开的。你要多花点精力，搜集一些农药方面的资料，美国若有这方面新出版的书，可多买一些。你不能一辈子待在美国，学成以后，要赶快回国，为改变我国贫穷落后面貌出力。"

陈天池频频点头，把恩师的金玉良言，铭刻在心。他在路易斯安那大学的毕业论文题目就选在农药方面。随后，他又转到科罗拉多大学研究院从事农药的研究。此间，他搜集了大量美国最新发表的农药方面的资料，陆续寄回国内。

杨老提前回国,送走了破败的旧中国,迎来了光明灿烂的新中国。他把喜讯飞报太平洋彼岸的远游赤子,杨老的学生陈天池、王积涛、唐敖庆等一批年轻科学家,立即冲破重重阻挠,投向祖国怀抱。

"你们回来了,研究工作可不能停顿,要多做些实验。"杨老发现陈天池把主要精力放到具体行政工作上,就多次提醒他:"你奉献给国家的,应该是科研成果。我在北京开了几次会,中央领导同志都谈到,要大抓农业。我国农药研究是个空白点,我们要在这方面花力量,打个基础,填补空白。"

春到花城广州。1962 年在广州召开了第二次全国科学规划会议和全国农业规划会议。聂帅受周总理委托主持会议。他亲切地问杨老:"你那个农药搞得怎么样了? 我支持你办这个研究所。"

在会上,杨老十分有魄力地表示,只要把元素所交给南开大学办,给我三年时间,保证拿出成果。

是夸口吹牛吗? 不,不,是杨老内向性格难得的表露。更重要的是他有雄厚的力量,他身边围绕着一批从国外回来、有真才实学的化学家,包括陈天池、王积涛、何炳林、陈茹玉等。这些人都是他的学生,经过他多年亲手培养之后留学深造,而他们这些年又带起来一批新生力量,真可谓少长咸集,人才济济。所以,在翌年全国农药会议上,杨老主动承担了 24 个项目的农药研究任务,元素所是这 24 个项目的负责单位。杨老对陈天池说:"我们应充分挖掘潜力,为国家多挑担子。会议你参加了,我们的担子重啊! 你领着人先做第一个项目。"

不到三年,陈天池带领元素所的科研人员,用汗水结晶出磷 32、磷 47、灭锈一号和除草剂一号四种农药,填补了国内农药的空白,并获国家科研奖。

陈天池是杨老用几十年心血浇灌、培养起来的优秀科研接班人之一,是党内又红又专的科学家,1962 年曾出席全国文教群英会。

可惜,杨老的得意门生、才华横溢的陈天池,竟惨遭"四人帮"的毒手,含冤而亡。在他离开人间的前一刻,还留下一张感人肺腑的字条:"我一生清白……中国共产党万岁! 毛主席万岁!"

有人说,陈天池不仅在做学问的严谨态度上继承了杨老师的好传统，他那光明磊落、刚正不屈的品格也酷似杨老师。

陈天池的学生在悼念他的一首诗中写道："国伤英才，杨老失右臂；所失栋梁，学生恸师表。星运月转，昭雪复榜样；慰师遗愿，四化声嘹亮。"

而今，在向四化进军的嘹亮战歌声中，杨老正一如既往，为党为国培育英才。南开园里，不再是"残红遍地"了，老树染新绿，繁枝花缤纷。科学的春天，将长留人间！

攻关何惧年古稀　探奇甘愿作"人梯"

20 世纪 70 年代初，有一个资本主义国家研制成功一种防治水稻白叶枯病的农药，对我国进行严密技术封锁，只同意卖给我们农药，而且售价昂贵。但为了给水稻治病，国家每年要花大批外汇进口几百吨农药。对于从事农药研究几十年的老科学家杨石先来说，难道还有比这更堵心的吗？

被农民称为"水稻癌症"的白叶枯病，近二三十年来在亚洲种水稻的国家广为流行。20 世纪 60 年代印度进行"绿色革命"，水稻普遍发生白叶枯病，造成灾难性后果，甘地夫人因此差点儿被赶下台。白叶枯病在我国水稻产区也屡有发生，每年水稻因此病减产约百分之十，个别地区减产高达四五成。白叶枯病传染起来非常可怕，特别当碰上暴雨和大风时，一天之内可使成千上万公顷稻子突变枯黄、雪白，为防止继续蔓延，人们常常不得不放火将病稻烧尽。1974 年天津市蓟县城关的大批水稻就是因染此病被毁大半。

20 世纪 50 年代无药，60 年代还是无药，70 年代有药了，但不属于我们。

元素所的科研人员憋着一口气："难道我们就比别人笨？"他们决心攻破这个碉堡，根治"水稻癌症"。

杨老"靠边站"以后，就倾注全部精力搞科研。每天上午八点差几分，元素所资料室门口，准准有一位老人在那儿站等着，风雨无阻，寒暑不怠。中午，资料室仅有的几个人走光了，下班铃响了，老人才蹒跚离座，与管理员一同走出。

他是元素所杀菌组的一个普通成员。当他的助手李正名(当时是杀菌组副组长)告诉他接受了国家交给的研制防治白叶枯病的农药的任务,他连声说"我支持你们,支持你们。我早就在考虑这个问题了"。他当即把世界农药发展状况向他们做了详细介绍,并把他摘录的一叠叠卡片交给小组,作为参考。

杨老深知,科学发现决不是自私自利的享乐;为了攻关探奇,他甘愿充当"人梯"。他对大家说:"你们不要在现在的起点上赶。搞科研不能再从零做起。你们应站在前人的肩膀上继续攀登。这样可以更快一些,有利于尽快赶超世界科技先进水平。"杨老又补充了一句:"这不是我的话,是元素所筹建前周总理对我说的。周总理还说,我们必须赶上世界科学先进水平。我们应该记住,当我们向前赶的时候,别人也在迅速前进。因此,我们必须付出最紧张的劳动。"

言者动容,听者心折。

杨老把攻下白叶枯病作为元素所的重点课题,调集最强的人力充实杀菌组。不多久,命名为"7104"的农药搞出来了,药效很高。但是,这种农药对人的毒性太大,不能投产。

怎么办?就此罢手吗?不能啊!全国水稻需要农药,告急、求援的函件纷纷飞到元素所。其中有一封是来自江苏兴化陶庄公社南柯大队的,信上写道:

> 我们大队今年种植水稻 3352 亩(1 亩≈666.7 平方米),由于高温多雨,白叶枯病从七月三日始星点发生,几天之内发病面积达 2185 亩,严重影响了粮食产量,有的地块减产六七成。我们用现有的多种农药普遍防治过三四次,均未见效。我们恳切希望你们快快研制出有效农药,帮助我们彻底消灭白叶枯病。

这不是一封普通的信,它是催化剂,又像撞击原子核的中子。它像动员令,把元素所科研人员更广泛地动员起来。

在资料室,杨老正在专注地查阅文献。李正名拿着新到的一本外国杂志走到杨老跟前:"××吹嘘的最新农药是不是就是这个?"

杨老摘下老花镜,颔首凑近密密麻麻的外文,仔细地品酌后,做了赞同而又有力的回答:“赶快搞起来。”

他们经过一年多的奋战,做了近百个合成物,试验了十几条路线,最后,新农药终于搞出来了。他们给它起了个好听的名字——叶枯净,是防治水稻白叶枯病较好的药剂。

胜利的欢乐,使杨老觉得自己仿佛年轻了几岁。正如苏东坡所云:“谁道人生无再少?门前流水尚能西,休将白发唱黄鸡。”

山重水复路未穷　石径回处有新峰

阳光透过玻璃和纱窗,将窗前那棵海棠树婆娑多姿的身影,投射到堆满书籍和信札的书案上。窗台上的几盆万年青和云松,像涂了一层金色的釉彩。杨老伏案看书,已经两个小时了。他感到眼睛有些吃力,如同有纱幔垂悬眼前,影影绰绰,一片模糊。他摘下眼镜,离开座位,在室内慢慢踱了几个来回。他想起医生的叮嘱,将眼睛朝远方眺望:挺拔的塔松,伟岸的白杨,似飞的流云,如洗的碧空,一齐映入眼帘。纱幔消逝了。他感到自己的视野和心胸,如同天地一般辽阔高远。他又坐了下来,翻阅着书页和信札。突然,一封来自河西走廊、用毛笔草书的信,跳到眼前:

杨石先教授,您好!

今写此信,特向先生请教。

几年来,我专攻从野草骆驼蓬中提取促使粮食增产的化合物的研究,今年取得了奇妙的效果,可使小麦增产26~73.3%,千粒重增加8.8克,六十天玉米增产14~50%,千粒重增加96克。

我对这一新课题的发现与研究仅仅刚打开了门,但对它的药化和药理限于条件,目前无法探讨,敬请先生在百忙中给予帮助。

为了先生便于了解新药的特点,将我的科学实验报告附于信后,敬请先生阅示。

甘肃靖远县中学　高兆文

杨老继续仔细阅看附在信后的《从野草中提取可使小麦增产的有效物质的研究报告》。看着看着,他不觉一连脱口而出几个“好”字,正是“山重水复疑无路，柳暗花明又一村”。

这些年，杨老一直密切关注着国内外对于植物激素研究的进展。他做的数百张卡片就是反映这一进程的实录。他到处奔走呼号，以期引起大家对植物激素研究的重视。有一天，他推开除草组的门，在同志们递给他的一把扶手椅上坐下。

“你们说说为什么杨树开花特别早？”

“……”这个突如其来的问题把在场的同志愣住了。

“小麦生长期要七八个月，可是荞麦六七十天即可成熟，这是为什么？”

“……”沉默连着沉默。

杨老环视众人一眼：“这里可能有一种特殊的生长素存在。”

这时大家才恍然大悟，联系到杨老多次对他们讲过的“要重视植物激素的研究，它对农药的研究将打开一个新的领域”，茅塞顿开了。

“我们研究杀虫剂、杀菌剂和除草剂，那只能防治病虫害，保证作物收成，从某种意义上说还是被动的。要控制作物本身的生长，使粮食增产，使其听从人的安排，还得靠植物激素。目前只有个别国家把激素试用于粮食生产。我们国家有个别单位搞，也在初试阶段。许多试验证明，植物激素可使粮食、蔬菜、水果成倍或几倍地增长。”

杨老和陈茹玉教授在去元素所上班的路上。

“我看激素很有搞头。”由于杨老经常“吹风”，陈茹玉这几年也开始注意这个问题。

“是啊，别看国内外都在喊除草剂喊得凶，我看植物激素是今后发展方向，大有希望。你赶快抓起来。”

杨老向来不把自己的观点强加于人。当人们对某件事物不认识的时候，他就不厌其烦地宣传，做工作，耐心等待；一旦人们认识了，他这个“催化剂”就加大了剂量。

元素所激素组应运而生了。

杨老多年呕心沥血积累起来的大批有关植物激素的卡片被从家里移到了元素所，开始发挥它应有的作用。

不到一年的时间，一种新的植物激素——他们暂名为大豆激素——诞生了。一亩(1 亩≈666.7 平方米)地只用喷洒几毫克(即不到半个绿豆粒那么一点点),就可使大豆增产两三成。

但是,那毕竟是循着别人路子走的。中国应创出自己的路子。从我国天然植物中提取激素这一假想,如今有可能变为现实。看着这封远方来信,这位从事几十年探索新的农药领域——新的生长调节剂和研究农药的老专家怎能激动呢!

老人一激动手就更易发颤。他向后倚在藤椅靠背上,眯上眼,让自己平静下来,再给这位不畏艰辛的探索者复信:

> 我很高兴地收到你给我的来信,关于骆驼蓬对农作物的初步试验,从你的初试结果来看,肯定有刺激作物生长的作用。可能是天然的植物生长素,也可能是某些微量元素、刺激物质……
>
> 这种草除在我国北方、蒙古、苏联等地外,土耳其、巴基斯坦、印度、埃及等国都有,不少人进行过研究。但所提出均为生物碱类化合物,可用于医药。没有发现有刺激作物生长和增加收成方面的性能。这一点是你们的发现。我们要加以证实。这项工作可能需要几个月或更长的时间,做完后我们将告知你结果和如何提取主要的物质。

从去年以来,激素组的同志们全力以赴向新的碉堡发起进攻。他们把它作为向国庆 30 周年献礼的重点项目。据初步研究证明,这种野草中同时含有植物生长刺激素和抑制素。前景是美好的。

老在须眉壮在心　笑看神州春色新

"老骥伏枥,志在千里。烈士暮年,壮心不已。"曹操在吟诵这脍炙人口的千古绝唱时,只不过五十三岁,可是杨老今年已八十有四。他献身于我国科学事业已六十余年。六十年如一日,甚至在"老骥"扑卧病榻时,仍勤耕不辍,奋战不息。

"四人帮"覆灭,人们迎来了科学的春天。1977 年 8 月初,邓小平副主席复职后抓的第一件大事是召集三十位老科学家、教育家开座谈会,研究如何把科研、教育搞上去。杨老接到通知,像老战士接到命令那样，整装待发，准备奔赴战场。可是天不作美，一阵惊雷滚过，大雨如注，直下了一夜。这是天津几十年少见的大雨。南开园一片汪洋。整个天津泡在水中。这天早晨天刚蒙蒙亮，老人即起床，准备赴京参加座谈会。可是马路上水没车轮，汽车无法开出。老人焦急不安地在屋里来回踱步。学校领导劝他是否不去或晚去一天。"不行，一定得今天赶到，不能因为我一个人影响开会。"老人决心下定，就是趟水也要当天赶到北京。

汪洋不见消退。直到中午，大家才从基建工地拦截一辆十轮大卡车。老人蹚着水从宿舍出来，8 岁的小孙子二毛给爷爷拎着鞋，像小卫兵一样，护送爷爷到停放在马路旁的卡车上……

邓副主席见杨老赶到会场，特意把他请到前边就坐，问候杨老健康情况，叮嘱他保重身体。小平同志说：我向党中央要求，自告奋勇抓科研和教育。今天请大家来，是向大家学习和了解情况，如何更好更快地把科研、教育搞上去。

老人十年来第一次听到这样亲切、感人的话语。甘露入心田，枯木又逢春。

开完会，回到学校的那些天，杨老更加青春焕发，整天工作，忘我地工作。他太累了，病倒了，被送进医院。家属去医院看望他，他提出两点要求：送一些书来；把吴大任教授请来。杨老从北京回来后，亲自登门，又两次把吴大任教授请到家里，动员他出来工作，共同把被"四人帮"糟踏得不成样子的南开大学治理好。吴大任同杨老并肩战斗几十年，风雨同舟，患难与共。可是在"文化大革命"中，却被林彪、"四人帮"整得死去活来，伤透了心。杨老最理解吴大任，终于把他说服了。吴大任决心协助杨老共度艰危，拨乱反正。

杨老住院期间，大夫不得不给他规定严格的"纪律"。别的他都可以遵守，唯独不让工作，他受不了。有一天，他的助手大魏去医院看望他。走到病房门口，大魏惊呆了：老人伏案正坐，面前一叠稿纸、一本厚厚的书，书旁放着一只放大镜，柔和的灯光辉映着老人鹤发童颜，象一尊令人肃然起敬的雕塑。老人在专心翻译一本叫作《有机磷农药》的书，已译出好几章。"杨老，您有病，还是让大家译吧。""自己来吧，不要麻烦别人，你们担子重，我一天译几页，积少成多，会译完的。”劝说无用，大魏只好把书偷偷拿走。

杨老肩挑千斤担，身兼十多职。他是南开大学校长兼元素所所长，中国化学会理事长，全国几个化学刊物的主编，许多稿件和著作要由他审定。请教问题、索要书籍、通报情况、致意问候的函件，每天源源不断从全国各地、从大洋彼岸飞来。前年秋天，他在北京参加全国自然科学规划会议，为了集中精力开好会，他给家里交代，信件一律不要转去。待他开会回来，桌上堆着一二百封函件。这些信他都要阅看，重要的还要亲自动手复，不让秘书代劳。

他把科学家一颗赤诚的心，毫无保留地捧献给我们伟大的祖国。去年 3 月，正值他在北京参加五届人大，老伴在苏州病危。电报一个接一个，领导一次又一次催促，他才向大会请了两天假，飞抵苏州与老伴见了最后一面。他返京的第二天，老伴就与世长辞了。

十几年来，南开大学元素所研究出的十来个具有先进水平的新农药，每个农药无不凝结着他的汗水和心血。然而，这位在我国科学界深孚众望的老前辈，他贡献于祖国的又何止是农药？

杨老经常这样说：我已年逾八十，所余岁月不多。就是一天干两天的工作，还能干多少呢！我还要争取再干它五六年哩！毛主席、周总理把实现四化分两步走，我至少要走完第一步。到那时，我才会死亦瞑目。

文成搁笔，思潮未平。象杨老这样的科学家和教育家，实在是国家和民族的宝贵财富。

从今康健，
不用灵丹仙草。
更看一百岁，
人难老。

就将辛弃疾的词句，作为对杨老的衷心祝愿吧！

苍松赞

觉 非

大雪压青松，青松挺且直。
要知松高洁，待到雪化时。

——陈毅诗

春节过后的一个星期天，我冒着漫天风雪，到南开大学去访问蒙古族化学家杨石先老校长。当我在化学系负责人、杨老的学生戴树桂教授的引导下，来到杨老的书房时，他正在会客室里接待一位外校的领导。由于只隔着一层玻璃门，那边的谈话听得清清楚楚。他们似乎正在商谈接待外国科技界朋友到我国来讲学的问题。只听杨老在说："……到'文化大革命'前，我们有的一些科研项目已经跟外国水平差不多了。可是这十几年，正是世界上科技大发展的阶段，而我们却被'四人帮'搞得不但没有发展，而且还倒退了。"

"真使人痛心啊！现在我们要搞四化，要赶上去，就不是那么容易喽！"

"这就得借重世界的科学技术成果，得要走一条捷径才行。周总理生前就说过，我们必须赶上世界科学先进水平，但是不要在现在的起点上赶，应该站在前人的肩膀上继续攀登。因此，中央决定派一些留学生出去；同时还要尽可能争取一些外国科技界的朋友来给我们讲学。"

"我们已经邀请了×××来。"

"我有一个学生，是加拿大农业科学研究中心的负责人，他现在退休了。加拿大原来是一个农业进口国家，就在这十几年之内变成了一个出口国家；他们的地理条件跟我们很相近，他们的经验对我们很有用。前两个月我给他写了一封信，说我已经老了，大约只能再活几年就该‘翘辫子’了，可是国家给我的任务还没有完成，请他无论如何来帮我几年，也就是来帮帮咱们国家的忙。前几天，我收到他的回信，已经答应来。”

我们默默地听着这两位老人谈话，心不由地一动，心想：“杨老真有一股倔强劲儿，像一个名副其实的共产主义者。”因为我知道，在林彪、“四人帮”横行的时期，由于他跟周总理的亲密关系（周总理在开国大典上，把他引荐给毛主席；周总理帮助他从一个爱国主义、民族主义者达到共产主义者的境界；周总理教导他学会了“弹钢琴”，从繁多的兼职工作中挣脱出来，投入科研工作；特别是由于周总理在“文化大革命”初期就指示对他进行保护），同时，也由于他在青年时代在美国留过学，以后又去进行过研究和考察，而他的学生又广撒在欧美各地，如今，他当年的同学和学生，大都已经成为世界科技界的知名人物——“四人帮”就是根据上述两点，为了把矛头指向周总理，把他打成了“南大特务集团总头子”。若不是周总理亲自再三过问，大约他也早已“翘辫子”了。可是，而今许多人还没有从这场浩劫的余悸中挣脱出来，他也刚刚恢复了校长职务，竟然又与外国朋友进行联系，且又向回邀学生了。这若没有一个无私的广阔的胸怀，没有远大的理想，没有为祖国而献身的精神，是做不到的。

戴树桂同志看了我一眼，很感慨地点了两下头，笑了笑，说：“杨老已经84岁了，还整天为我们的国家，为我们的科学发展忙着。春节前，刚开完化学科技会议，接着又开教育领导工作会议；这刚回来，又要开学了，抓教学、抓恢复科研工作，把他忙得从没有睡过午觉，没有休息过星期天。这，这，使我们真感到有点内疚……唉，唉！”显然，他很动感情了。这样一来，使我这个给他添麻烦的来访者，也很有点抱歉。

杨老送走了客人，推门进来了。乍见之下，颇使我感到意外：在我想像中，他已逾耄年，况又倍遭“四人帮”的迫害，至少也需人搀扶了。然而，他竟还很健步。等他稳坐在办公椅上，我不禁说：“您的身体还很好！”他笑了，似乎对这一点很欣慰，说：“啊，我小时候可不行。那时候因为身体不太好，还出过笑话哩。”接着，他就以他长期搞科学的认真态度，一板一眼地讲起自己青年时代的故事来：“我父亲是搞治理黄河工作的。我受他和一位理化教员的影响，立志要‘科学救国’。因为我的家境不好，就从安徽我的家乡到北京来报考了‘清华学堂’（即后来的清华大学）。可是，我的行李搬进宿舍没有多久，同学就告到学校办公室去了，说：‘那位姓杨的同学很瘦弱，整天在屋里看书，又经常感冒咳嗽，是不是有结核病？请学校给他检查一下。’于是，我无可奈何地被带到医院。检查结果是：‘身体虚弱，无任何病症。’真弄得我啼笑皆非。过几天，校长周诒春先生又找我谈话，问我：‘你将来想干什么？’我说，我要当一个科学家，用科学救国。他‘哦’了一声，说：‘你的志向很好。不过，你要当科学家的志愿恐怕是达不到目的的。你的身体不好，这样用功几年就会垮掉。你应该锻炼身体。’从此以后，他就亲自和当时做助教的马约翰先生带领我们练长、短跑，打球，跳高，游泳。到我被保送到美国去留学的时候，身体就已经很好了。这么多年，我很得益于那时候的锻炼……”

我们的谈话，就这样以聊家常而开始了。我们断断续续地谈了七个小时。从他青少年时代起，直谈到现在，历时七十多年；从国内谈到大洋彼岸的美国和曾经雄霸世界的欧洲的科学技术发展；从个人的遭遇谈到国家的命运和前途……我从他的谈话中，明显地感到：他极富于感情，但绝不夸张；他刚直而又不失学者之风。他确实还保留着成吉思汗后裔的气质。当他谈到气愤处，则以指扣桌；谈到动情处，就声咽泪弹。然而，这些绝不是为他个人得失，而是为了国家和科学。他在第一次从美国回来的时候，曾发生过这样一件事：他刚到上海，在电车上就遇到一个洋人横冲直撞、左推右搡，他见此情景，立刻挺身上前，痛斥了这个外国“阿飞”，并且正告他：“中国人民是不好欺负的！”当时一个外国公司的经理看到了这一切，把他请到公司里，允以高工资，要他担任职务，他站起来，冷冷地说：“对不起，我是国家派出去的留学生，我要建设我们自己的国家。”说罢，拂袖而去。1937 年“七七”事变后，日本帝国主义炮轰南开大学，要占领天津，当时主持校务的杨石先，组织人力把学校的教学器材和图书运往英租界，而到他自己最后撤离时，家里的一切都没有动，不仅丢下了所有的家具和物品，而且丢下了他多年搜集的价值一万多美金的科学书籍和古典书籍，他只提了一个相机，巡视一匣，把门一关，头也不回地恨恨而去。杨石先第二次去美国进行研究工作，获得了博士学位以后，到欧洲去参观访问，获得诺贝尔奖金的德国化学科学家、慕尼黑大学的威朗教授，邀请他到德国去，在他的实验室作为客籍研究员，利用他的那套极其先进的设备，进行自己想进行的研究工作。作为一个化学家，他是多么渴望和需要有这样一套设备进行科研工作啊！但是，他为了祖国的复兴，却放弃了个人的名誉地位，放弃了优越的科研条件，毅然地回到自己贫困而落后的祖国，默默地用自己的血汗来浇灌我们祖国一代化学科学的幼苗。也是在这南开大学，当我解放大军即将解放天津的时候，国民党派了一位知名人士来动员他走，并且告诉他，随时可以为他提供飞机。他大义凛然地当面声明："我已经看透了国民党，它只会卖国，不会救国。因此，我不走了！"于是，他就静静地坐在书房里，等待着听那新中国的催生礼炮。

杨石先，他把自己深深地植根于我们祖国的泥土之中；他把自己一生的心血洒在了祖国的大地上，洒在了我国化学科学的事业上。爱祖国，爱人民，爱科学，是贯穿他一生的主线，只是随着社会制度的变革而变换了阶级基础罢了。他为我们祖国的化学科学事业，勤奋治学，几十年始终不渝，就是"四人帮"的代理人把他赶到乡下，坐在地铺上，也照样翻阅科技资料。他一生培育了我国几代化学人才，仅新中国成立前培养并送出去留学的就有二百多人，包括杨振宁、李政道等人；在国内就更不可胜数了，他们已经是我国化学科学的骨干，有的甚至担任了系统的领导工作，为我国化学科学和化学工业的发展打下了坚实的组织基础。这就是他几十年孜孜不倦的最大成果。然而，他绝不居功自傲，也不以长者自居，他和他的学生们，以及学生的学生们一起，为突破我国农业化学的科研项目，废寝忘食地研究、试验，试验、研究，几十次、几百次的反复，终于用汗水结晶出磷 32、磷 47、灭锈一号和除草剂一号四种农药，填补了我国农药的空白。就是在"文化大革命"初期"靠边站"以后，为了打破资本主义国家研制防治水稻白叶枯病农药的封锁，为了我国农业生产的发展，为了我们社会主义祖国的尊严，他不仅不因"靠边站"而退缩、而气馁，反而甘愿当他学生们的助手和"人梯"，积极指导他们，向他们介绍世界农药发展状况，并且为他们查阅文献、摘录卡片，和他们共同制成了防治水稻白叶病的农药——枯叶净，揭示了外国的所谓秘密，粉碎了他们对我国的封锁，大长了我国人民的志气，很好地完成了党和周总理交给他们的任务。然而，他并不以此为满足，他又和他的学生们为我国农业大幅度增产，全力以赴地在向植物激素攻关……

我望着这位德高望重、十分可敬可佩的老人，觉得他愈加高大起来，确实像鲁迅先生在《一件小事》中说的，"须仰视才见"。陶铸同志的名篇《松树的风格》，也蓦地涌向我的心头：

> 你看它不管是在悬崖的缝隙间也好，不管是在贫瘠的土地上也好，只要有一粒种子，它就不择地势，不畏严寒酷热，随时随处茁强地生长起来。……狂风吹不倒它，洪水淹不没它，严寒冻不死它，干旱旱不坏它。……松树的生命力可谓强矣！松树要求于人的可谓少矣！
>
> 你看，松树的叶子可以榨油；松树的干是用途极广的木材；松树的脂液可制松香、松节油；松树的根与枝又是很好的燃料。更不用说在夏天它自己用枝叶挡住炎炎烈日，叫人们在绿荫如盖下休息；在黑夜，它可以劈成碎片做成火把，照亮人们前进的路。总之一句话，为了人类，它的确是做到了"粉身碎骨"的地步了。

杨石先正是这样的人。他为了祖国、人民和科学，确实做到了无私的地步。

在抗日战争时期，杨老在昆明西南联合大学任化学系主任、教务长。那时的国统区，由于国民政府的腐败，有时物价一天就翻几番，靠月薪生活的知识界，生活十分困难。杨石先虽然同时担任两个学校的教学工作，还是不能维持一家人的基本生活，不得不靠夫人绣围巾手帕、做童装、卖旧物补助。然而，就在这样的困苦情况下，他的一位姓陆的颇有才华的贫苦学生，患了严重的肺结核病，卧床不起，急得他如火炙肉。深知丈夫的杨夫人，拿出家里所有的钱。杨老一把攥在手里，激动地看着夫人，嘴唇颤抖了几下，转身大踏步地走了……

他的夫人，跟他相依为命几十年，情深似海。正当他在北京参加五届人大时，老伴在苏州病危。电报一个接一个，领导一次又一次催促，他才向大会请了两天假，飞抵苏州跟老伴见了最后一面。他返回北京的第二天，老伴就与世长辞了。他十分难过，但没有影响工作，没有痛哭。可是，当他得知，他的学生和得力助手陈天池教授被“四人帮”迫害致死的时候，却拍案顿足，老泪横流。直到他向我叙述这件事的时候，虽已事隔多年，还以手扣桌，悲愤地喊道：“毁灭人才呀！”泪流满面，这是何等感情！

无私才能无畏。在“四人帮”横行的日子里，他要“靠边站”，被打成“特务头子”，全家挤在两间小小的屋子里，他都不以为然。因为，他知道这都是诬陷，而诬陷是经不住时间和事实检验的。但是，当他得知这些丧心病狂的东西，妄图毁掉元素所时，义愤填膺，拍案而起。他裁了两张桌面大小的大字报纸，写道：“中试车间是国家拨几十万元建起来的，是农药放大样必不可少的。你们把它毁掉，改为聚甲醛车间，糟踏国家财产，那是犯罪！”当时，有的好心人劝他不要贴。他义无反顾地回答道：“贴！看他们能把我怎么着！”

但是，“四人帮”在天津的死党，并没有因此而停止倒行逆施。他们要关闭元素所，规定元素所的科研人员只准出不准进，还强行收走元素所的公章，摘下元素所的牌子，并对杨老说：“学校不是科学院，要研究所干什么？”杨石先针锋相对地说：“世界上很多研究工作，都是从学校搞起来的；你说元素所没用，外面却等着农药急用，你知道不知道？”他越说越激动，拍着桌子说道：“元素所不是学校要办的，更不是我杨石先要办的。它是根据毛主席的‘以农业为基础’和‘要同病虫害作斗争’的指示办起来的，是受周总理的委托办起来的！”杨石先到元素所去了，他以坚守阵地的大无畏的精神，无视那些所谓“禁令”，到已无牌子的元素所去上班了！他每天八点前几分钟必到元素所资料室门口，下班时间过后才蹒跚离座，风雨无阻，寒暑不怠。

在那“四人帮”横行的时候，在他被打成“南大特务集团头子”的情况之下，他这样做，是由于一时气愤和冲动吧？是的，是由于气愤和冲动。但是，却不是“一时的”。杨石先那时已是古稀之年，年轻人的那种易于一时冲动的时期早已过去，且长期搞科学研究工作已使他形成了严密的逻辑思维方法、实事求是的态度、认真踏实的作风，他那样做完全是经过深思熟虑的。杨石先把这一形势，甚至像他观察化学元素那样，放在“显微镜”下看过，放在天秤上衡量过；他清楚地看到：他一生要救的这个祖国，这个于1949年在世界的东方赫然崛起的祖国，由于林彪、“四人帮”的破坏，已经空虚了、落后了；而落后是要挨打的。如此下去，历史上被侮辱、被瓜分、被掠夺的遭遇，很有可能重新落到中国人民的头上。他出于一生救国的良心，出于一个共产党员的良心，决定摒弃一切私念，豁出这老朽之身！于是，无论是对“四人帮”，还是科学事业，他都以一个战斗者的姿态出现了。

陶铸同志在那名篇中，有这样一段话：

> 每一个具有共产主义风格的人，都应该像松树一样，不管在怎样恶劣的环境下，都应该茁强地生长，顽强地工作，永不被困难吓倒，永不屈服于恶劣环境。每一个具有共产主义风格的人，都应该具有像松树那样的崇高品质，人民需要我们做什么，我们就去做什么，只要是为了人民的利益，粉身碎骨，赴汤蹈火也在所不计；而且毫无怨言，永远浑身洋溢着革命的乐观主义的精神。

我想，共产党员杨石先是当之无愧的！

当杨老送我们出来的时候，漫天风雪已经息煞，到处一片洁白，杨老站在门口，无论是他那满头白发，还是老年黑斑的皮肤，以及他那老年特有的用力站立的姿态和宽大的衣服，在这夕阳的余晖中，色调都显得十分明净，更像一棵苍老而挺拔的松树了。

回忆教诲　倍感任重

林惠昭

著名化学家、原南开大学校长杨石先教授，曾多次聆听过毛泽东同志的教诲。在纪念毛泽东同志诞辰90周年的时候，他欣然接受了记者的采访。88岁高龄的杨老，满怀深情地谈起那一幕幕动人的往事……

“您第一次见到毛主席是在什么时候？”记者直率地提出了问题。

“那是在第一次全国政治协商会议期间，见了两次，不过没有交谈。1949年10月1日，我作为教育界代表参加了开国大典。在天安门城楼上，周总理陪同毛主席走到我的身边，周总理向毛主席介绍说：‘这是南开大学负责人，老科学家杨石先同志。’毛主席立刻和我紧紧握手说：‘你在教育工作岗位上付出了多年辛勤劳动。’毛主席注意到并且肯定了我在教育工作上多年的努力，使我非常激动。我无法表达自己的心情，只是连声道谢。”杨老追忆说，“那时毛主席正当盛年，步履矫健，待人和蔼可亲，给我印象很深。”这时，杨老的秘书递给我一本相册，他说杨老最难忘的是毛主席1958年对南开大学的视察。说着就指给我看上面的照片。那是几张很熟悉的照片，毛主席穿着朴素的白衬衣，满面含笑，在师生们的簇拥下正在参观。“杨老，您对毛主席这次视察最深的感受是什么？”我立即把话题引到这相册上所记录的事情上来。杨老毫不犹豫地说：“是毛主席对知识分子和教育、科研工作的了解和看重。”随即他又回忆起来：“那天毛主席视察完南开大学，没顾得休息又去天津大学。快中午1点了，毛主席又派人给我打电话，邀请我到正阳春饭店去吃饭。毛主席笑着让我坐在他的右边，又请天津大学校长张国藩坐在他的左边。毛主席不时地一边给我们夹菜，一边风趣地谈笑。我注意到陪同毛主席视察的有省、市很多领导同志，而陪主席同桌吃饭的只有我和张国藩。我理解这是毛主席对科学和对知识分子的重视，也包含着党和国家对教育科学工作者的殷切期望。”“毛主席和您谈了些什么?”我插问道。杨老说:“我向主席汇报了我们学校教育和科研工作的一些情况,还谈了我个人对教育工作和科研工作的一些打算。毛主席听得很仔细,常常放下筷子。接着,毛主席对教育工作和科研工作提出了精辟的见解,其中就有后来广为人知的对教育工作的三项指示。我曾以为,毛主席是党和国家的领导,行政工作了解得多一些,对科研和教育工作可能不是那么熟悉,但通对和毛主席交谈,我发现主席对科研、教育工作有透彻的了解。”

杨老深有感慨地说:“光阴如梭啊!已经过去二十有四年了。我常常追思毛主席对我的教诲,毛主席视察时的音容笑貌历历在目,每一念及,倍感任重,不容稍懈。”

杨老的秘书说:“二十多年来,杨老谨遵教诲,勤奋工作,即使在十年浩劫中也没有放弃自己的责任。‘四人帮’横行的时候,有人要取消有机元素化学研究所,并把所里唯一的中试车间调拨出去。看到研究所岌岌可危的前景,杨老不顾风险多次把自己的想法和意见反映给有关领导,并贴出坚持把研究所办下去的大字报。当时,杨老处境很困难,但回忆毛主席视察时肯定、赞许农药车间的情景,便增添了斗争的勇气。他顶住压力,排除干扰,坚持指导研究所的工作。他建议科研人员下农村搞调查,结果发现南方水稻产区螟虫害严重。师生立即着手研究,两年后,一种农业急需的农药——‘螟蛉畏’问世了。”

“那么,现在呢?”我性急地问秘书。

“现在,他正在与生命争时间。”

是啊,杨老高龄之年,得以亲眼看到毛泽东同志所关注的科学事业蓬勃发展,怎能不倍受鼓舞呢?

秘书继续介绍说,在杨老的指导下,元素所接受了国家许多重点研究项目,先后研制成了十几种新农药,为我国农药研究和元素有机化学的基础理论研究做出了贡献。杨老虽然年事已高又患有白内障,写字看书都很吃力,但他仍和四名中青年教师一起搜集了大量资料,编了一套《国外农药进展》。这套书已列为我国对外交流科技书籍之一。杨老还把培养青年看作自己重要的职责,亲自带研究生,定期为青年搞讲座和学术报告，还把自己珍藏多年的工具书、科研资料赠送给研究所，供青年使用。

我怀着崇敬的心情默默地听着。啊，这就是接受了毛泽东思想哺育的老科学家。他为振兴中华就好像春蚕吐丝，永无倦意。

告别了杨老，我踏上了校园内的宽阔大道，回味着杨老的谈话，仿佛又看到了毛主席面带慈祥的微笑，迈着矫健的步伐，向我们走来，走来……

追忆父亲

杨耆荪

父亲离开我们已逾周年了，三十多年来客居海外的我，至今还不能相信在邮件之中不会再见到每月不误的家书上熟悉的字迹和它带来的关怀和鼓励。最近二弟来信要我写纪念父亲的短文，想想课室、实验室或负责教育行政方面的他，大家都比较熟悉，我就以回忆旧日起居日常生活的片段，介绍在家庭中的父亲。

父亲虽然是一位科学工作者，但他的兴趣非常广泛，在学校中很喜欢运动，以打网球，爬山为最。又喜培养花草，收集邮票，旅行等等。个人生活俭朴但极有规律。对自己的衣、食、住、行都很注意。年轻时几乎无书不读，对中国古诗词特有偏爱。因我是长女，在进小学的时候课程之后他经常耐心地讲解《古文观止》《唐诗三百首》等等名作，并指导练习大小字和背诵诗词。无论寒暑假，从不间断。后来我在学校重读古诗词的时候，无形之中有了很多便利；很多喜爱的诗词文章，至今尚能朗朗背诵，就不得不归功于当日父亲启发培养兴趣的影响。

我的父母亲是因舅舅和父亲在清华同班介绍相识而结婚的。五十多年相爱互敬，母亲是父亲最有力的支柱。父亲在外，母亲在内，各当一面，互不干涉。"严父慈母"，是我家最确切的写照。但对于子女教育问题，他们虽然商量讨论，但父亲是负一大部分责任的。他主张培养我们独立的性格，内务必须整洁有条理，准时赴约，对事则需冷静分析得失，发表自己的意见，然后再采取行动。抗日战争开始之后，南开南迁到昆明和北大、清华合并成西南联合大学，我家也去昆明定居下来。当时因昆明经常受到敌机的轰炸，祖父母年高不便"跑警报"，就迁去重庆乡下居住。我 11 岁时也被送去重庆沙坪坝南开中学住读。每月可去拜望祖父母及姑、叔。行前，父亲要我自己决定处理零用钱的问题，并给我几种选择:可以全部自己管理,开一银行户头,但一年零用总数有定,如果我愿意一天用光也可以,但不准再要;也可请姑姑、叔叔或学校代管,每月或每周去拿定数。我选了前者。但肯把这种责任放在一个11岁初次长途离家的女孩子手中的父亲恐怕不是太多!

1945年抗日战争结束,父亲也乘休假之便准备赴美去印第安纳州立大学任访问教授并进行化学研究。我当时正由南开中学毕业回家报考西南联大。当时父亲尚在教务长任中,考期中他公毕回家,就带一份空白考卷,要我照答当天考卷的做法重做一遍给他看。发榜的清晨,父亲急急出门买报。等我起来时已发现我的名字被用红笔圈出,放在饭桌上了!可见父亲对我们念书的期望和关心,所幸没有让他失望!

父亲是内向的,从不说废话。但处事仔细,考虑周密,公正无私,绝不苟且马虎。严肃少笑,事事认真。在联大时学生和助教背后戏称他作"杨阎王"。他虽然是冷面,感情含蓄不露,但为人热诚喜助人,而且无微不至,他在联大任中曾为无数女学生在婚礼中代表家长,但在婚宴之后,及早离开,让大家有机会闹房,尽兴而散。

平时除读书之外,父亲在公余,很多的时间都放在种植花草上。不论是在昆明,或是在天津,我家门前、后院总是种满各种植物,五色缤纷。在信件中他常常要我寄给他多种植物目录、样本,也不时地要我选购花种和球根等等寄给他。父亲在这一方面的知识非常渊博,植物的学名、种植方法、开花的月份、品种的高矮……他随时都可以回答,很少查书。当年我们住在昆明的时候,他在门前园中划给我和弟弟各一块小地,指导我们种蕃茄和南瓜等等。他非常喜欢养 Tuberous Begonia 球根海棠、仙客来,我曾把球根、花种寄回家多次,但可惜当时天津水中碱性特高,尝试一直没有成功。现在水的质量大有好转,但已太迟!

我们全家团聚的时光并不是太多。我最怀念的就是在每顿饭后大家围桌谈谈当天发生的事情、个人的感想、对其他家人的要求或建议的情景,都是一个彼此交换意见的好机会。同时父亲以最熟练的手法剥、切各种水果,给全家分尝。他经常鼓励我们多发表自己的意见,但同时应该尊重别人的看法。也许因我多在外,两代看法很有出入,所以在家辩论的时候很不少。当我们犯了错误的时候,父亲在怒中也从不提高声音，只是慢慢地理智地分析事实，解释应当纠正的方法。复员之后，父亲由美返津，任南大教务长，代理校长之职。我在清华大学化学系攻读，功课极忙，北京天津之间距离虽短，除了寒暑假，也不大回家。但每次回津，朋友来访的很多。母亲又是很好客的，所以我家总是高朋满座谈笑风生。父亲往往一书在手，偶然插上几句幽默感很高的话而已。我则因在假期之中常常出游，有时乐而忘返，很晚回家。因当时治安不是太好，南大所在的八里台地区比较偏僻，我很快就发现素有规律、习惯早睡的父亲每次借故掌灯相待，总是等我回家才去睡，但在言语中他从未禁止或责备我晚回一次。也许就是因此我便尽心自己检点，早早回家，这就是所谓"无声胜有声"的教管方法吧。

自 1973 年来，中美邦交恢复正常，我前后回家省亲四次。父亲头上渐增白发，但精神充沛，全心致力于教研的发展。屡次向我提出高等学院校的师资缺乏、科学进展落后，要我去海外接洽，留意引起一些有资历的学人和专家到南开大学做短期的教学或指导研究，以创造国际学术交流的机会，又详细问目前学校、研究机关和工业界的新发展和专长，以便日后选派进修的学生和青年教师；平时来信的时候也要我替他收集农药和化学方面关于专刊方面的文献、书籍等等。他即便在百忙之中，也抽空熟悉本科有关的杂志、书籍和其他的资料，吸收新知识，以加深科研的发展并推广到实际的利用中。参考的摘要用卡片小心写好，分类保存备用。我每次回家，看到老先生清晨伏案专心写卡片、收集资料认真的态度，真令我深深感动，自愧不如！

父亲晚年，不似当年严肃，和蔼近人。如遇知音旧友，就非常健谈，情绪也很激动。初次回家省亲时见到父亲给孙辈讲解《小朋友》；后来又多次见到他不避厌烦地仔细嘱咐指导即将出国进修的青年学生在外国的生活、起居方式，礼节和听课做研究应该注意之点，谆谆善诱，是他最大的兴趣。

1978 年母亲逝世之后，老年失伴，对父亲的打击很重。但他反写长信来安慰我，要我节哀。并说人到老年，死是自然界不可抗拒的规律，所以他很看得开，并应警觉自己必须争取仅有的时间加紧进行一些未完成的任务，献出仅存的精力。1984 年 6 月我再度回到天津，因在海外工业界服务，休假期很短暂，又受西南交大和其他机关之邀请先去峨嵋、昆明、桂林等地，所以和父亲相聚不过十天。去陪侍父亲在校园散步的短程之中，父亲曾追忆往日在云南滇池洱海的风光，昆明西山圆通寺的茶花等等，但看到他蹒跚的脚步，就深深地觉到“岁月催人老”的意境了！当年冬天，他病重进医院，我本拟于年底之前再回家省视，不幸的是在办好签证、机票手续之后，摔成骨折，行动不便，因之不能回家。电话联系中弟弟告知父亲病情渐渐好转，可以起坐，想等春天他身体恢复健康后再见，但不知突成永诀！

父亲默默地离开了我们，六十年来全心致力教育，桃李满天下，受培育的教师和科技工作人才都能继续他的遗志，教育英才，提高中国在世界上科学的地位，使国家现代化。我只能用心香一瓣，遥祝父亲安息。

回忆父亲

杨耆荀

父亲逝世已经两年多了，回想和他一起生活了五十多年的如烟往事，使我难以忘怀，他的优良品质和作风，使我受益终生。

一

1937年“七七”事变以后，日本侵略者的飞机大炮对南开大学进行了狂轰滥炸，使这所由张伯苓校长惨淡经营了近二十年的高等学府变成一片瓦砾。所幸的是，事前我父亲与黄钰生、陈序经、冯文潜诸同事一起，组织师生做了紧急转移的应变工作，将部分贵重仪器设备和大部分图书运到了当时的英租界，才免遭破坏。在炮火的硝烟中，父亲和黄伯伯又指挥师生疏散和撤退，避免了人员的伤亡。他们是学校负责人中最后撤离的，当时父亲身上只穿了一套单衣，唯一的随身物品是一架照相机，而黄伯伯随身携带的只是一串钥匙。我们两家的财物全被侵略军洗劫一空。

1937年9月，清华、北大、南开三所大学由平津撤退到长沙，成立了临时大学，后因遭日寇飞机轰炸，又迁往云南，于1938年在昆明成立了西南联合大学，父亲被大家公推任化学系主任。1943年又被推荐兼任教务长。由于工作关系，有些人为了找父亲给他们解决困难，往往带一些礼品来家里，但父亲总是坚持按原则办事，应当解决的事，一定想办法帮助解决；不符合原则的事，绝对一件也不办。不论是该办还是不该办的，一律不收礼。

父亲在西南联大化学系工作时，与他的助教的关系十分融洽，尽管平时父亲对他们要求非常严格，态度也很严肃，但对他们的生活十分关心。当时昆明生活条件比较艰苦，物价一日三涨，货币贬值很快，那时父亲的教授工资想要维持我们一家五口的生活，也是很困难的。母亲和冯伯母(冯文潜教授的夫人)、傅伯母(傅恩龄教授的夫人)只好做些童装，搞点刺绣，甚至做些点心去卖，以勉强贴补家用。至于青年助教，本来工资就很低，有的还要接济家里，因此困难更大。父亲有时在节假日让母亲做些点心给助教们送去，或邀请他们来家里吃吃点心喝喝茶，边吃边谈，亲密无间。学生经济上有困难，父亲就想法给以支援；有的毕业生毕业后找不到工作，父亲尽量帮助联系；遇有兼课的机会，父亲总是把它让给那些经济上有困难的教师，因此，他的学生和同事们都非常尊重他。

父亲在西南联大除了承担普通化学和有机化学教学之外，还承担教高等有机化学的课程，同时从事中国药用植物的化学研究。1945 年他以访问教授和研究员的身份第三次赴美国考察，此间他完成了《中国抗疟植物鉴定——常山的化学性能的研究》的论文，因其科研成绩卓越，被美国化学会推选为美国化学会荣誉会员。在美国，他还看到了一些科技新成果，例如植物激素的研究。我父亲认为这一研究成果对于我国这样一个农业大国，有十分重要的意义。因此他把研究重点由药物化学转向农药化学方面，并购买和收集了许多这方面的资料。回国后，立即开展了这方面的科学研究并开了课。

在美国考察期间，父亲还肩负着为南开大学化学系聘请教授的任务。父亲认为，南开学系就其规模和物质条件讲，是无法与北大化学系相比的。要办好南大的化学系，就要有自己的重点和特色。他首先考虑到的是要有一批爱国、爱教育、有较强业务水平的教师，因此他从美国聘请了有机化学、高分子化学、药物化学、无机化学、物理化学、分析化学等方面的专家学者，他们大都是父亲以前的学生和助教。他们的到来，为南开大学化学系的发展奠定了良好的基础，后来这些人中有五人成为中国科学院的学部委员，其余的人也都成了教学和科研的中坚和骨干。

1947 年底，父亲结束了在美国的考查访问，准备返回祖国。当时国内正进行解放战争，许多外国朋友都出于好心挽留父亲在美国定居，但父亲婉言谢绝了他们的好意，说:“我们国家正需要人，我应该回去。”

于是，他在 1948 年初回到了天津南开大学继续工作。

二

1949 年天津解放以后，市军管会文教部即任命父亲为南开大学校务委员会主席，父亲从此开始担任南大的行政领导。同年 9 月，父亲被推为教育界代表，出席了在北京召开的中国人民政治协商会议第一届会议，并参加了 10 月 1 日的开国大典。在天安门城楼上，周恩来总理把父亲引荐给毛主席，介绍说："这是天津南开大学的负责人，老科学家杨石先同志。"毛主席紧紧握着父亲的手说："你在教育岗位上付出了多年辛勤的劳动。"党和国家领导人对父亲的亲切关怀使他久久不能平静，他感到这不仅仅是对他个人的关心，而且是对全体教育工作者的关心。

1954 年 9 月父亲在北京开第一届全国人民代表大会期间，向周总理倾吐了兼职过多，处理不好行政、教学、科研关系的烦恼，希望能派一个懂得党的方针政策的行政领导干部来接替他的工作。周总理耐心地听完后，亲切地对父亲说："我们刚建国不久，有许多事情要做，而现成的人手又很少，没有人可以派。有才干的人为什么不能多做些事呢？兼两三个职务还是可以的，当然，兼二十多个职务就太过分了。"总理又询问了父亲的兼职情况，然后又帮助安排工作，劝他在学校就不要搞教学了，可以让过去得力的学生和助手去教；行政事务可以找个有行政能力的老党员去干，再找个有威望、能办事的老教师做校长助理。前半年自己抓紧些，叫他们经常汇报，半年后如称职，就可以让他们当副校长，这样行政工作不就减轻了吗？周总理还对父亲说，你今后应当把力量集中到科研方面来，因为我们这方面工作力量很薄弱，要尽可能加强这方面的工作。周总理的一番话，使父亲的心情豁然开朗，他认真地按周总理讲的去做，果然把各项工作处理得都比较妥当，科研工作也能顺利进行了。

1956 年周总理亲自主持了我国十二年科技发展远景规划的制订工作。父亲参加了化学组的工作。为了适应我国农业发展的需要，受周总理的委托，父亲毅然接受了农药的研制任务，并动员化学系的一批中、青年骨干教师一起搞有机磷杀虫剂的研制工作。1958 年 8 月 13 日毛主席亲临南开大学，视察了父亲和师生们自己动手办起来的“敌百虫”和“马拉硫磷”两个农药车间，毛主席对他们的工作给予了很高的评价。

1960 年 3 月，父亲实现了他多年的夙愿，加入了中国共产党，从此他更加努力工作，以自己的实际行动去实现无产阶级的奋斗理想。

1962 年父亲参加了全国第二次科技发展规划会和农业规划会，会后他再次响应周总理的号召着手创建了我国高等院校的第一个化学研究机构——南开大学元素有机化学研究所（简称元素所）。除开展有机磷农药的研究外，又组织其他教师和研究人员开展了对有机氟、有机硅、有机硼及金属有机化学等新领域的杀虫剂、杀菌剂、除草剂以及植物激素等多方面的研究。不久就研制成功了一批高效低毒的新农药，为我国农药现代化做出了贡献，同时也培养出很多科研人才。

父亲一直认为，高等院校应当担负教学和科研两方面的任务。他在 1954 年曾提出，要发挥科研潜力，积极开展高校的科研工作。

他说，高校有三部分人员可以进行科研，一是教师，二是研究生，三是每年的应届毕业生。教师可以一面进行教学，一面开展研究；教学理论可以指导研究，研究成果可以丰富提高教学。所以科研是教师工作的一部分，而且是不可缺少的部分。因此父亲非常重视高校科研工作的开展。

另外，父亲还针对当时有些人轻视基础科学的观点，提出了基础学科（数学、物理、化学、生物、自然、地理等）要全面发展的观点；同时指出，不但要重视基础理论学科，也要重视应用学科，培养学生又红又专，专就是指要一专多能。因为现代科学是相互渗透、相互影响的，没有全面坚实的基础，培养人才就是空中楼阁。

“文化大革命”这场我国人民空前的大灾难降临了，尽管在“文化大革命”初期敬爱的周总理曾做了要对我父亲这样的科学家要加以保护的指示，使他在“文化大革命”初期没有受到批斗、抄家、戴帽游街和强迫劳动等种种迫害，而且学校里也有许多好同志在暗中保护着他。可是到了 1968 年冬以后，形势却愈来愈来险恶，“工宣队”和“军宣队”进校以后，林彪及“四人帮”把高等学校说成“资产阶级知识分子的一统天下”，是“国民党残渣余孽”“叛徒、特务、走资派的黑窝子”，一些受他们蒙蔽的人则说我父亲是“南开大学盘根错节的又粗又大的黑根子的总根子”，是“南开大学特务集团的总头子”，是“资产阶级反动学术权威的祖师爷”。一顶顶政治帽子不断加在他头上，一次次让他写检查交代自己的“罪行”，一回回开大会和小会进行批判。后来又被下放到学生班和赵沽里大队，最后被疏散到河北省腰山去接受改造，一次让他步行好几千米的路去县城开会，半路上由于小肠疝气发作，肚子疼得厉害，趴在地上站不起来，才不得不批准他回天津住院进行手术。此后不久“四人帮”的一个爪牙又来给元素所摘牌子、收公章，说是要给元素所“重新找婆家”，实际上就是要把元素所砍掉。于是紧接着把中试车间砍掉了，反应釜破坏了，一批科技人员也被调走了。面对这一桩桩、一件件事实，父亲气得浑身发抖，他不顾个人安危，立即写了一篇大字报贴了出去，针锋相对地指出这种作法是对人民的犯罪：“你说元素所没有用，可是外面却等着农药用，你们知道不知道？元素所不是我杨石先要办的，是根据周总理的委托办起来的，国家花了那么多钱，广大农民急着要农药，你们却要千方百计地拆掉元素所，你们对得起谁？叫我如何向周总理交代！”这些人终于慑于周总理在全国人民中的巨大威信，没敢再进一步拆掉元素所。

1976 年 10 月，万恶的“四人帮”终于被覆灭了，伟大的社会主义祖国，终于又开始了新生。

三

1977 年 8 月 8 日，邓小平同志召集 30 名全国著名的科学家、教育家开座谈会，研究如何把科研和教育搞上去。父亲也被邀请参加了座谈会。赴会那天早上天津下起了瓢泼大雨，地上积了很深的水，小汽车已无法行驶了。为了不耽误会期，临时拦住了一辆基建的大卡车，父亲蹚水上了车，才顺利地到了天津东站上了火车。在会上他提出了统一科研领导、加强人才培养和选拔等四条建议，受到了小平同志的赞扬。回校以后，他满怀信心地着手医治“文化大革命”给学校和元素所带来的创伤。他提出首先，目前我国学科单一，而世界科技的发展都是向边缘学科、交叉学科发展，我们应当扩大现有的学科研究范围，以便向新的、前人尚未开拓的领域进军；其次，经过十年浩劫，我们现有的许多仪器设备大都陈旧了，很多图书都过时了，外国期刊的订阅也被迫中断了，如不尽快解决这些问题，要想赶超世界科技先进水平是不可能的；第三，应当大力充实与加强师资力量，从20世纪60年代中期以后，若干届高校毕业生留校的很少，因而年轻教师少，教师队伍老化问题严重，中年教师业务被耽搁了十几年，因此，出现了青黄不接，后继乏人的现象。因此他主张要采取结合教学、科研实际在职学习、脱产进修、出国培养等多种方式，逐步提高师资水平。对学术造诣精深的老教师要积极为他们配备助手，充分发挥他们的业务专长及对中、青年教师的传、帮、带作用。他一方面给方毅同志写信，要求给他配备十名助手，包括在“四人帮”统治时期以种种借口调出元素所和化学系的部分业务骨干被重新调回学校，充实元素所和化学系的师资队伍和科研队伍，这样解决了一部分调出骨干的归队问题；另一方面，通过各种渠道，有计划选送中青年骨干教师出国进修或出国攻读学位。他帮助制订出国进修人员的选派计划，确定进修学校，写推荐信并详细地介绍美国有关大学和研究机构的情况和进修中应注意的各种问题。此外，他还带头多招研究生，不仅招硕士研究生，还招博士研究生，待这些研究生毕业后，充实到教师队伍里来，提高教师队伍的素质。为争取与更多的外国高校建立校际合作关系，进行广泛的学术交流，他写信邀请一批国外的知名学者、专家短期来南大任教或定期进行学术交流。如与美国坦普尔大学牛满江教授合作建立生物工程研究所；争取国际知名的数学家陈省身教授回国建立南开大学数学研究所等。

本来父亲打算亲自赴美，利用自己过去在那儿的影响，再聘请一批在美国任教或从事科研工作多年的知名学者来校任教，争取一批已退休的专家学者回国定居，但由于健康的原因未能成行，这是他晚年的一大憾事。

父亲从1923年起就开始执教于南开大学化学系，他不仅讲授无机化学、有机化学、高等有机化学、药物化学，还亲自指导学生做实验。在

1923至1926年时，他编写了《无机化学》和《有机化学》讲义，其中《有机化学》是当时清华大学、北京大学及南开大学最早使用的教材。他对于学生则要求十分严格，从教室中座位的排定、点名、课堂的小测验、提问、试卷的文字要求、实验的仪器安装、实验结果的获取，以至于实验报告，都做到了一丝不苟，因此一些学习上不太认真的学生都十分怕他。他每次上课时，总是穿戴得十分整齐。讲课时板书整齐，语言生动简练，由浅入深，重点非常突出，而且教学内容丰富、新颖。所以后来听到他的许多学生回忆当时的情况时说，他们很喜欢听我父亲讲课，本来下午上课如果天气一热很容易发困，但一听他的课就一点儿也不困了。父亲还十分注重培养学生自学和独立从事科研工作的能力、作风和思路，并且鼓励年轻人要敢于超越自己和一切前人。

在父亲执教的60多年里，他呕心沥血，辛勤地为祖国培养了一大批优秀的人才，其中送出国培养的就有200多人。这里也包括著名的物理学家、诺贝尔奖金的获得者杨振宁博士。在中国科学院的院士的队伍中，就有13位曾是他的学生。新中国成立以后，所培养的人才更是不计其数了。因此可以无愧地说已是桃李满天下了。他关心每位向他求教的人，在20世纪40年代时，一位年轻的教师给他写信，求教公费留美的问题。他回了一封长达十几页的信，从如何选择学校、导师、选学课程、乃至行装、旅程及礼节等都做了详尽的指导。后来这位教师按着他的说法去做，果然收效较大。学成归国后，成了国内外的知名学者。

父亲不但善于发现人才，使用人才，还十分珍惜人才。早在20世纪40年代时，他就发现年轻的助教陈天池不但业务好，思想品质也好，而且还有一定的组织能力，于是就让他出国进修深造。1950年陈天池回国后不久，就成了我父亲的非常得力的助手，施展出他卓越的组织才能，作为南开大学元素有机化学研究所副所长协助主持所里的工作，深孚众望。但十分不幸的是，在"文化大革命"期间，他却被迫害而死。当父亲得知此情况后，拍案顿足，老泪横流，大声谴责"真是毁灭人才！"

父亲不仅关心自己身边的教师和他所教过的学生，而且还关心那些社会上的好学青年。有一次，鞍山市某中学一个青年教师给父亲来了一封信，说她响应党的号召上山下乡，后被选调到中学教化学，由于缺乏专业知识，遇到很多困难，诚恳地希望能得到我父亲的指导和帮助。父亲看了这封信后，根据她的水平和需要，立即给她寄去了《基础化学》《有机化学》等书籍，并鼓励她克服困难，积极搞好教学工作。

父亲经常对他的学生说："你们应当踩在老一辈知识分子的肩上，赶超世界先进水平。"他甘愿作人梯，觉得为此做出一定的牺牲是完全值得的。但是，毕竟他年事已高，体力和精力都逐渐衰退，为了让更多年轻有为的同志来接班，他主动向中央提出了不再担任校领导职务的申请。1981 年中央批准了他的请求，他退居二线，做名誉校长，但他仍十分关心国家和他一生为之服务的南开大学以及他亲手创建的元素所的发展。

四

父亲工作时是非常专注的，无论看书或写材料，如果有人在旁边说笑，他也不受其扰。我母亲身体不好，常年卧病在床。有几位邻居怕她一个人太寂寞，就经常来和她聊天，有时一坐就是两三个小时。父亲的书房就在旁边，他照样做自己的工作。他的时间抓得很紧，而且总有一个计划，什么时间干什么，从来有条不紊。参加任何一个会议，都非常准时，从来不迟到。每次开会之前他都能抓紧点滴时间阅读国内外科技文献、图书和刊物，然后将其中有参考价值的内容记在卡片上，字迹工整、内容简单扼要。并且经常不断地将有价值的卡片转给所里各组的同志们参考。这是父亲一种重要的治学方法。他日复一日、年复一年地写，从不间断，仅在三十多年间就写下了十几万张卡片，为后人留下一份十分宝贵的科学财富。

父亲的业余爱好十分广泛，阅读中外文学名著、养花、集邮、摄影、体育运动……早在清华学堂上学时，由于他原来没学过英语，所以英语是个薄弱环节，他挤出时间阅读英文小说，几乎把学校图书馆里的英文小说全部阅览过了。他还与一个同学相约，在日常生活中必须用英语会话，违者受罚。就这样，他不断提高了自己的英语水平。一次赴美途中，有事要和海关交涉，由于他的英语表达能力好，被船上的中国留学人员推为代表,圆满地完成了任务。他平时工作很紧张,累了他就背诵一段唐诗或宋词。记得我和弟弟小时候特别喜欢听父亲讲《西游记》和《三国演义》,那些动听的神话和历史故事,深深地吸引着我们,总觉得听起来没个够。父亲向来是重视扎扎实实、脚踏实地的工作的,不仅他自己这样做,也要求我们子女们都这样去做。记得在昆明上学时,在暑假里母亲给我出了一道作文题,让我写一篇作文。我为了写好这篇作文,翻阅了一些范文,对其中一篇文章中的一段话"让我们摇旗呐喊,奋勇向前"感到挺新鲜,于是在我的作文末尾,也把它写上了。父亲下班回来之后,看到了我的作文,就火了,他说:"不是扎扎实实去干工作,光凭摇旗呐喊能做得成事吗?"这件事给我的印象极深,使我懂得了一个道理,就是要脚踏实地地去干每件工作,在任何时候都绝不能搞花架子。

1978年3月,父亲在北京参加五届人大期间,大会秘书处向他转告了我们母亲在苏州病危的消息,经领导一再催促,他才请了两天假去苏州探望,和弥留之际的母亲见了一面。为了不影响参加人大的闭幕式,他匆匆搭机返京,他尚未抵京,母亲就与世长辞了。父亲强忍内心的巨大哀伤,写信劝慰在美国的姐姐和其他亲友不要太难过。从此,他失去了和他共同生活五十年并全力以赴支持他工作的亲密伴侣,尽管父亲性格内向,但还是可以看出他对母亲深深的思念。

1984年9月底,父亲患感冒,很快转为支气管炎、痢疾,不得不住进医院,支气管炎被迅速止住,但痢疾却未能控制住,加上以后又出现了心房纤维颤动,医院宣布父亲病危。元素所的领导和同志们听到这个消息,争先恐后地要求到医院护理父亲。父亲看到后,对所里的同志们说:"你们的工作岗位不是在这里。"但同志们还是偷偷地轮流到医院照顾他。两个多月后,他身体逐渐恢复了,全所的同志和我们一样高兴。可万万没想到,父亲卧床四个月后,突然又多次出现心肌梗死,病情日益恶化,终因抢救无效,于1985年2月19日凌晨永远离开了我们。祖国失去了一个忠实的好儿子,我们失去了敬爱的父亲。

每当我回忆起这五十多年的经历时,我总深深地感到他并没有死,仍象往常一样伏在写字台上,为我们的教育事业和科学技术的发展不知疲倦地工作着。

忆舅舅杨石先

李守中

舅舅在天津教书，我一直在南方工作，看望他的机会很少，不过每次和舅舅的见面和交谈都给我留下很深的影响。

我从来没有听到他谈“文化大革命”十年中的事，只有舅母告诉我，“红卫兵”来了，舅舅说：“你们来抄家是可以的，但是最好不要把我的资料弄乱。”那些年轻人说他不老实，要打他，真可怕！

有一次我问他：“民族画报上称你是蒙古族学者是怎么回事，为什么母亲从不说她是蒙古族呢?”舅舅略想了想说这件事他也说不太清楚，以前在家谱里看到过蒙古的姓氏，一次与乌兰夫闲谈告诉他了，不久民族画报的记者就来采访，认定他是蒙古族。舅舅停顿了一刻又说不过这也没有什么不对，今天的汗族恐怕每个人多少都有其他少数民族的血缘，两千多年前汉族才是真正的少数民族。

后来我读的书多了一些，读到孟夫子讲：“舜东夷之人也，文王西夷之人也。”那时候四夷的人口一定远远超过中原，中原人只能是少数民族了，舅舅的观点确实有道理。

舅舅最初学农，后来改化学。但他最喜欢的仍然是植物。每次见到我都要问及昆明人现在都喜欢种什么花。可惜我过去从来不种花草，也很不注意别人种些什么，所以说了半天往往答非所问，最后舅舅只好宽和地笑了。有一次他还把关心的花草写在纸上并且注上学名，要我回昆明以后去请教行家。

我喜欢读一点儿英文杂书，有一次贸然请求他寄给我几本，书寄到以后我发现基本上读不懂，后来舅舅来信说那几本是他随手拿的，讲的事历史背景比较复杂，古英语的成份又多，是不太易读的书。接着还告诉我有关的历史知识和答应再寄给我一些容易读的。这封信我一直保存着。

20世纪80年代初，我通过了出国考试，临行去向舅舅告别，他问了我去美国哪一所大学，还问我为什么不去科罗拉多，那里的矿很多，我说因为宾夕法尼亚州的煤矿更多一些。他点了点头，接着他回忆了当年在美国求学的事，说他还下过矿井。我当时很惊讶，因为愿意下井参观的人不多。他解释说："我忘不了农业，那次看钾盐矿是想了解化肥的情况。"我正好去过云南江城的钾盐井，就讲了些我看到的盐层开采办法，他听得十分仔细，还提了不少问题，然后说与美国的钾盐矿也是差不多，不过那边的规模更大一些。他还嘱咐我去美国除了按原计划学习之外，有机会最好到各地去走一走，看一看。

在美国的两年学习很快要结束了，我特地留了一个多月的时间，买了张长途汽车月票到各地周游了一次，他很赞成我的做法，说也许有一天我会发现这些感性知识是很有用的。

最后一次见到舅舅是在他病重的时候，护士说他已经病重两个多月了。我就只是静静坐在他身旁，渐渐地我觉得舅舅的眼球在活动，仿佛若有所思的样子，于是我试着与他讲话，他也好像在注意听着，这样我就继续讲下去。

我讲不久前看到的西双版纳热带雨林、橡胶园和玉龙雪山下盛开的茶花，等等，等等。他的嘴慢慢动了几下，终于开口说话了，他问我现在昆明人都喜欢种什么花，说他在西南联大的时候看到邻居种很大很大的百合，以后去别处没有看到那么好的百合了。

我就又说了一些，直到护士示意舅舅需要休息了，我才不得不离去。

舅舅永远生活在绿叶、鲜花和硕果之中，在桃李芬芳之中。

附　录

我的自传

杨石先

我于公元 1897 年 1 月 8 日（清朝光绪二十二年十二月二十六日）出生于一个中等官僚家庭。6 岁以前母亲带我和弟弟随祖父母住在杭州。祖父在浙江为官多年，历任嘉兴府知府、宁绍台道等职。外祖家也在杭州。

6 岁时父亲接家眷至济南，他在山东初为后补知府，后因为办理黄河防汛有功，保升后补道。我在杭州时已上家塾，开始识字，到济南后父亲又延请教师来家教读。学四书、五经（缺易经）、史记、文选而外，又兼习数学和地理。故早年教育虽带有浓厚的封建色彩，亦略具维新的成分，因父亲已认识到科学技术的重要性。11 岁时父亲被直隶总督调来天津供职，家亦由济迁津。我兄弟二人开始学校生活。我们考入民立第二小学，我插入高二，弟弟入高一。1910 年我在高小毕业，考入清华留美预备学校，次年弟弟毕业，考入青岛德国高等专门学校预科。这完全符合父亲的愿望，因他曾一再表示希望我学农科，弟弟学工科，而美国和德国又是他认为这两方面最理想的国家。他确实体会到工农业是国民经济的根本。

辛亥革命（1911 年）以后国民党掌握了新政权，和以袁世凯为首的北洋派进行政治斗争，暗潮剧烈。父亲过去政治关系是属于北洋派，而感情上又倾向于维新，有严重抵触情绪，故不愿在北方政府任职。有友人推荐他到原藉安徽省政府做事，尝试两年又告失败，使他认识到自己脾气不好，思想不合时宜，没有在新时代做官的本事，不如坚决退出宦途，另觅谋生之道。适母亲身染重病，长期需人照料，而妹妹又小，父亲自己无法管教，遂将他们送外叔祖家在上海暂住。自己则只身赴北京，寄居会馆，以卖文、鬻字为生。这一家庭变化在我们兄弟两人的思想上都留下了深刻的烙印。我们在学校都享有公费,每年家中原只须补贴二、三十元作为零用和服装之费,改由自己工作弥补,困难不大。但一个美好完整的家庭忽然烟消云散,连假期都无家可归,对十多岁的青年人来说是痛苦的,而且认识到以后的一切,只有依靠自己的努力了。父亲有见解,亦有办事能力,但是没有专门学问而又性情戆直下急,说话经常得罪人,在变乱的时代很难不遭受打击的。

家庭的情况如此,国内国外形势又如何呢?国内军阀专横,内战不息,民生凋敝,外侮日亟。国际则德、英争霸,欧陆风云紧急,日本野心勃勃想乘机吞并东亚。所以我在青年求学时代始终以最严肃的态度对待学业和锻炼身体,其余一概置之不问,以期自己学成之后负起重建家庭和复兴祖国的责任。当时以为中国最根本的问题是国内广大人民未受教育,不能发挥政治作用,而掌握政权的人又都是无良心的政客和无头脑的军人,互相勾结利用,既无政治经济常识,又不懂得科学技术的重要性,以致一切落后,无法抵抗,听人宰割。特别是科学,它为新时代教育的重要组分,为技术的源泉,如果中国不能掌握、发展则永远不能脱离落后的地位。这亦就是教育和科学救国论者的看法,自己对之深信不疑,绝未想到在帝国主义操纵下可能是一条走不通的途径!

我在清华学堂前后读了7年,中等科3年,高等科4年。学业上的竞争是剧烈的。入校时同班同学为一百七八十人,各省按规定名额招考送来的,每年淘汰一部分,又由学校自己招插班新生若干人。最后毕业时只余五十多人,其中原来的略逾半数。7年中我饱受资产阶级思想的浸润,无形中养成了崇美的观念。由于认真学习,一般成绩优良,名列前茅。但仍有一点不尽为美国教师所满意的,就是拒绝接受耶稣教义。这是由于早年父亲时常对我们说起清末各省教案的始末,使我对帝国主义以宗教为侵略工具有了初步的认识的缘故。何况真正从事科学的人对宗教总是有抵触的,不过许多人由于多年习惯不能自拔,只在形式上奉行尔。幸而清华还是中国官方的学校,不能因此而把我排斥。

1918年夏赴美被分配至纽约州康奈尔大学。该校工科农科俱享盛名,规模甚大,全校有学生三四千人,中国留学生亦达四五十人。因我填的志愿是农科，所以被分往该校。不料当时第一次世界大战尚未结束，美国在后期亦正式参战，加入联盟方面。全国及龄男性青年有高中毕业水准的均被征入军官后备大队训练。唯工科和医、药、化学等方面可以部分免征。因而文科、农科等全部变为女生。化学则因军事需要（毒气战争在第一次世界大战展开）而大大地加强了。自己原来对化学兴趣很高，遂呈请留学生监督转入应用化学科。

当时中国学生在美国的处境是相当痛苦的。因为辛亥革命后，政治依然腐败，内战不息。当日本提出了二十一条时又被袁世凯政府接受，毫不抵抗。遂被当作劣等民族对待，经常受到侮辱。只有在学校内还能得到尊重，因有学业成绩作标准。这种情况更加刺激自己学好专业的要求，更加坚定早日归国办好教育和发展科学的志愿。我曾大胆地告诉美国同学们，“不到五十年中国一定可以屹立起来，你们等着瞧吧”。对于美国制度上的许多缺点亦不可能不看到，过去把美国当作理想国家的幻想很快地被打破。

1922 年春在应用化学科卒业，赢得多数教师的深厚友谊，他们希望我留校做研究生。当即告以愿往有机化学工厂，尤其是染料或者制药厂，工作两年取得生产经验，然后再来进行研究。系主任和教授都为我进行推荐，不料大的厂家对于黄种人十分歧视，特别在染料和制药方面有不少业务秘密，深恐泄漏，坚不同意，个人原定计划不能实现。不得已入康大研究院，准备博士论文，估计约需二年半至三年。自己清华公费尚有一年半，成绩好还可延长一年，导师又告我可以申请本校研究生奖金或研究专款，故完成学位应无经济困难。工作一年，进行极为顺利，初步全面考试和德法文都已及格，实验结果亦完成计划一半。忽然接到母亲来信催促回国。因外叔祖去世，大家庭分家。二舅舅经济情况不好，母亲和妹妹不便继续寄居，父亲收入照顾自己都有困难，何况还须接济祖母（祖父已去世）。弟弟虽已在三年前考取安徽省留德公费，但还要一年才能毕业，故目前只能要求我即日归国。因此我不得不与导师商量将研究完成部分写作硕士论文进行答辩。于 1923 年夏束装归国。由于这是临时决定，未能早一年向国内接洽工作，只能在抵沪以后四处托人介绍。有德商征求我做银行的染料和药物的化学技师，有旧日同学推荐我到银行做业务技术员，同船归国的两位留美学生代浙江大学和南开大学邀请我教书。我终于选择了最后者，来到南开任教。因自己仍然忠于过教育科学救国的信念，并拟终身致力于这两个事业。

1923—1929年在南开大学服务六年，教学上有成绩，故于1929年夏，争取到出国进修两年的机会。再度赴美入康涅狄格州耶鲁大学研究院进行杂环有机化合物的研究。工作两年成绩甚佳，于1931年5月考得博士学位。当时德国著名化学家明兴大学诺贝尔奖金获得人维兰德(威朗)教授来耶鲁大学讲学，参加我的论文答辩，承他美意约我到他的实验室作为客籍研究员一年。因函南大商量，拟于1932年秋返校，未得同意，遂往英国和欧洲大陆做两个月的考察旅行，并至维兰德教授处道歉。承他同意，两三年内随时再去，然后取道苏联，经过西伯利亚归国。

1931年秋到校后忙于开设新的课程，并布置新的实验和规划新的装备。翌年正式开展研究工作，首先在合成药物方面。两年后发表一部分结果，得到好评。并继续深入，一方面扩大研究的面，另一方面和医学机构联系协作。这时日军已由东北入侵冀东，并于1937年夏初酿成卢沟桥事件与京郊我军展开战斗。同年7月底天津日军开始行动，炮击并进占南大校园。除事变前三四日抢救出一部分图书仪器外，其余均被掠夺和摧毁。十余年心血毁于一旦，悲愤之余誓作复校的决心。遂即日南下参加抗战。同年10月北大、清华、南开三校在长沙成立临时大学，安置三校部分师生。我被任为化学系主任。次年春又迁昆明，改为西南联合大学。

1938—1945年参加西南联大教学和行政工作，前后六年有余。除在理学院化学系任主任而外，嗣又兼师范学院理化系主任，最后又兼教务长。西南联大学生虽然不少(2000～3000人)，而教师则因三个学校合并起来显得多了一些，每系均有十个左右的教授，还有若干讲师和助教。而图书仪器又甚缺乏，使研究工作几乎无法进行(生物、地学、考古等除外)。

1945年夏，第三次去美为南开物色教师、采购图书仪器，并在印州大学任访问教授，兼研究员两年。当时美国有数十万青年退伍，分批免费入学，高等学校入学人数激增，达到正常的两三倍，而师资奇缺。故外国学者和研究生都受到热烈欢迎。自己亦利用这一机会补齐自己八年来的缺课，了解化学及其接近领域内的新发展和新趋势。又看到了若干为美军占领时掠夺而来的德国化学工业研究的秘密资料。这些文件经过有关专家审查后，分别影印交给政府机关、有关工厂研究室以及大学研究所或作内部资料，或作一般参考。我曾写信给伪教育部、伪工商业部、伪中央研究院，希望他们组织力量进行收购和托人摘要抄录以备国内参考。但是他们或者认为无关重要置之不理，或者复信说现在无力办理，以后再说。

1947 年我准备归国。印州大学化学系同人一再敦劝我再做二三年之留，因国共战事正在东北进行，华北即将卷入，归国后恐无法工作，不如候局面稍为稳定再作归计。同时对他们亦大有帮助。我认为国内局面甚难估计，二三年未必即能稳定，又因南大同人来函敦促，终于年终乘轮归来。

1948 年 2 月抵津，归国一年后天津市继北京之后获得解放。

天津解放前夕曾有人约我离津南下，伪教育部亦有指令随时乘机退出。我对国民党和蒋介石自抗日战争以后完全丧失信心，不愿追随他们。而对中国共产党又毫无认识，曾为之徬徨多日，举棋不定。后来经过一番分析，觉得前面一条是毫无希望的道路，后面一条虽属不可知，但可能有好的成分，应当留下来看看。

天津解放以后首先看到解放军纪律是严明的，为任何军队所不及，士兵们对市民亲切和蔼，带来了一个极好印象。后来刘少奇同志来津召集各界人士谈话，提出对知识分子的要求和希望，心中为之稍安。经过一段紧张学习，对于新政权有了初步了解，很多问题得到了答案。但仍未能充分体会它们的重要意义。

我没有估计到党会令我以教育工作者代表的身份出席全国第一届政协会议，说明她注意到我多年在教育工作岗位上的努力。这给我以巨大的鼓舞，特别是在 10 月 1 日走上大安门城楼之后，由周恩来总理的介绍，和毛主席握了手，他的慈祥的微笑永远刻印在我的脑子里。我此后必须严格遵照共同纲领的要求，不辜负党对我的关怀。

抗美援朝给我以巨大的震动和难忘的教育。自己认为在列强中过去对中国态度较好的是美国，它帮助蒋介石，诚然不幸。但蒋介石是扶不起的阿斗，美国的态度终究会改变的。现在抗美援朝就消除了这个可能。同时对能否援朝亦深深地怀疑。当消息公布后，黄敬市长问我的意见，我说能够自保就不错了，提出援朝是否调子过高？自己主张陈兵鸭绿江边暂不南下。用意是什么？惧怕美国，不信自己军队能与之对抗。若美军入侵东北则苏联必须出兵，因中苏有共同防御的协定。现在南下则只能是中美之战。朝鲜没有实力，苏联没有义务，我们的牺牲可能巨大。自己虽然不懂军事策略，亦不掌握全面形势，俱从常识判断，认为不智。结果如何呢？完全证明毛主席看法的正确，美帝只是一个纸老虎，敌人被驱回三八线，不得不签停战协定。东北稳固了，朝鲜人民共和国保全了，而我们的伤亡并不太大，并且这个战役的影响是非常巨大而深远的，它使全国人民有了无比的信心。党的威信更加巩固，新中国的地位大大提高了。由于美帝采用了细菌武器和苏联全力协助，使我在两大阵营方面获得了正确的感情关系。

知识分子思想改造和“三反”“五反”，虽在初期给自己带来了一些痛苦和不安，因不习惯于轰轰烈烈的群众运动，总怕发生重大偏差。其实这是完全不必要的顾虑，有党的正确领导，遇有偏差，随时会加以纠正。结果使自己认识到个人的真实面貌，抛弃了不少思想包袱，效果是宏伟的。

多年的资产阶级教育和旧社会的影响所养成的顽强而根深蒂固的思想体系，虽然不断地受到震动和批判，但要彻底清除确是艰巨的工作，需要长期的努力。

我过去不喜问政治思想，只是关门进行学术工作。后来在学习和运动之外，参加政治生活和多种社会活动。我虽然了解党的美意，但总有抵触情绪，体会不到学术不能脱离政治、工作（包括学术工作）必须走群众路线的真理，这一症结在自己心中长期不得解开。最初甚至有党不了解科学研究工作的重要性和用人非其所长的错误想法，以为教我搞民主党派的工作，教育工会的工作，所取得的效果远不如教我搞科学研究为大。科学工作是中国多年来最落后的一环，而有训练有基础的科学家人数不多。社会工作当然亦重要，可以让许多学社会科学的人去搞。但看到中国科学院在新中国成立后即行建立，不少新的研究所逐年增加，1955年又有学部的成立和学部委员的选举，1956年又进行国家科学技术远景规划，说党是不重视科学是站不住脚的。那么一定是自己的思想上和认识上有问题，应当深入细致地去挖掘。终于在访苏、“整风”“反右”和交心的过程中获得了解决，找出答案。

1957年冬访问苏联对我个人是具有极端重要意义的事件。以郭沫若为首的中国访苏科学技术代表团赴苏的目的是和苏联广大科学家们商讨中国的科学技术规划，征求他们的意见。又代表中国国务院、中国科学院和中国高教部分别签订双方合作协定。使我有机会座谈、参观和深入了解苏联科学发展的情况和工作的方法，收获是甚大的。

上面已经提到自己多年来是以教学和科学研究为自己终身努力的目标。但是几十年来只能先从教学开始，因为科学研究的条件还不具备，尤其是抗日战争爆发前后消耗了自己将近十年的时间和精力，新中国成立时我已年逾半百，估计还可工作十年至十五年。如不抓紧时间，要在科学上做出较大的贡献是不可能的。故对行政工作、社会活动，甚至文娱都不愿参加，自己相信这是从祖国科学的长远利益出发的。现在看这些认识是有片面性的。

很久以来，我钦佩党、爱护党、信任党。许多同志的入党给我以很大的鼓励和刺激，但总觉得还有小的隔阂未完全消除，不好启齿。

现在隔阂消除了，使我在精神上无比的愉快，毛主席又向我们提出了红与专的要求，我坚决在红的方面做更大的努力。我真诚地信仰马克思列宁主义，愿意用它武装自己。我热爱中国共产党和毛主席，愿意在他的旗帜下献出自己的一切，包括生命在内，为人民事业奋勇前进。

（本文写于1959年9月6日）

杨石先生平记事

1897 年

1 月

8 日 （清光绪二十二年十二月二十六日）生于浙江杭州。名绍曾，号石先。

1902 年

入家塾读书。读《千字文》、唐诗。

1903 年

离开杭州，随父（杨嘉辰）母（高婉贞）及弟（杨继曾）至山东济南。从家庭教师读四书、五经、史记、文选等，兼习算学和地理。

1907 年

随父亲迁居天津。考入天津民立第二小学高小二年级读书。

1910 年

小学毕业，先后报考了天津敬业中学堂（南开学校的前身，今南开中学）和清华学堂（后改为清华学校，今清华大学的前身）。先就读敬业中学堂。几个月后又接清华学堂录取通知书，遂转而就读清华学堂。

1911 年

1 月

北京清华学校中学部上学。

1914 年

7 月

北京清华学校高等科上学。

1918 年

9 月

以优异的成绩完成了七年的学习，获得官费出国留学的机会。在美国康奈尔大学学习农科。

1919 年

改学应用化学学科。

1922 年

2 月

获康奈尔大学应用化学学士学位。接着又在该校研究生院攻读博士学位。

1923 年

7 月

由于国内家庭发生变故，经济困难，不得不中断博士学位的学习，经与导师商定，以已完成的一部分博士论文进行答辩，获有机化学硕士学位，并于当年 8 月归国。

9 月

21 日　《南开周刊》第 68 期报道，南开大学今年暑假所聘之教师有：化学教授杨绍曾先生。

1925 年

3 月

28 日　南开大学、中学、女中三部举行春季运动会，杨石先任终点裁判员。

1926 年

4 月

23 日　受学生科学会邀请，杨石先在本校科学馆 211 室，讲演“Chemical Warfare”问题。

1927 年

与刘崇瑜女士在北京结为伉俪。

1928 年

本年　化学系增设化学研究学程，邱宗岳、杨石先、张克忠分任指导。

9 月

兼任理学院院长

1929 年

9 月

享受南开大学教师学术休假，赴美深造。在耶鲁大学为罗氏基金研究学侣，在该校研究院任研究员，从事杂环有机化合物的合成研究。

1931 年

6 月

以《从乙酰基二硫代碳酸酰胺和乙酰基异硫脲合成 α、β-呋二唑》博士论文，获耶鲁大学有机化学博士学位。被推选为美国“科学研究工作者(SigmaXi)荣誉学会”会员。后对欧洲各著名大学、化学研究机构进行了两个多月的访察，经西伯利亚回国。

9 月

17 日　由东北乘车返回南开大学任教授。

10 月

兼任学院院长。不久将家属由北京接到天津。

1934 年

4 月

20 日 《南大副刊》报导，斐陶斐励学会南开大学分会选举张伯苓为会长、杨石先为书记兼会计及出席全国大会代表。

7 月

12 日 出席在天津召开的斐陶斐励学会第三次全国代表大会。

10 月

17 日 校庆纪念日，出席严范孙铜像揭幕仪式。

1937 年

7 月

7 日 “七七”事变爆发。

24 日 杨石先与学校秘书长黄钰生等人一起指挥疏散学校的人员及转移图书仪器。

29 日 凌晨 1 时许，日本侵略军开始对南开大学校舍进行炮击。杨石先等乘船从水路向学校南面的青龙潭（今水上公园）撤退。天亮以后，杨石先、黄钰生及教员三人又返回学校检查校内各处的损失，又冒炮火离校。其时只带有背在身上的一架照相机。

8 月

杨石先与经济学教授方显庭化装成商人到秦皇岛乘外国运煤船，辗转到长沙，参加北京大学、清华大学、南开大学三校联合成立长沙临时大学的筹备工作，任学校课程委员会委员、理工设备设计委员会召集人及国防工作介绍委员会委员，三校化学系合成一个化学系，杨石先为化学系教授会主席（后改称系主任）。

1938 年

1 月

20 日 由于战火迫近，长沙临时大学决定迁往云南昆明，并决定三校各派一代表先行入滇安排迁校事宜。杨石先与北大秦瓒、清华王裕光前往昆明。

4月

学校师生先后到达昆明,改名国立西南联合大学。杨石先任理学院化学系系主任,同时担任南开大学理学院院长及工学院代理院长。

8月

西南联大师范学院开学,杨石先兼任师院理化系系主任。

1940年

8月

28日　推定杨石先及叶企孙、周炳琳赴四川勘察西南联大迁校校址,以备必要时学校迁川。

9月

11日　西南联大成立迁校委员会,杨石先等9人为委员。

1941年

11月

13日　教务长周炳琳未返校之前,教务长一职由杨石先暂代。

19日　成立联大学生入学资格审查委员会,杨石先为该会主席,暂代西南联大教务长职务。

本年　兼任北平中央研究院"通讯研究员"。

1942年

2月

17日　张伯苓在重庆沙坪坝召开"南大复兴筹备会"首次会议,杨石先等出席。

3月

1日、3日　继续召开会议,研究南开抗战胜利后发展问题,杨石先出席。

7日　召开第四次会议,决定成立南开大学聘任委员会,杨石先为召集人，并议决昆明一切南开大学校务仍请黄钰生、杨石先、陈序经“总负责”。

27日　《中央日报》报道，昆明广播电台设教育、文哲、科学、国际关系四种讲座，特邀黄钰生、贺麟、杨石先、皮名举分别主持。

12月

校常委梅贻琦离校期间，暂代校常委职务。

1943年

3月

28日　校常委梅贻琦、蒋梦麟赴重庆公干，离校期间所有常委会职务，请杨石先暂代。梅常委所兼教务长职务，亦由杨石先兼代。

8月

杨石先为联大1943年度毕业生成绩审查委员会主席。

10月

27日　经教育部核定，聘请杨石先担任教务长职务。

1944年

1月

13日　杨石先暂行兼代西南联大常务委员会主席。

春

张伯苓致函教育部长陈立夫，请准杨石先休假出国。

8月

13日　致函化学系教师严仁荫，请其暑假后回校。

11月

15日　遵教育部令就理、工二科中各选教员出国研究案，联大推荐张景钺、杨石先、刘仙洲、任之恭出国研究。

20日　就杨石先出国研究事，张伯苓致函教育部长陈立夫，由何廉面交。

22日　教育部令，为杨石先等27人教学辛苦，各给研究补助费1万元。

1945 年

7 月

5 日　张伯苓致函杨石先，请其与姜立夫在美国物色理学院各系教师，“凡两先生周意者，苓亦必同意也”。

9 月

第三次赴美，在印地安纳大学任访问教授兼研究员，并兼任美国 LILY 制药公司研究员，从事药物化学的研究工作。

1946 年

完成了《中国抗疟植物鉴定》的学术论文。被推选为美国“化学荣誉学会(Phi Lambta Upsilon)”会员。

1947 年

12 月

谢绝了美国同事的挽留，启程回国。

1948 年

2 月

抵达天津。仍任南开大学化学系教授。

4 月

兼代校长。

6 月

15 日　张伯苓邀邱宗岳、杨石先、黄钰生、陈序经等人就学校招生、教师聘任等问题座谈。

7 月

23 日　本校开字第 74 号布告：“兹聘杨石先先生为教务长。”

8 月

20 日　当局派军警、特务逮捕本校学生。上午秘书长黄钰生、代校长杨石先去天津警备司令部接洽会见被捕同学，未得允许。

9 月

11 日 教育部指令杨石先等从 1948 年 1 月起各加俸。

26 日、30 日 就柳无忌回校任教事，复函柳亚子。

本月 兼任北平中央研究院学术委员会委员。

10 月

17 日 在本院礼堂举行本校成立 29 年校庆纪念会。何廉校长讲话，教务长杨石先致辞。

11 月

1 日 召开西南联大校庆 11 周年纪念会，杨石先等致辞。

12 月

10 日 举行第 6 次校务会议，决定不执行当局让南开大学南迁的命令。

中旬张伯苓从重庆致电南开大学教授会议，请杨石先、黄钰生、鲍觉民代执校长职务，并请教授会协助维持学校。

21 日 南京教育部发来电报愿意“协助教授离津南飞”，杨石先等拒绝。

1949 年

1 月

因解放军包围天津，校南院及北院被国民党军据为炮兵阵地，校本部及南院（八里台）和北院（六里台）的教职工及学生全部迁至东院（甘肃路今天津教育学院）暂住。

15 日 天津解放。将南开大学完整地交回到人民手中。

16 日 杨石先和黄钰生、鲍觉民陪同天津市军事管制委员会文教部代表辛毓庄到校内各处巡视，并与驻校解放军联系，请其保护学校的财物及安全等。

5 月

24 日 天津市军事管制委员会文教部致函杨石先等，批示成立校务委员会等事宜。

27 日 被任命为南开大学校务委员会主席。

6 月

4 日　校务委员会主席杨石先、秘书长黄钰生等，谨检本校校委会暂行规程一份，呈请华北高等教育委员会察核备案。

7 月

任中华全国第一次科学会议筹备委员会委员。

8 月

16 日　出席华北高等教育委员会召开的所属机关、学校负责人会议。

20 日　中华全国自然科学工作者代表大会筹备委员会天津分会正式成立。杨石先及张国藩、吴大任等 19 人当选为常委。

9 月

任天津市各界人民代表会议代表、主席团成员及中华全国教育工作代表会议筹备委员会委员。

21—30 日　作为教育界代表出席在北京举行的第一届中国人民政治协商会议。

10 月

1 日　出席中华人民共和国开国大典。在天安门城楼上经周恩来总理介绍与毛泽东主席握手。

11 月

任天津市第一届政协委员，并参加中国科学院成立大会。

1950 年

4 月

任天津市人民政府委员。

5 月

当选为天津市第二届各界人民代表会议代表。

28 日　赴北京参加全国高等教育会议。

6 月

8 日　作为全国高等教育会议代表，受到毛泽东、周恩来接见。

同月　任中国科学院有机化学组专门委员。

7 月

任中央人民政府政务院文化教育委员会学术名词统一工作委员会有机化学组工作委员。

8 月

17 日　赴北京参加自然科学工作者第一次全国代表会议及中华全国科学技术普及学会。

11 月

4 日　天津市人民政府文教委员会召开第一次会议。该会由黄松龄任主任委员，李华生、杨石先、张国藩为副主任委员。

6 日　中国保卫世界和平、反对美帝侵略大会天津分会大学支会正式成立，选举杨石先为主任委员。

12 月

2 日　中国教育工会天津市委员会召开成立大会，大会选举杨石先等 27 人为委员。

1951 年

1 月

6 日　《人民南开》以《目前仍应维持校委会制　院长教学领导尚待加强》为题，发表杨石先等人对校长制问题、校委制问题以及院长制问题的看法。

30 日　教育部来函，中央贸易部拟聘杨石先、张克忠为天津商品检验局名誉顾问。

任中国教育工会天津市委员会主席。

2 月

23 日　南开创办人张伯苓逝世。4 月 8 日在南开女中举行追悼会，杨石先讲话。

3 月

17 日　校务委员会主席杨石先在全体师生员工大会上做校委会 1950 年工作检讨总结报告。

18 日　本校工会第二届会员代表大会召开。到会代表 74 人，当场公推杨石先、肖采瑜、吴大任、黄子坚等 9 人组成主席团。

5 月

5 日 做“五四”《巩固抗美援朝爱国的思想收获 订好爱国公约克服五项缺点》演讲。

18 日 天津市人民政府设立医学院筹备委员会，杨石先为副主任委员。

6 月

15 日 校委会 39 次会议决定成立“协助毕业生分配工作委员会”，杨石先为该委员会委员。

8 月

在北京参加中国化学会第一届全国代表大会。

27 日 开学典礼在东院大礼堂隆重举行，教育部马叙伦部长及高教司司长等莅会。校委会主席杨石先致欢迎词，马部长在会上做了讲话。随后，杨石先报告今年学校的发展情况及总的努力目标。

29 日 在中南海怀仁堂听周恩来总理做“关于知识分子的改造问题”的报告，参加思想改造运动。

9 月

经中央人民政府委员会第 12 次会议通过任天津市人民政府委员。

10 月

4 日 遵教育部批示并经第 41 次校委会通过，成立“教员学习委员会”，由杨石先等 13 人组成，将组织形式及名单呈教育部备案。

11 月

任中国民主促进会中央常委。

1952 年

5 月

3 日 天津三大学院系调整委员会《院系调整简报》第 1 期上，刊载杨石先署名文章《群策群力搞好院系调整工作》。

7 月

11 日 接教育部通知，决定成立“京津高等学校院系调整南开大学筹备委员会”,杨石先任主任委员。

9 月

12 日　教育部通知:“兹呈准中央人民政府主席同意杨石先为你校副校长,除函请中央人事部转呈政务院提请中央人民政府委员会批准任命外,希即转知本人先行到职。”9 月 19 日本校通告各院。12 月 4 日教育部函知本校:中央人民政府委员会第 19 次会议批准任命杨石先为副校长。

同月　经中央人民政府委员会第 28 次会议通过,任天津市人民政府委员。

11 月

29 日　南开大学举行盛大集会,热烈庆祝院系调整工作胜利结束,在会上做题为《新南开大学的成立和它的任务》的报告。

12 月

5 日　财政系一年级全体学生写信给杨石先副校长,保证认真学习,遵守各项制度。杨石先副校长立即复信,希望同学们能坚持决心和保证,取得学习上的成功与胜利。

1953 年

2 月

6 日　根据政务院有关指示精神,成立人民来信处理委员会,杨石先为委员。

20 日　在第 15 次行政会议上,杨石先做关于学习婚姻法的报告。

3 月

30 日　在第 21 次行政会议上传达天津市文教委员会关于开展爱国卫生运动的工作部署。

4 月

7 日　中国民主促进会南开大学基层支会成立,大会由民进天津分会主任委员杨石先主持。

15 日　向全体教师传达高教部关于高等学校教师系统学习马列主义理论的决定。

18 日　为了贯彻政务院关于改善学生健康状况的决定及高教部关于教师教学工作时间的指示，召开全体师生员工大会，由杨石先说明全校作息时间重新调整的内容和意义。

19 日　中华全国自然科学专门学会联合会天津分会举行成立大会。中华全国自然科学专门学会联合会副主席侯德榜参加大会并讲话。会上选举杨石先、张国藩等 25 人为该会委员。

同月　任天津市人民政府文化教育委员会副主任。

6 月

5 日　在全体师生员工大会上做关于目前健康问题的报告。

7 月

15 日　天津市科学技术普及协会成立大会，会上选举杨石先等 69 人为第一届委员会委员。

9 月

10—23 日　与吴大任、王金鼎等人参加高教部在北京召开的全国综合大学会议。

10 月

3 日　在第 41 次扩大行政会议上传达综合大学会议精神，详细报告了马叙伦部长《关于综合大学的方针和任务》的报告。

17 日　高教部致函杨石先副校长，部里已提请任命刘披云为副校长。

11 月

任中国民主促进会天津分会主任理事。

12 月

任中国科学院化学研究所筹建委员会副主任委员。

1954 年

1 月

16 日　为本校财经各系专业调整问题，杨石先、刘披云副校长写信给高教部黄松龄副部长，提出调整建议。

同月　任天津市国家经济建设公债推销委员会委员及第四分会副

主任。

2 月

12 日　校务委员会举行第三次会议，陈舜礼、刘披云、杨石先分别就组织机构调整、财经各系专业调整及本学期工作计划等做报告。杨石先在报告中指出，本学期工作要点为掌握计划，加强规律，加强各系的工作，设副系主任或系务助理，培养师资，提高质量。

3 月

12 日　参加全国文教工作会议。

4 月

3 日　向全校教师及行政人员传达全国文教工作会议精神。

16 日　为开辟植物园用地，杨石先副校长与天津大学张国藩副校长面谈。

30 日　陪同高教部杨秀峰副部长和首席顾问列别捷夫参观我校物理、化学、生物、数学系实验室及图书馆等。

5 月

20 日　全校教师大会。杨石先副校长在会上指出：开展科学研究工作必须有组织、有领导、有计划、有步骤地进行；必须结合生产、结合教学，但目前主要应结合教学来进行。

24 日　毕业生分配委员会成立，杨石先、刘披云分别担任正、副主任。

6 月

18 日　根据高教部、教育部、中国教育工会关于高等学校校、院长暑期休假问题的通知，学校报杨石先副校长参加休假。

同月　在《科学通报》上发表了题为《发挥科学潜力，积极开展高等学校研究工作》的文章，提出了“高校应办成教学与科研两个中心”的观点。

7 月

当选为天津市人民代表大会代表，并任中华全国自然科学专门学会联合会天津分会主任委员。

9 月

9 日　当选为第一届全国人民代表大会代表。

11 日　南开大学举行开学典礼，杨石先在会上做了 1953—1954 学年的工作总结。

16 日　在全国人民代表大会上发言。会议期间杨石先求见周恩来总理，在中南海受到了总理的单独接见，他向周总理倾吐了兼职过多，处理不好行政、教学、科研的关系的烦恼。周总理指导他如何处理好行政、教学、科研三者之间的关系。

10 月

21 日　《人民南开》刊登杨石先在全校师生员工大会上的发言《出席第一届全国人民代表大会的体会与观感》。

31 日　本校组织机构进行部分调整，杨石先兼任科学研究委员会主任委员。

11 月

1 日、5 日　国务院副总顾问、前苏联专家马里采夫及高教部工业教育司前苏联专家阿尔西波夫分别于本月 1 日、5 日来本校访问，杨石先等陪同。

20 日　参加南开大学科学研究委员会第一次会议，对成立科学研究委员会的意义、任务等做了详细说明。

12 月

4 日　《人民南开》刊载化学系二年级和数学系二年级全体学生为表达他们争取优秀班、优秀生的决心写给副校长杨石先、刘披云的信。两位副校长复信勉励他们为争取优秀班、优秀生荣誉而努力。

1955 年

1 月

任天津市人民委员会委员。

2 月

9 日　写信给全校学生，勉励大家为成为社会主义建设人才而努力。

18 日　复数学系三年级全体学生 2 月 10 日来信："愿你们在系行政的领导下，团结一致，互勉互励，为争取集体的荣誉而努力。"

3 月

14 日　第三次行政会议决定单独设立科学研究处，杨石先兼主任。

5 月

29 日　南开大学第一届科学讨论会召开，杨石先致开幕词。

同月　中国科学院学部成立，杨石先任数理化学部委员、化学组组长，并在学部成立大会上发了言。

6 月

任学部常务委员。

10 月

19 日　向全校教职员工做关于厉行全面节约的动员报告。

同月　任中国科学院奖金委员会委员。

12 月

20 日　全国人民代表大会代表李烛尘和全国政协委员谢南光等 8 人，于上午来本校视察。代表们听取杨石先副校长介绍本校概况，视察化学系、物理系、生物系的教学及设备和图书馆的藏书情况，并进行简短的座谈。

同年

参加国务院召开的制订“十二年科学技术远景规划”的讨论工作。

1956 年

1 月

长春中国科学院应用化学研究所学术委员会成立，任学术委员会委员。

2—7 月

参加由周恩来总理亲自领导的制订我国“十二年科学远景规划”会议，任国务院科学规划委员会委员、综合组组长；并在会上做《化学科学与国民经济的关系》的报告。会议临结束时，突发心绞痛，被送北京友谊医院治疗。

6月

6日　任南开大学校级临时学术委员会主任委员。

13日　在第四次校务会议上，当选1956学年研究生考试委员会主任委员。

7—8月

参加中国民主促进会第二次全国代表大会，任民进第四届中央委员。

8月

当选中国化学会第十八届理事会理事长。

9月

22日　在校行政会议上，报告教学与科研方面的问题。

29日　在全校教师大会上做了题为《教学、科学研究和教师进修》的报告。

12月

当选为天津市第二届人民代表大会代表。

1957年

2月

25日　电请高教部杨秀峰部长不要削减本校1957年度建设投资。

本月　参加中国科学院学部委员第二次全体会议。

3月

12日　任南开大学校长。

17日　南开大学图书馆委员会成立，杨石先任主任委员。

4月

10日　周恩来总理陪同波兰总理西伦凯维茨来南开大学访问，杨石先负责接待。

24日　为本校化学系部分师生做题为《关于植物生长素和刺激物质的化学研究问题》的学术报告。

5 月

任国家科学规划委员会委员。

7 月

兼任国务院科学规划委员会化学组组长。

8 月—9 月

8 月 17 日—9 月 5 日　作为中国人民代表大会访问芬兰代表团成员访问芬兰。

11—12 月

在纪念十月革命 40 周年活动期间，作为中国访苏科学技术代表团成员访问莫斯科。

1958 年

2 月

28 日　向全校干部传达周总理 2 月 9 日和 12 日在北京召开的教育工作座谈会精神。

3 月

14 日　全校师生员工誓师大会召开，杨石先做总结发言。

28 日　致函前苏联科学院元素有机所磷研究室卡巴契尼克教授，表示接受他提出的二硫磷酸衍生物研究的合作计划。

5 月

31 日　卡巴契尼克教授致函杨石先校长，就二硫磷酸衍生物研究问题提出补充意见，并表示 9 月份来华。

7 月

7 日　复信卡巴契尼克教授，欢迎他来华，并希望其来津做磷有机物演讲。

同月　被选为河北省第二届人民代表大会代表。

8 月

13 日　毛泽东主席莅临南开大学视察，参观了杨石先和化学系师生们办起来的“敌百虫”和“马拉硫磷”两个农药车间，给予很高评价。中午，受到毛主席的邀请，在正阳春饭庄与毛主席同桌进餐。

9 月

出席中国科学院河北省分院成立大会，任中国科学院河北省分院院长、河北省科学工作委员会副主任、中国科学院化学研究所第一届学术委员。

12 月

任中国民主促进会第五届中央常委、中国民主促进会天津市主任委员。

1959 年

1 月

与陈天池、王积涛、林一等同志共同编写《十年来的中国科学·化学》(1949—1959)一书，共 77 万字。

3 月

16—23 日　以中国化学会理事长身份作为团长率中国科学院、中国化学化工学会代表团赴莫斯科参加第八届门捷列夫化学大会。

5 月

前苏联科学院代表团访华，杨石先作为我国化学方面的代表参加接待。

6 月

1 日　参加中苏两国科学院院长签订 1959 年两院合作协定仪式。

13 日　河北省招生委员会组织河北省及天津市中学校长 80 多人来校参观，杨石先热情接待各中学负责人。

同月　任中国科学院河北省分院元素有机化学研究所所长。为筹建元素有机化学研究所邀请前苏联科学院院士卡巴契尼克等来校讲学。

同月　中国化学会与中国化工学会合并，改称中国化学化工学会，杨石先任第十九届中国化学化工学会副理事长。

9 月

出席全国政协庆祝新中国成立十周年大会、新中国成立十周年国庆招待会。

10 月

1 日　出席新中国成立十周年天安门阅兵式和群众庆祝游行大会。

12 月

为河北省工、交、运输、基建、科技等方面社会主义建设先进集体和先进生产者代表会议代表。

同年　当选为第二届全国人民代表大会代表。

1960 年

3 月

4 日　前苏联专家阿尔卡·依凡诺维奇·阿弗古斯夫尼克和安德烈·尼柯拉耶维奇·别洛捷尔斯基在北京大学副教务长陪同下来津参观，校长杨石先等去车站迎接。

19 日　校党委常委会议讨论吸收杨石先入党的问题。

20 日　校务办公室、图书馆党支部讨论通过杨石先加入中国共产党问题。

6 月

4 日　接见来校参观访问的印度华侨赵国钧。

同月　到西安参加中国化学化工年会。

9 月

参加中国民主促进会五届二中扩大会议。

1961 年

2 月

参加中央召开的重点高等学校校长会议。

5 月

为本校有机化学教研组做《磷有机杀虫剂最近三四年来国外的新发展》学术报告。

6 月

参加中国科学院第三次学部委员全体会议。

10 月

29 日祝贺邱宗岳教授执教 40 周年纪念会隆重举行。北京大学饶毓泰教授等著名学者参加会议。杨石先校长报告邱宗岳的经历，并代表学校赠送了纪念品。此前校党委专门成立了以杨石先为首的筹备委员会。

1962 年

1 月

4 日　教育部来函通知本校 1961 年 12 月 5 日所报校务委员会名单已获准同意，杨石先任主任委员。

2 月—3 月

2 月 14 日—3 月 12 日　作为专家代表出席国家科委在广州召开的全国科技工作会议。

3 月

22 日　赴京参加全国人大二届三次会议。

4 月

18 日　在出席全国十年科学规划会议期间被推荐任国家科委化学专业组组长和植保、农药、药械专业组副组长。

29 日　天津科学宫正式开幕。杨石先、张国藩、朱宪彝、潘承孝等知名科学家出席开幕式。

6 月

任中国科学院化学研究所第二届学术委员会委员。

7 月

13 日　校务委员会任命杨石先兼任元素有机化学研究所所长。

9 月

29 日　当选中国化学会第 19 届理事会理事长。

10 月

5 日　英国皇家学会代表团来校参观，团长为不列颠帝国勋章获得者布朗爵士。杨石先等出面接待。

1963 年

2 月

22 日　本校元素有机化学研究所成立，所长杨石先（兼）、副所长陈天池。

2—3 月

参加全国农业科学技术工作会议。

3 月

8 日　任农业部科学技术委员会第一届委员。

4 月

8 日　通过元素有机化学研究所所务委员会名单，主任杨石先。

5 月

3 日　公祭冯文潜教授，杨石先校长宣读祭文。

6 月

参加我国第二个科学技术远景规划会，担任化学组组长。参与制订 1963—1972 年十年科学技术发展远景规划。

7 月

参加第三届中国化学会全国会员代表大会，当选为第二十届化学会理事长。

8 月

参加在上海召开的中国科学院有机化学研究所天然有机化学会议。

9 月

13 日　校党委常委扩大会议通过决议：《南开大学自然科学学报》编委 14 人，主编为杨石先。

10 月

26 日　南开大学第六届科学讨论会举行。杨石先在会上做了《关于一年来科学研究工作总结》的报告。

12 月

23 日　教育部直属高等学校 1963 年校际有机化学科学讨论会（12 月 16 日在我校举行）结束，杨石先致闭幕词。

1964 年

1 月

25 日　校党委鉴于杨石先校长身体健康状况，向高教部、省委、市委提出减少其部分兼职的请求。

3 月

18 日　校务委员会任命杨石先为南开大学学术委员会主任委员。

5 月

在北京参加全国小麦锈病会议。

8 月

6 日　经教育部批准，校长杨石先任命臧伯平、娄凝先、郑天挺为校务委员会副主任委员。

同月　出席在北京召开的亚非拉科学讨论会，任我国代表团领导成员，在会上做《中国农药化学的研究》报告。

9 月

8 日　经教育部批准，校长杨石先任命陈序经为校务委员会副主任委员。

10 月

12 日　出席第三届全国人民代表大会。

17 日　全校师生隆重庆祝建校 45 周年，杨石先等在校庆大会上讲话。

1965 年

7 月

在杭州参加化工部举办的全国农药会议。

11 月

在上海参加国家科委学术鉴定委员会胰岛素鉴定会议第一次会议。

17 日　任国务院植保农药科学实验小组成员。

1966 年

5 月

参加在北京举行的胰岛素鉴定会议第二次会议。

6 月

“文化大革命”开始，受到诬蔑和攻击。

1969 年

4 月

22 日　南开大学《工农战报》第 92 期刊登《杨石先的修正主义科研路线必须彻底批判》等文章。

5 月

在校内被进行大会批判。

10 月

被送往河北省完县腰山接受“改造”。

1971 年

某些人妄图拆掉南开大学元素有机化学研究所，给元素所横加种种限制。杨石先气愤地连夜给周总理写请求保留元素所的报告。

1972 年

5 月

7 日　写信给在基层工作的化学系毕业生胡孚琛，说他“每日翻阅外文专门书籍 10 余小时”，“余年逾七十有五，固已届交班之时，但生命一日尚存，自应尽力为人民事业效劳”。

7 月

27 日　给胡孚琛写信，表示：“我校元素有机化学所和经济研究所均被裁掉，将人员并入有关系内，看来今后仍需恢复。”

9 月

月底　赴北戴河休假。

12 月

出席天津市第一届教师代表大会,并在大会上发言。

1973 年

1 月

21 日　中共天津市委任命杨石先为南开大学革命委员会副主任。

2 月

8 日　中共天津市委员会下发《关于建立中共南开大学委员会的批复》,同意校党委关于党委会组成及常委分工的报告,杨石先为常委。

28 日　党委常委会传达全国科技工作会议精神,决定任命杨石先为元素有机化学所所长。

3 月

4 日　校党委向中共天津市委文教组呈送杨石先等 20 名同志的任职报告。

5 月

12 日　天津市委文教组批复同意杨石先兼任元素所所长。

6 月

中旬　到沈阳参加农药规划预备会议,并会见在沈阳的南开毕业生。

7 月

出席天津市医药卫生科技会议。

8 月

3 日　校党委常委会决定成立《南开大学学报》编辑委员会,编委会分“自然科学编委会”和“哲学社会科学编委会”,杨石先任自然科学编委会主编。

10 月

13 日　鞍山市第五十七中学党支部及全体师生给本校党委来信,对杨石先教授与该校教师通过通信和寄书等方式互帮互学的事迹,提出表扬。

1974 年

11 月

参加在杭州召开的农药情报会议。

1975 年

1 月

杨石先当选为第四届全国人民代表大会代表。

下旬　四届人大代表杨石先等分别向全校教职工和工农兵学员汇报参加四届人大第一次会议和学习四届人大文件的体会。

1977 年

1 月

9 日　写信给在在基层工作的化学系毕业生胡孚琛，欢呼粉碎“四人帮”，不大喝酒的杨石先“不禁连饮三杯”。

4 月

20 日　校党委常委会提名杨石先为党的十一大代表候选人。

5—6 月

参加天津市政协委员赴山西大寨和太原参观活动。

6 月

20 日　出席天津市委召开的大会。市委常委、市革委会副主席蒋南翔传达党中央和有关领导关于召开全国科学大会的重要指示。

7 月

18 日　杨石先等 7 人参加市委召开的科学工作座谈会。

8 月

4—8 日　邓小平副主席邀请部分科学工作者、教育工作者举行座谈会。杨石先出席了座谈会。他在会上提出了四点建议：一是恢复国家科委，以统一、规划、指导协调全国科技工作；二是在我国驻美联络处设一位科学教育秘书，以适应两国即将开始的科技、教育交流的需要；三是通过一定方式选拔优秀科技人才，保证科技队伍后继有人；四是采取措施使中年教师从烦琐的事务中解放出来，充分发挥他们的骨干作用。这些建议受到了小平同志的赞扬和肯定，并指示有关部门采纳实施。会后返校立即进行学校及研究所的整顿。同月还参加了在黄山召开的农药剂型会议。

9—10 日　杨石先出席教育部召集的座谈会。

12 日　校党委常委会决定杨石先代表本校参加全国科技大会。

9 月

27 日　杨石先等 9 人赴京参加“全国自然科学学科规划会议”。

10 月

1 日　到天津宾馆出席天津市第二次教师代表大会。

女儿杨耆荪自美国归来参加国庆观礼。杨石先偕家人赴京相聚。

23 日　中共天津市委颁发文件，决定增补杨石先为校党委常委。

同月　中国化学会召开理事扩大会议，恢复了因“四人帮”破坏而中止的活动。

11 月

当选为天津市第八届人民代表大会代表。

同月　出席天津市第二届教师代表大会，被选为天津市先进教育工作者。

12 月

9 日　中共天津市委常委会决定由杨石先兼任天津市科学技术协会主任。

26 日　出席天津市科技战线表彰先进大会，获得“天津市先进科技工作者”称号。

1978 年

2 月

20 日　当选为第五届全国人民代表大会代表及第五届政协全国委员会委员、常委。

28 日　校党委常委会研究决定，成立“南开大学 1978 年研究生招生委员会”，成员以“南开大学 1977 年招生委员会”为基础，并增加副主任杨石先。

3 月

18 日　出席全国科技大会，并在主席台上就坐。获得“在科技工作中做出重大贡献的科技工作者”奖状，所主持的南开大学元素有机化学研究所研制的 10 项科研成果也获得全国科学大会奖。

9 月

参加在上海召开的中国化学会年会。

10 月

23 日天津市委常委会决定：增补杨石先为中共南开大学委员会常委。

12 月

在北京参加胰岛素全合成总评会议，任总评委员会副主席。后因总评委主席童第周生病住院，由他和贝时璋主持总评工作。

同月　国家科委化学学科组成立大会在广州召开，当选为化学组名誉组长。

13 日　聂荣臻同志接见杨石先等在京科学家。

30 日　被重新任命为南开大学校长。

同年　任《农药工业译丛》主编。

参加在张家口召开的全国农药会议，并在会上发言。

1979 年

1 月

26 日　出席在北京召开的中国科学院学部委员春节座谈会。邓颖超同志、方毅同志等参加，杨石先在会上发言。

4 月

26—27 日　美国印第安纳大学东亚语系主任、比较史学系主任一行 6 人，在北京与校长杨石先等进行座谈。

7 月

当选为中国民主促进会六届中央常务委员。

19 日　与南开大学校史编写组谈校史。

8月

6日　美籍生物学家牛满江教授及夫人应杨石先校长的邀请，来校同校领导和生物学有关专业人员进行学术座谈一天。

9月

13—14日　美国明尼苏达大学访华团一行10人来校参观访问，杨石先等与莫温德团长、费乐文副团长等就两校开展学术交流、建立合作关系问题互相交换了意见，并达成了原则性协议。

同月　任《高等学校化学学报》主编。

10月

17日　主持南开大学60周年庆祝典礼并讲话。并为周恩来同志纪念碑书写背面的碑文。

同年　任农业部科学技术委员会第二届委员(1979—1982年)。

1980年

1月

4日　致函中央领导同志，希望中央和教育部在5个方面给学校以支持：正式把本校列入第一批发展重点；由美国支持本校建立一个科学研究院；批准本校派代表团访美几所大学，签订学术交流协议；在教学、科研的仪器设备和房屋基建方面给予大力支持；将本校"文化大革命"前支援几所高校的教师干部中少数本校急需的几名调回本校。

5—23日　出席教育部召开的全国教育工作会议。

29日　向全校中层以上干部传达全国教育工作会议精神，并传达邓小平同志的报告。

2月

29日　校党委常委会议通过《南开大学学报(自然科学版)》编委会人选。编委会由15人组成，主编为杨石先。

3月

15日　出席中国科协第二次全国代表大会。

24日　当选为中国科学技术协会第二届全国委员会副主席。

6 月

9 日　中国科协通知，杨石先在中国科协第二次全国代表大会上当选为中国科协主席团副主席、书记处书记。

8 月

19 日　教育部抄送通知："考虑到杨石先在化学界的学术造诣和声望，拟同意唐敖庆的意见，保留杨石先《高等学校化学学报》主编名义，但免去其具体工作负担。"

9 月

在《人民教育》上发表题为《对教育工作的几点意见》的文章。

10 月

15—18 日　日本爱知大学访华团来校参观访问，团长为爱知大学校长久曾神升，杨石先校长与其就两校有关学术合作交流事宜进行会谈，并签订《1980 年度交流执行计划(草案)》。

12 月

10 日　中共教育部党组通知，中央同意杨石先任南开大学名誉校长，免去其校长职务。

1981 年

3 月

27 日　天津市科协召开第二次代表大会，杨石先任名誉主席。

28 日　美国坦普尔大学文理学院院长乔治·惠勒教授为团长的代表团，应邀来校进行为期一周的访问。杨石先会见了代表团成员牛满江教授。

4 月

任中国科学院化学部学部委员。

9 月

21 日　经校党委研究决定，将于校庆期间举办杨石先执教业绩庆祝活动。庆贺他 58 年的执教业绩。

26 日　教育部以文同意由杨石先等 20 位同志组成的学位评定委员会。

同日　应杨石先的邀请，著名离子交换树脂专家、美国罗姆—哈斯公司顾问柯宁博士来校进行为期三天的讲学和学术座谈。

10 月

20 日　本校隆重举行杨石先执教业绩庆祝大会。大会由滕维藻校长主持。他在开幕词中，首先转达了国务院副总理方毅对杨石先的热情问候和祝贺，并宣读了方毅副总理的题词。教育部副部长高沂在会上宣读了教育部的贺信。市党政负责同志到会热烈致贺。校党委书记张再旺在庆祝大会上，热情称颂杨老为发展祖国的教育、科学事业艰苦奋斗、竭其所能的事业精神，勤奋、认真、严谨的治学态度。

12 月

26 日　市政协、南开大学、市民进联合发布郑天挺教授逝世的讣告。正在昆明疗养的杨石先名誉校长给郑老亲属发了唁电。

25—27 日　在杨石先教授指导下，元素所研制了杀菌剂“粉锈宁”。在成都召开的鉴定会上，该项成果通过了专家鉴定。

4 月

28 日　经国务院批准，发布本校首批授予博士学位的学科(专业点)及其指导教师。杨石先为有机化学专业博士指导教师。

7—8 月　在北戴河休养一个月。

9 月

任中国化学会名誉理事长。

10 月

参加国家经委在天津召开的农药会议。

同月　辞去南开大学元素有机化学研究所所长职务，任名誉所长。

12 月

任西南联合大学天津校友会名誉会长。

1983 年

5 月

30 日　任第六届政协全国委员会委员、常委。

6 月

参加在天津市召开的有机化学讨论会。

10 月

17 日　本校举行“南开大学教师从事教育科学工作逾 40 年庆祝大会”,名誉校长杨石先等出席大会。

11 月

任中国民主促进会第七届中央委员会顾问。

1984 年

4 月

11 日　由本校主办的全国第三届金属有机化学、1984 年度元素有机化学科学讨论会开幕,杨石先出席了会议。

6 月

29 日　在天津受到全国政协主席邓颖超同志的接见。

7 月

30 日　《人民日报》发表名誉校长杨石先文章,题为《为中日友好之路铺石》。

9 月

3 日　中共中央政治局委员胡乔木同志在天津市委书记张再旺陪同下来校视察,看望杨石先教授。

同月　任中国大百科全书总编辑委员会委员。

同月　因病住院治疗。

10 月

17 日　本校建成爱国教育家张伯苓先生纪念亭,名誉校长杨石先为纪念亭题写匾额。

1985 年

2 月

19 日　名誉校长杨石先在天津因心脏病逝世,终年 89 岁。

（杨耆荀整理,梁吉生补充）

杨石先科学论著目录

一、论文与著作

[1] S. T. Yang and W. R. Orndorff. The Structure of Phenolphthalein Oxime[J]. J. A. C. S., 1923(45): 1926—1933. (杨石先(杨绍曾),W. R. 奥恩道夫. 酚酞肟的结构[J]. 美国化学会会志,1923(45):1926—1933.)

[2] S. T. Yang and T. B. Johnson. The Formation of Furo-α, β′-Diazoles From Acyl Imido Thiocarbonates and Acyl Pseudo-thioureas[J], J. A. C. S., 1932(54): 2066—2071.
(杨石先(杨绍曾),T. B. 约翰逊. 从乙酰亚胺硫代碳酸酯和乙酰基异硫脲合成α,β′一呋二唑[J]. 美国化学会会志,1932(54):2066—2071.)

[3] 杨石先,谢秉仁. 2,3一菲环麻黄素的合成[J]. 中国化学会会志,1937(5):35.

[4] S. T. Yang. The Identification of Chinese Anti-malarial Plants[J]. Am. Pharm. Assoc. Sc Ed. 37(Ⅱ), 458—460. (杨石先. 中国抗疟植物鉴定[J]. 美国药物学杂志,1937,37(Ⅱ): 458—460.)

[5] 杨石先,李正名,崔澂,姚珍,叶超然. 萘和苯的衍生物类生长素对植物插枝生根作用的初步报告[J]. 南开大学学报(自然科学),1957(4):132—147.

[6] 杨石先. 关于植物生长素和刺激物质的化学研究问题[J]. 植物 生理学通讯,1957(2):4—10.

[7] 杨石先. 国内外农药发展的趋势[J]. 农药技术指导,1959(9):3—13.

[8] 杨石先,陈天池,李正名,李毓桂,王琴荪,颜茂恭,董希阳. 有

机磷杀虫剂的研究Ⅰ:0,0－二烷基 S－烃基(取代烃基)硫(氧)甲基(取代甲基)二硫代磷酸酯的合成[J]. 化学学报,1959,25(6):402－408;中国科学,1960,9(7):897－906.

[9] 杨石先,陈茹玉,黎万琳,曹惠芳,何闵章,胡声闻,曹善耆. 取代氨基二硫甲酸衍生物的研究;取代氨基二硫甲酸酯和次乙基－双－(氨基二硫甲酸酯)的合成[J]. 化学学报,1960(26):49－52.

[10] 杨石先. 磷有机杀虫剂最近三四年来国外发展情况[J]. 农药技术报导,1961(1):30－41.

[11] 杨石先. 磷有机杀虫剂对温血动物毒性表[J]. 化学通报,1962(1):31－38.

[12] 杨石先. 农药的进展[J]. 中国农业科学,1962(1):49－53.

[13] 杨石先,陈天池,李正名,等. 有机磷杀虫剂的研究Ⅱ:0,0－二烷基 S－烃基硫甲基二硫代磷酸酯的合成[J]. 化学学报,1962,28(3):187－190.

[14] 杨石先,陈天池,王琴荪,李正名. 有机磷杀虫剂的研究Ⅲ:0－乙基 N,N－二乙氨基硫代磷酰氯的合成及其与硫氢化钠的反应[J]. 化学学报,1963,29(3):153－158.

[15] 杨石先. 磷有机杀虫剂国际进展述评(1960－1963)(1963 年全国高校元素有机化学学术讨论会上的报告)[J]. 植物保护,1964,2(1):1－14.

[16] 杨石先. 农作物害虫防治的新动向和发展(1964 年全国农药会议上的报告)[J]. 植物保护,1964,2(2):1－9.

[17] 杨石先,陈天池,王积涛,林一. 元素有机化合物化学//中国科学院编译出版委员会主编. 十年来的中国科学(化学)(1949－1959)[M],北京:科学出版社,1963:421－467.

[18] 杨石先,何炳林,俞跃庭,林贺. 聚丙烯醛的磷化反应[J]. 科学通报,1964(1):61－62.

[19] 杨石先,陈天池,李正名,黄润秋,唐除痴,王惠林. 有机磷杀虫剂的研究Ⅴ:某些含萘环磷酸酯类型杀虫剂的合 成[J].

南开大学学报(自然科学),1964,5(2):59—64.

[20] 杨石先,陈茹玉,陈宗庭,陈其杰,任廷娴,司徒建成. 肼基二硫代甲酸衍生物的研究Ⅰ:芳亚甲基肼基二硫代甲酸酯的合成[J]. 南开大学学报(自然科学·化学专刊),1964,5(2):79—85;高等学校自然科学学报,1965(6):550—556.

[21] 杨石先,陈天池,李正名,么恩云,刘天麟. 有机磷杀虫剂的研究Ⅵ:类与拉塞昂杀虫剂合成中一些反应的探讨[J]. 南开大学学报(自然科学·化学专刊),1964,5(3):79—88.

[22] 杨石先,陈天池. 中国农药化学的研究[R]. 亚非拉北京科学讨论会的报告,1964.

[23] 杨石先,李毓桂. 含磷乙烯亚胺化合物的化学和应用[J]. 化学通报,1964(8):1—27.

[24] 杨石先. 农作物害虫防治新的动向和发展[R]. 全国农药会议,1964.

[25] 杨石先. 国外化学防治小麦锈病科学研究工作简介[J]. 化工技术资料农药专业分册,1965(6):12—15.

[26] 杨石先,陈天池,李正名,王惠林,黄润秋,唐除痴,刘天麟,张金碚. 有机磷杀虫剂的研究Ⅶ:某些苯基对位取代硫代磷酸酯的合成[J]. 化学学报,1965,31(5):399—412.

[27] 杨石先,陈天池,王琴孙,金桂玉,邵瑞琏,刘伦祖. 有机磷杀虫剂的研究Ⅷ:O—乙基 N,N—二乙氨基—(或二)硫代磷酸钠的制备及其化学反应[J]. 化学学报,1965(31):406—412.

[28] 杨石先,陈天池,陈庆华. 有机磷杀虫剂的研究Ⅸ:某些含萘环硫代磷酸酯类型杀虫剂的合成[J]. 南开大学学报(自然科学·化学专刊),1965,6(2):51—62.

[29] 杨石先,何炳林,章一心,李乃宏. 三卤化磷与含羰基高聚物的反应Ⅰ:三氯化磷与聚甲基乙烯酮及甲基乙烯酮的共聚物的反应[J]. 南开大学学报(自然科学·化学专刊):1965,6(2):111—121.

[30] 杨石先. 处理棉花的化学药剂国外概况(1966) [R].
[31] 杨石先. 国际除草剂最近的进展(1967)[R].
[32] 杨石先. 1967 年有机磷杀虫剂的新进展(1967)[R].
[33] 杨石先. 有机磷化合物作为杀菌剂,国际近几年来的新发展(1967)[R].
[34] 杨石先. 有机磷化合物作为杀线虫剂国际近几年来的新发展(1967)[R].
[35] 杨石先. 近年来有机磷杀虫剂文献初步总结(1967)[R].
[36] 杨石先. 新的有机磷(杀虫剂、杀菌剂、除草剂)农药 (1967) [R].
[37] 杨石先. 国外杀虫剂进展[J]:农药,1972(3):29—38.
[38] 杨石先. 最近二三年国外农药研究进展概况[J]. 石油化工科技资料,1975(1):1—24.
[39] 杨石先,等. 国外杀虫剂研究进展[J]. 石油化工科技资料,1975(2):1—37.
[40] 杨石先. 谈谈国际上农药的进展[J]. 化学通报,1975(3):38—46.
[41] 杨石先主编. 国外农药进展(一)[M]. 北京:石油化学工业出版社,1976.
[42] 杨石先,何炳林,俞跃庭,林贺. 聚丙烯醛及其共聚物的膦化反应[J]. 高分子通讯,1979(1):8—18.
[43] 杨石先,李正名,等. 含磷二硫物对水稻白叶枯病原菌构效关系研究简报[J]. 农药工业,1979(3):34.
[44] 杨石先,李正名. 近年来农药科研的进展和趋势[J]. 世界农业,1979(4):13—17.
[45] 南开大学元素有机化学研究所编译. 国外农药进展(二)[M]. 北京:化学工业出版社,1979.
[46]杨石先,李毓桂,昆虫化学不育剂进展——兼论含磷乙烯亚胺化合物特性[J]. 农药工业,1979(4):5—10.
[47] 杨石先,陈茹玉,李玉桂. 有机磷化学进展[J]. 有机化学,

1980(4):5－15.

[48] 杨石先,陈茹玉,刘准等. 多碳醇类化合物的合成[J]. 高等学校化学学报,1980,1(1):66－69.

[49] 杨石先,陈天池,李毓桂,等. 有机磷昆虫不育剂的研究:N－乙撑亚胺基,烷氧基(胺基,取代胺基)磷酰胺与硫代磷酰胺类化合物的合成[J]. 高等学校化学学报,1980,1(2):117－119.

[50] 杨石先,黄润秋,么恩云. 2－(4－氯苯基)异戊酸合成[J]. 农药工业,1980,(5):3－11.

[51] 杨石先,陈天池,陈庆华. 有机磷杀虫剂的研究Ⅸ:某些含萘环硫代磷酸酯杀虫剂之研究[J]. 高等学校化学学报,1981,2(1):55－62.

[52] 杨石先,蔡一江. O,O－二烷基－S－[N－(2－噻唑基)氨基甲酰甲基]—硫或二硫代磷酸酯的研究[J]. 高等学校化学学报,1981,2(2):188－194.

[53] 王琴荪,刘玉鑫,杨石先. 有机磷农药的光分解[J]. 农药,1981(5):1－7.

[54] 杨石先,陈茹玉,史延年,等. 骆驼蓬草中活性物质的研究[R]. 第五届国际农药化学会议(日本京都,1982年8月).

[55] 杨石先,黄润秋,陈宗庭,等. 肟醚类似除虫菊酯研究[R]. 庆祝中国化学会五十周年学术报告会论文摘要集,1982:203－205.

[56] 李毓桂,陈茹玉,杨石先. 有机磷化合物的电子结构与成键[J]. 有机化学,1984(3):175－180.

[57] 杨石先,陈其杰,王明德,等. 苯骈－1－氧－2－磷－3－氮杂环己烷衍生物的研究:2,3－二取代苯骈－1－氧－2－硫(氧)化磷－3－氮杂环己－4－(硫)酮的合成及结构分析[J]. 中国科学(B辑),1984(6):496－504.

[58] 杨石先,李毓桂,刘晓皋,刘廷仰. 含磷杂环化合物的研究Ⅰ:2－硫逐－2－取代胺基(或烷硫基)－1,3,2－苯并二氧

磷杂环戊烷化合物的合成[J]. 化学学报,1984,42(2):168—175.

[59] 杨石先,李毓桂,王坚. 含磷杂环化合物的研究Ⅱ:1,3,2—苯并二氧磷杂戊环衍生物[J]. 化学学报,1984,42(4):353—357.

[60] 杨石先,李毓桂,王坚. 关于苯并磷杂五环化合物的化学[J]. 有机化学,1984(4):271—274.

[61] 杨石先,李毓桂,王坚,刘廷仰,曾金鸿,郭杭州. 含磷杂环化合物的研究Ⅱ:1,3,2—苯并二氧磷杂戊环衍生物[J]. 化学学报,1984,42(11):1192—1199.

[62] 杨石先,李毓桂,刘晓皋,玄镇爱. 含磷杂环化合物的研究Ⅴ:2—硫逐—2—取代苯胺基1,3,2—苯并二氧杂环的水解和热解[R]. 1984年全国元素有机会议.

[63] 杨石先,李毓桂,刘晓皋,罗大林,张树德. 含磷杂环化合物的研究Ⅵ:2—硫逐—2—取代苯胺基(或含氮杂环基)—1,3,2—苯并二氧磷杂戊环的研究[J]. 化学学报,1985(43):444—449; ACTA CHIMICAL SINICA, 1985(3):210—216.

[64] 杨石先,陈茹玉,武振亮,郑巧兰,史延年,刘准,张春香. 骆驼蓬中活性物质的研究[J]. 植物生理学通讯,1987(1):18—21.

二、译著

[1] (英)D. F. 希斯著. 杨石先,张宗炳,冯致英,等译. 有机磷毒剂(抗胆碱酯酶物质及其有关化合物)[M]. 北京:化学工业出版社,1965.

[2] (德)G. 希拉合尔著. 杨石先,李正名,金桂玉,等译. 新磷酸酯类杀虫剂的进展[M]. 北京:化学工业出版社,1966.

[3] (日)江藤守总著. 杨石先,张立言,冯致英,等译. 有机磷农药的有机化学与生物化学[M]. 北京:化学工业出版社,1981.

[4] 杨石先译. 合成乐果的新路线[J]. 农药译丛,1964(1):28.

[5] 杨石先,李毓桂,译. 用化学药剂实现昆虫两性不育[J]. 农药

译丛,1964(3):24－27.
[6] 杨石先译. 国外科学(第二集·国外农药发展动向)[M]. 北京:科学技术文献出版社,1970.

(杨耆荀整理)